나라를 위하여, 백성을 위하여

•

방촌 황희

| 방촌학술총서 제6집 |

나라를 위하여,
백성을 위하여

황의동 지음

방
촌
·
황
희

(사)방촌황희연구원 부설 방촌황희연구소

나는 방촌 황희선생의 후손인 것을 자랑스럽게 생각한다. 어려서부터 집안 어른들이 방촌 선조의 말씀을 많이 하셨다. 조선의 청백리, 명재상, 그리고 '네 말도 옳다' 등 수많은 일화들을 듣고 성장해 왔다. 일반적으로 그렇듯이 삶에 몰두해 살다보니 문중 일에, 방촌 선조에 대해 관심을 갖지 못했다. 부끄러운 고백이지만 방촌에 관한 책 한권 읽어보지 못했다.

그런데 2015년 파주에서 우연히 황재하 박사님을 만난 인연으로 장수황씨 문중의 숙원사업이었던 <방촌 황희 묘소 국가사적 지정 사업>의 추진을 맡게 되었다. 2017년 까지 3년 동안 나는 성심을 다해 이 사업을 추진해 왔다. 외우 이해준 교수의 헌신적인 도움과 황재하 박사의 열성으로 보고서를 준비해 제출했지만 문화재위원회 심사에서 낙방하고 말았다. 그 결과 문중의 실망은 매우 컸고 보람도 없이 나와 황재하 박사는 오해도 받고 죄인이 되고 말았다.

그 후 문중 어른들의 요청으로 사단법인 방촌황희선생사상연구회의 이사장을 맡게 되었다. 내 본업이 연구와 강의인지라 거절하지 못했고, 더욱이 자랑스런 방촌 선조의 현창사업이니 사명감도 생겨 책임을 맡게 되었다. 3년 동안 나름대로 열심히 했다고 자부한다.

이 과정에서 나는 학문적으로 방촌선생을 조금 알게 되었다. 내 선조이기 때문이 아니라 한국의 역사적 인물로 훌륭하다는 생각을 갖게 되었다. 방촌선생은 15세기 인물인데 그에 관한 연구 성과는 참으로

빈약하였다. 그동안 우리 문중이 방촌선생의 학문적 선양에 관심을 갖지 못했고 게을리 한 때문이다.

그러나 늦었지만 2013년 (사)방촌황희선생사상연구회가 창립되어 본격적인 연구 활동을 하게 된 것은 참으로 다행한 일이다. 그 후 방촌선생에 대한 연구 활동은 활발해졌고 연구 성과도 괄목할만하다. 특히 오기수 교수가 방촌선생을 현창하는데 많은 업적을 낸 것은 고마운 일이다. 오교수의 저서 『민본시대를 이끈 행복한 2인자 황희』와 소설 『백성의 신 황희』는 가뭄에 단비 같은 연구 성과였다.

그럼에도 불구하고 내가 방촌 선조에 관한 책을 써야 되겠다고 마음먹었다. 그것은 내 나름대로 방촌을 보는 눈이 있기 때문이다. 물론 내 안목과 내 역량이 최선은 아니겠지만, 그래도 방촌의 후손으로써 나의 선조 방촌선생을 학문적으로 현창해 드리고 싶었다.

이 책은 방촌 황희선생의 생애, 업적, 인품을 가능한 한 종합적으로 서술한 글이다. 기존의 연구 성과를 참고하여 객관적인 평가를 하고자 노력하였다. 나의 선조이므로 무조건 훌륭하다는 식의 우를 범하고 싶지 않다. 그래서 방촌 황희선생에 대한 인물평이나 역사적인 평가는 가능한 한 역사적 문헌을 토대로 인용해 설명하고자 노력하였다.

다만 독자들께 너그러운 이해를 구하고자 하는 것은, 동일한 자료를 가지고 여러 장절에서 인용하다보니 중복된 내용이 너무 많다. 그것은 방촌 선생이 학자도 아니요 사상가도 아니기 때문에 오로지 그의 삶과 인품을 중심으로 서술해야 하기 때문이다. 한정된 자료로써 방촌의 위대함을 그려보려는 욕심으로 부득이 그렇게 되었다. 다시 한 번 너그러운 이해를 구하고 싶다.

오늘의 우리 한국사회는 단군 이래 가장 잘 사는 시대를 살고 있고, 가장 문명이 발달한 시대를 살고 있다. 한국의 경제수준은 선진국이고, 한국의 문화는 세계를 주도하고 있고, 한국의 과학기술은 세계적이다. 그런데 유독 정치 분야만 후진성을 면치 못하고 있다. 해방 이후 전직 대통령들이 거의 존경을 못 받고 있다. 법의 단죄를 받는가 하면 만신창이가 되어 조롱의 대상이 되고 있다. 지금 우리나라는 친일의 죄명으로, 흑백논리로 인물들을 죽이고 없애버린다. 대통령은 온 국민의 리더가 아니라 특정 정당의 지도자로 군림한다. 열렬한 지지층은 마치 유사종교의 광신도와 흡사하다. 옳고 그름이 아니라 내 편 네 편으로 모든 것을 판단한다. 나라는 두 조각나고 민심도 두 조각이 났다. 남과 북이 분단되고 남쪽은 또 둘로 나뉘어 미워하고 싸운다. 나라의 백년 대계를 걱정하고 비전을 제시하는 큰 인물은 보이지 않고, 온통 현금으로 복지 정책을 운운하는 정치꾼들이 판을 친다. 기업들은 세계시장에서 우수한 성과를 올리고 자랑스런 대한민국을 견인하는데, 정치는 그들을 규제하고 못살게 군다. 국회는 토론의 장이 아니라 정파의 실력행사의 장이 되고 말았고, 정치인에 대한 국민의 신뢰와 존경은 밑바닥이다.

이러한 한국 정치의 현실에서 방촌 황희선생이 그리워지는 것이다. 진정 나라를 위하고 백성을 위하는 정치가, 행정가가 요청되는 것이다. 우리도 온 국민이 믿고 존경하는 지도자를 만나야 하지 않겠는가? 도덕적으로 존경받고 능력으로 존경받는 그런 지도자, 그런 경세가가 필요하다. 조선 초 위대한 세종시대를 여는데 세종을 도와 2인자로서 그 역할을 했던 명재상, 어진 재상 방촌 황희를 기억해야 할 것이다. 그는 일반적으로 조선의 청백리로 널리 알려졌지만, 그러한 평가는 매우 부분적인 평가다. 그는 60여년의 공직생활을 나라와 백성을 위해 일했다. 90세의 장수를 했는데 87세까지 공직에 머물렀다. 태종의 신임을 받아 이미 6조 판서를 두루 역임해 행정의 달인이 되었다. 세종의 특별한 신임과 총애를 받아 세종즉위 초부터 나아가 세종이 세상을 마칠 때 까지 국정의 중추로 봉사하였다. 재상만 24년, 영의정으로 18년을 봉사했다. 이러한 기록은 아마도 세계적으로도 전무후무한 기록일 것이다. 방촌이 벼슬을 많이 하고 오래 했다는 것이 자랑이 아니라, 그는 오직 나라와 백성만을 위해 성실하게 일했기 때문에 존경을 받는 것이다. 그는 조선 초 국정의 안정을 도모하고 북방경비의 기초를 마련하고 수많은 법과 제도를 만들어 유교국가 조선의 틀을 만들었다.

세종 없는 황희가 없고 황희 없는 세종이 없다. 우리 역사상 성군(聖君)과 현상(賢相)이 만나 군신공치(君臣共治), 군신협치(君臣協治)의 모범을 보인 사례가 바로 세종과 황희의 경우이다.

황희는 유학자도 아니고 사상가도 아니다. 그러나 유교이념을 현실 정치에 실현하는데 가장 많은 노력을 했던 인물이다. 조선을 통틀어 경세에 밝았던 이가 정도전(鄭道傳), 이이(李珥), 유형원(柳馨遠), 정약용(丁若鏞)을 들 수 있다. 그러나 황희만큼 오랫동안 현실 정치에 몸담아 유교정치를 실현 한 이는 없다. 더욱이 2인자의 위치, 재상의 위치에서 국정의 중추적 역할을 한 것은 황희가 대표적이다. 황희는 비록 유학자는 아니지만 유교이념에 입각한 정치의 실현을 위해 가장 많은 노력을 기울인 대표적인 유교경세가라고 할 수 있다.

물론 황희에게도 다소의 흠결은 있고 시비도 있었다. 우리는 황희의 전 생애를 놓고 종합적으로 평가해야 한다. 태종이나 세종이 주변의 시기와 자신의 실수에도 불구하고 그를 놓지 않고 계속 중용한 것은 작은 흠결로 큰 능력과 인품을 잃어서는 안 된다는 판단 때문이었다. 방촌 황희의 평전을 쓴 이성무 교수는 황희를 가리켜 '위인(偉人)'이라 평가하였다. 우리가 배우고 닮아가야 할 위대한 인물 방촌 황희를 다시 기억하고 다시 조명해 보자.

졸고를 방촌학술총서로 간행해 주신 황의옥 이사장님과 최영찬 소장님께 감사드립니다.

또한 어려운 여건에서도 이 책을 훌륭하게 만들어 주신 도서출판 보림에스앤피 황연하 사장님과 이미선 차장님의 노고에 깊이 감사드린다. 아울러 이미 고인이 되신 나의 부모님은 숭조정신이 투철한 분이었고, 방촌 선조를 늘 자랑스러워 하셨다. 이 책을 돌아가신 부모님 영전에 바친다.

2021년 4월 1일
지은이 **황의동**

　방촌 황희선생은 이미 고려 말에 공직생활을 시작했고, 조선조 태종 때에는 국왕의 최측근인 지신사(知申事)를 거쳐 6조 판서를 두루 지내고, 세종대에 이르러서는 재상으로 24년, 영의정으로 무려 18년이나 일하면서 세종을 최고의 자리에서 보필하였습니다.

　역사상 최고의 대왕(大王)인 세종의 배후에는 대신(大臣) 방촌 황희가 있었습니다. 황희선생은 청빈의 대명사로 불리어 왔지만, 인군(人君)을 보필하는 기본정신으로 애민사상(愛民思想)을 발휘하여, 백성들의 정신적인 안락과 경제적인 풍요를 제일의 모토로 삼고 통치 2인자로서의 역할과 능력을 충분히 발휘하였습니다.

　방촌 황희선생은 나라를 경영하면서 오로지 백성만을 위하고 나라의 안녕과 평안을 걱정하는 실천하는 선비로서 경세의 모범을 보인, 그야말로 <백성의 신(臣)> 이었습니다. 조선조 왕도정치의 상징이 세종이라면, 방촌 황희선생은 탕왕(湯王)을 도와 은(殷)나라를 세운 이윤(伊尹)과 무왕(武王)을 도와 주(周)나라를 세운 주공(周公)에 비견할만한 인물입니다.

　이 크고 높은 위인 앞에서, 더욱 이렇게 자랑스럽고 영광스러운 현상(賢相)을 선조로 모시고 있는 태암(台巖) 황의동 교수는 그냥 무관심하고 스쳐 가버릴 사람이 아님을 나는 잘 알고 있습니다. 태암은 나의 죽마고우입니다. 불의 앞에서 좌시하지 않고, 불합리와 무질서 앞에서 결코 묵인하며 머뭇거리지 않는 지혜와 용기를 소유한 사람이기 때문입니다.

　훌륭한 책은 마음 깊은 곳에서 나온 것입니다. 태암이 방촌 선조에 관한 책을 써야겠다고 마음먹게 된 것은, 방촌 황희선생의 생애, 업적, 인품을 종합적으로 객관적인 입장에서 평가해보고 싶어서라고 스스로 고백하고 있습니다. 참으로 학자다운 모습이 아닐 수 없습니다. 사적인 편견이 아니라 공적인 정견(正見)을 흠모하는 자세이기 때문입니다.

"겨울이 다 되어야 솔이 푸른 줄을 안다."라는 말이 있습니다. 난세가 되어서야 비로소 위대한 사람이 뚜렷하게 나타나 보인다는 뜻이지요. 오늘날 우리나라의 상황을 보면, 좋은 점도 많지만 참으로 한심한 면도 적지 않습니다. 특히 편당의 두목으로 전락된 정치인들, 삼척동자도 알만한 일을 아니라고 잡아떼는 파렴치한 관료들, 마치 광신도들에 의존하여 지식을 매도하는 유사종교 교주와 같은 무책임한 지식인들, 그리고 옳고 그름의 진리가 아니라 좋아함과 싫어함의 감정으로 두 동강이가 난 위험스러운 사회현상, 복지를 수단으로 악용하고 거짓을 정당화하는 혹세무민의 정책들 등등과 같은 어둡고 심란한 상황들이 현실로 전개되고 있습니다. 이러한 시대상황 앞에서 저자 태암은 작심한 것 같습니다. 친구여서가 아니라 지성인의 한 사람으로 나 역시 동감한 바입니다. 방촌선생을 통해서 자기 자신을 되돌아보고, 방촌선생을 본받게 하고자 하여 필력의 수단을 선택한 것입니다. 칼보다 강하다는 막연한 기대 속에서 말입니다.

우리나라가 아름다운 나라, 풍요로운 나라, 평화로운 나라가 되고, 모든 국민들이 안락하고 평안하고 행복한 살기 좋은 세상을 가꾸는데, 이 저서는 분명 한 톨의 밀알이 되리라 확신합니다. 저서의 출간을 진심으로 축하하고 세상에 널리 추천하는 바입니다.

(사) 방촌황희연구원 부설 방촌황희연구소장
전북대 명예교수, 철학박사 **최영찬**

축간사

발간을 축하합니다.

황의동(충남대) 교수의 <나라를 위하여, 백성을 위하여 -방촌 황희->의 발간을 20만 장수황씨 종친과 더불어 진심으로 축하합니다. 저자인 황교수는 오랫동안 교직에 몸담으시며 유학을 연구하신 거유(巨儒)이시고 대학자(大學者)입니다. 또한, 우리 장수황씨 문중의 자랑이기도 합니다. 이런 황교수께서 오랜 연구 끝에 조선의 청백리이고 명재상이신 '백성의 신(臣)' 방촌 황희 선조님에 대한 저서를 출간하게 되어 장수황씨 문중의 일원으로써 긍지와 자부심을 크게 일으켜 세우고 있다고 생각합니다.

잘 아시는 바와 같이 방촌 황희 선생은 알려진 성품 그대로 본인을 잘 드러내려 하지 않으신 분이었습니다. 90세까지 사셨으며 14세부터 87세까지 73년 동안 공직에 몸담으셨습니다. 6조 판서를 두루 거치고 정승으로 24년간 재임하셨는데 영의정으로 18년 동안 봉직하셨습니다. 그러면서 나보다는 남을 위하고, 개인보다는 국가를 위하여 삶을 사셨던 분이십니다. 노비의 자녀가 한 말에도 "네 말도 옳다" 등의 말씀을 하신 것에서 볼 수 있듯이, 사람을 대할 때 지위의 귀천에 따라 차별하지 않고 누구든지 고귀한 인격체로서 대하셨습니다. 약 600여 년 전 왕조시절임에도 그는 민주주의의 인본정신을 실천하신 선각자이셨습니다. 존경받는 지도자가 드문 우리나라에서도 온 국민이 존경하는 지도자를 찾아야 할 필요가 있다고 생각합니다. 도덕적으로 존경받고 능력으로 존경받는 그런 지도자, 그런 경세가가 필요한 시기입니다. 그런 의미에서 황교수의 이 책은 의미가 크다고 말씀드리지 않을 수 없습니다. 황희 선생은 조선 초기 태종 조에서 6조 판서를 두루 거치며 국가기반을 확립하는데 크게 기여 했고, 찬란한 문명을 꽃피운 세종 조에서 제2인자로서 묵묵히 세종대왕을 도와 조선을 동방의 찬란한 문명국가로 우뚝 서게 만드는데 기여하셨습니다. 그의 지혜로운 외교로 명나라 사신의 횡포에서 벗어날 수 있었고, 4군 6진을 쌓아 국방을 튼튼히 하도록 했으며, 정인지· 성삼문 등 젊은 학자들과 세종대왕께서 한글 창제에 전념하시도록 뒷받침하였고, 최무선· 장영실 등 젊은 과학자들이 연구에 전념할 수 있도록 버팀목이 되어 주셨습니다. 박연 등이 아악을 정리할 수 있도록 조치하였습니다.

황희 선생은 조선의 대표적 청백리셨습니다. 저자는 비록 황희 선생의 직계 후손이지만, 학자적 양심에 의해 객관적으로 이 책을 저술하였다고 서문에서 밝히고 있습니다. 오늘날 많은 공직자가 비리에 연루돼 국민으로부터 존경 받지 못하고 있는 슬픈 현실 속에서 황교수의 이 책은 가뭄에 단비 같은 소중한 저술이라고 독자 제현에게 말씀드리고 싶습니다. 선출직을 포함한 모든 공직자, 공공기관 임직원, 기타 공공적 성격을 띠고 활동하는 기관 단체의 간부들에게 복음서와 같은 이 책의 일독을 권해드립니다. 우리나라 공직사회가 더욱 맑고 밝아지기를 기대합니다. 감사합니다.

장수황씨대종회 회장
경영학 박사 **황장효**

　방촌학술총서 제6집 <나라를 위하여, 백성을 위하여 -방촌 황희->
의 출간을 충심으로 축하한다. 이 책은 조선조의 명재상이요 청백리이
신 방촌 황희선생을 종합적으로 연구한 학술서이다. 방촌 황희선생은
태종과 세종의 총애를 받고 60여년의 공직생활을 통해 오로지 나라와
백성을 위해 살다 가신 분이다. 그는 태종대 이미 6조 판서를 두루 다
역임하셨고, 세종대에는 24년간 재상으로 봉직하시고 그 가운데 18년
간을 국정의 2인자인 영의정으로 봉직하셨다. 그러므로 위대한 세종시
대는 성군(聖君) 세종임금과 현상(賢相) 방촌 황희선생의 노력으로 이
루어졌다 해도 지나치지 않을 것이다.

　또한 방촌 황희선생은 너그러운 성정, 총명한 머리, 넉넉한 큰 그릇
에 정대한 처신과 청렴한 생활로 존경을 받아왔다. 우리 장수황씨 문
중에서는 이러한 방촌 황희선생의 학문과 업적 그리고 훌륭한 인품을
기리기 위해 2013년 사단법인 방촌황희선생사상연구회(방촌황희연구
원으로 고침)를 창립하고, 학술대회를 열고 학술총서를 간행하는 등
활발한 연구 활동을 해왔다.

　이 책은 본 연구원 2대 이사장을 역임한 충남대 황의동 교수가 방촌
선조의 학문과 사상을 새롭게 조명한 책이다. 황교수는 제1장에서 방
촌 선생의 일생을 서술하고, 제2장에서는 방촌선생의 인품을 서술하
고, 제3장에서는 방촌선생의 업적을 고찰하고, 제4장에서는 방촌선생

의 역사적 위상을 논한 다음, 마지막으로 제5장에서는 21세기 방촌선
생의 교훈에 대해 서술하였다. 한 마디로 방촌 황희선생에 대한 종합적
인 연구서로서 방촌 연구의 새로운 지평을 열고 또 우리 학계에 크게
기여하리라 믿는다.

　이 책이 방촌 황희선생을 알고자 하는 많은 사람들에게 친절한 안내
서가 되고, 또 방촌 황희선생을 연구하고자 하는 학자들에게도 훌륭한
참고서가 되기를 기대한다. 어려운 여건에서도 방촌 선조에 대한 존경
과 흠모의 정으로 이 책을 집필해 준 황의동 교수에게 감사의 인사를
드린다. 다시 한 번 우리 연구원이 또 하나의 방촌 연구의 실적으로 이
책을 발간하게 된 것을 기쁘게 생각하며, 많은 국민들의 관심 속에 읽
혀지기를 기대하며 축하의 인사에 가름한다.

사단법인 방촌황희연구원 이사장
전라북도자원봉사센타 이사장 **황의옥**

목차

이 책을 내면서

　　황의동(충남대 명예교수)⋯ ⋯⋯⋯⋯⋯⋯⋯ **5**

축간사

　　최영찬(방촌황희연구소장) ⋯⋯⋯⋯⋯⋯ **10**

　　황장효(장수황씨대종회 회장) ⋯⋯⋯⋯⋯ **12**

　　황의옥(사단법인 방촌황희연구원 이사장) ⋯ **14**

제1장 나라와 백성을 위한 90평생

　　1. 고려의 멸망과 출사의 길 ⋯⋯⋯⋯⋯⋯ **21**

　　2. 태종의 신임과 공직의 길 ⋯⋯⋯⋯⋯⋯ **26**

　　3. 세종과 함께 명재상의 길 ⋯⋯⋯⋯⋯⋯ **39**

제2장 평범 속에 비범한 위인의 초상(賢)

　　1. 총명한 자질, 행정의 달인 ⋯⋯⋯⋯⋯⋯ **58**

　　2. 너그러운 인품, 어진 재상 ⋯⋯⋯⋯⋯⋯ **67**

　　3. 청백리 황희정승⋯⋯⋯⋯⋯⋯⋯⋯⋯⋯ **82**

　　4. 공명정대한 소신⋯⋯⋯⋯⋯⋯⋯⋯⋯⋯ **88**

제3장 탁월한 능력과 정책추진(能)

    1. 민생, 복지정책 ················ **104**

    2. 국방대책 ················ **123**

    3. 외교정책 ················ **130**

    4. 교육, 문화정책 ················ **136**

    5. 예제, 법제의 수립 ················ **146**

    6. 사법행정과 인권정책 ················ **153**

    7. 행정개혁 ················ **159**

제4장 황희의 역사적 위상

    1. 임금과 신하의 협치(協治), 그 모범이 되다. **171**

    2. 2인자로 위대한 세종시대를 열다. ········ **189**

    3. 유교국가 '조선' 만들기에 앞장서다. ········ **198**

제5장 21세기 황희의 교훈 ················ 229

부록 : 방촌 황희 연보 ················ 241

나라와 백성을 위한 90평생
- 방촌 황희 -

방촌 황희 영정(옥동서원 소장)

제1장 나라와 백성을 위한 90평생

1. 고려의 멸망과 출사의 길

방촌 황희(厖村 黃喜, 1363~1452)는 여말 선초의 대표적인 유교경세가이다. 그의 처음 이름은 수로(壽老), 자는 구부(懼夫), 호는 방촌(厖村)이다. '방촌'이라는 호는 그의 출생지에서 연유된 것으로 짐작된다.[1] 그의 본관은 장수(長水)이며 시호는 익성(翼成)이다. 그는 고려 말 1363년(공민왕 12, 癸卯)년 2월 10일 개성 가조리에서 태어났다.[2]

14세기 후반 고려사회는 내우외환의 위기에 직면해 있었다. 대내적으로는 정치가 문란해지고 농민들에 대한 극심한 수취로 백성들은 민생을 위협받고 있었다. 극소수 권문세가들의 횡포와 불합리한 토지제도의 모순으로 내재적 불만이 팽배해 있었다.

또한 대외적으로는 백여 년 이상 대륙을 지배해 온 원나라가 급속히 쇠퇴하고 명나라가 흥기(興起)하고 있었다. 그 결과 대륙에서 힘의 공백이 생기자 우리나라 북방의 여러 민족들의 움직임이 활발해졌고, 이들이 종종 고려 국경을 넘어 침략을 일삼았다. 그리하여 공민왕 때 홍건적들은 개성을 점령하기까지 하였다. 동시에 동쪽의 왜구들은 가마쿠라막부가 몰락하면서 지방의 호족들을 제어하지 못하게 되자, 해적

---

1) 『방촌황희선생 문집』 연보 771쪽에 의하면, 황희의 출생지인 송경 가조리는 행정구역상 황해도 금천군 토산면 방촌리(厖村里)라 한다.
2) 황희의 선대는 전라도 장수현에 세거하였고, 황희는 개성에서 출생한 것으로 보인다.

이 되어 고려의 전 해안을 유린하였다.[3] 이처럼 황희는 내우외환의 위기가 극심했던 고려 말에 태어났다.

황희의 증조부는 황석부(黃石富)인데 이조참의에 추증되었고, 할아버지는 황균비(黃均庇)인데 의정부참찬에 추증되었다. 아버지 황군서(黃君瑞)는 판강릉대도호부사로 의정부영의정에 추증되었고, 어머니는 호군(護軍) 김우(金祐)의 따님이다. 이들 사이에 2남 3녀의 자녀를 두었는데 황희는 차남으로 태어났다.

그의 어린 시절에 대한 기록은 거의 없어 알 수가 없다. 그의 연보에 의하면, 1376년(우왕2, 선생 14세) 음직(蔭職)으로 복안궁녹사(福安宮錄事)에 제수되었는데, 이것은 그의 아버지가 판강릉 부사였고 문벌 있는 집 자손들이 받는 음서제(蔭敍制)의 혜택으로 복안궁의 녹사가 되었던 것이다.

황희는 1379년(우왕5, 선생 17세) 판사복시사(判司僕寺事) 최안(崔安)의 딸을 부인으로 맞아 결혼하였다. 황희는 어려서부터 총명하고 밤낮으로 책을 읽어 경사(經史)와 제자백가(諸子百家)에 통달하였고, 특히 『소학(小學)』, 『가례(家禮)』, 성리등서(性理等書)를 더욱 좋아하였다.[4] 그래서 주위에서 과거에 응시하기를 권했지만 그는 과거를 보기 위한 공부보다는 글 짓는 공부에 열중해서 응시하지 않았다. 그러나 결국 부모의 권고에 따라 1383년(우왕 9) 21살 때 사마시에 합격하였으며, 1385년(우왕 11) 23살에 진사시에 합격하였다. 그리고 그가 27

---

3) 정두희, 「조선 초기 황희의 정치적 역할」, 『방촌 황희의 학문과 사상』, 책미래, 2017, 10~11쪽.
4) 『厖村實記』, 上, 卷4, 年譜, 16年 癸亥, 先生21歲, "中生員試 經史百家之書 無不通曉 尤好小學家禮性理等書…."

살이던 1389년(공양왕 원년) 문과에 급제하였고, 고려는 그 후 3년 만인 1392년 이성계의 혁명으로 망하고 말았다. 황희의 생애에서 고려조의 멸망과 새 왕조 조선의 등장은 자신의 운명을 바꾸어 놓은 엄청난 사건이었다.

1386년(우왕12. 선생 24세) 황희는 결혼한 지 불과 7년 만에 최씨 부인과 사별하는 아픔을 겪고. 2년 후 청주양씨(淸州楊氏) 공조전서(工曹典書) 양진(楊震)의 딸을 부인으로 맞아 재혼을 하였는데, 그 사이에서 3남 1녀를 두었다. 큰 아들 치신(致身)은 호조판서로 우의정에 추증되었는데 시호는 호안(胡安)이고, 둘째 아들 보신(保身)은 종친부 전첨(宗親府典籤)으로 한성소윤에 추증되었으며, 셋째 아들 수신(守身)은 영의정으로 시호는 열성(烈成)이다.

황희는 1389년(공양왕 원년) 27살에 문과에 급제하여 그 이듬 해 성균관 학관에 보임되어 정식으로 공직의 길을 걷게 된다. 사람이 이 세상에 태어나 무엇을 하다 가느냐 하는 것은 인생의 목적이기도 하고 삶의 의미이기도 하다. 황희는 한 마디로 평생을 나라와 백성을 위한 공직의 길을 걸었다고 볼 수 있다.

연보에 의하면, 그의 관직생활이 14살부터 시작된 것으로 보이는데, 문과급제 이후로 보아도 28세부터 1449년 87세까지 59년 동안 공직 자의 길을 걸었다. 아마도 황희의 이러한 기록은 전무후무한 것임에 틀림없다.

그런데 황희가 본격적으로 공직의 길을 걸은 지 3년이 되는 해 1392년 이성계, 이방원에 의해 고려왕조는 무너지고 새롭게 조선왕조 가 개창된다. 혁명이다. 30세의 청년 황희에게 불어닥친 혁명의 회오리는 두문동(杜門洞)과 출사(出仕)의 기로에서 엄청난 선택을 강요받았다. 더욱이 불사이군(不事二君)의 충렬의리가 목숨처럼 존중되던 시기에 조선조 조정에의 참여는 매우 어려운 결단이었다. 황희는 두문동에서 나와 결국 출사의 길을 걷게 되는데, 이에 관한 다음 글을 참고하기로 하자. 「구연보(舊年譜)」와 「정건천문집(程巾川文集)」에는 황희의 조선왕조 출사에 대한 전말이 이렇게 전해진다.

선생이 평일에 이화정(梨花亭) 이공(李公)과 정의(情誼)가 친밀하였는데, 고려 말엽에 정사가 어지러우니, 이공(李公)이 금강산에 들어가 숨어버렸다. 고려가 멸망하고 조선이 들어 섬에 미쳐 선생이 찾아가 함께 숨으려 하니, 이공이 듣지 않고 말하기를, "만약 그대가 나를 따른다면 저 동토(東土)의 억조창생(億兆蒼生)은 어이 하겠는가?" 라고 하였다 하고, 또 "혁명이 일어나던 날에 선생이 여조(麗朝)의 구신(舊臣) 72인과 함께 두문동에 들어가니, 그들이 창생(蒼生)의 촉망(囑望)으로서 선생을 천거하여 부탁하거늘, 선생이 이에 벼슬길에 나갔다"고 하였다.[5]

황희도 처음에는 두문동에 들어가 일생을 마칠 뜻을 두었다. 태조 원년(1392년)에 경학(經學)이 밝고 수행이 단정한 선비를 채택할 때 그를 여러 번 불렀으나 응하지 않다가, 두문동 제현(諸賢)들이 구부(懼夫: 황희)가 나가지 않으면 창생이 어떻게 되겠느냐고 권하고, 또 소명(召命)이 계속되자 할 수 없이 하산하게 되었다. 정건천(程巾川)이 그의 부채에 "그대는 청운(青雲)에 올라 떠나고, 나는 청산(靑山)을 향해 돌아섰네. 청운과 청산이 이로부터 떨어지니, 눈물이 벽라의(碧蘿衣)에 젖는 구려" 라는 당인(唐人)의 시를 적어주며 전송하였다.[6]

---

5) 『방촌황희선생문집』, 「연보1」, 조선태조개국원년, 임신, 선생 30세 조.
6) 『방촌황희선생문집』, 부록 상, 「程巾川文集」, 1465~1466쪽.

이와 같이 황희의 고려 말 혁명기 출사문제에 관한 일화가 전해지고 있는데, 정사(正史) 사료에는 확실한 근거가 보이지는 않는다. 그렇지만 조선이 건국되고서 조정과 동료들의 요청으로 출사한 것은 어느 정도 사실로 여겨진다.[7]

또 이에 관한 또 다른 이야기는 좀 더 구체적이다. 조선을 개국한 태조는 정도전(鄭道傳), 하륜(河崙), 변계량(卞季良) 등을 두문동에 보내 치국(治國)의 동량(棟樑)이 될 재상 재목 세 사람 정도를 하산해 줄 것을 설득하게 하였다. 그리하여 두문동에 은거하고 있던 72현들이 모여 협의한 결과 황희를 지목하게 되었다 한다. 그들은 태조 이성계가 요구한 세 사람 모두를 보내줄 수는 없고, 중국 은(殷)나라 재상 이윤(伊尹)에 견줄만한 황희 한 사람만을 지목하게 되었던 것이다. 이렇게 하여 그가 양조(兩朝)를 섬기는 신하가 되었지만, 조야(朝野)의 환영을 받았던 것이다. 그것은 당시 정변의 풍파에서 방황하는 백성들에게 희망을 주었고, 그가 조정에 들어감으로써 두문동이나 부조현(不朝峴)에 은거하고 있던 고려 수절신(守節臣)들의 안전을 꾀할 수 있었기 때문이다.[8] 이러한 황희의 출사에 얽힌 일화는 야사라는 한계를 갖지만 많은 학자들이 대체로 수긍하는 편이다.

『맹자』에 보면, 맹자는 백이(伯夷)와 이윤(伊尹)을 비교하면서, "그 임금이 아니면 섬기지 아니하고 그 백성이 아니면 부리지 아니하여, 나아 갈만 하면 나아가고 어지러우면 물러나는 것이 백이라" 하였다. 반

---

7)   소종, 「조선 태종대 방촌 황희의 정치적 활동」, 『방촌 황희의 학문과 사상』, 책미래, 2017, 124쪽.
8)   오병무, 「조선조의 명재상 방촌 황희의 생애와 사상」, 『방촌 황희의 학문과 사상』, 책미래, 2017, 55쪽.

면 "누구를 섬긴 들 우리 임금이 아니며 누구를 부린 들 우리 백성이 아니냐 하여, 다스릴 만 해도 나아가고 혼란해도 나아가는 것은 이윤이라" 하였다. 이에 대해 "벼슬할 만하면 벼슬을 하고, 그만두어야 하면 그만두며, 오래 있을 만하면 오래 있고, 빨리 물러나야 하면 빨리 물러나는 것이 공자라" 하였다.[9] 여기서 백이는 지조와 절개를 지키는 데 의의가 있고, 이윤은 나라와 백성을 위한 봉사에 방점이 찍혀 있다. 고려 말 포은 정몽주(圃隱 鄭夢周), 야은 길재(冶隱 吉再)의 충절과 삼봉 정도전(三峰 鄭道傳), 양촌 권근(陽村 權近)의 현실 참여가 각기 달리 평가되는 까닭이 바로 여기에 있다.

황희는 고려 유신(遺臣)들과 함께 불사이군의 의리로써 두문동에 들어갔으나, 새 왕조의 창업과 함께 누군가는 나라와 백성을 위해 봉사해야 한다는 명분으로 조선왕조에 참여했던 것이다. 훗날 황희가 문묘종사에 거론되었을 때에도 이 출사문제로 시비된 적이 없고, 또 그의 평생에 이 문제로 시비가 된 적은 없었다는 점에서, 황희의 조선 왕조 참여 문제는 비난의 대상이 되지 않았다. 황희는 이윤(伊尹)과 같은 봉공(奉公)의 마음으로 새 나라 조선에 발을 들여놓은 것이다.

2. 태종의 신임과 공직의 길

황희는 태조 이성계 조정에서 29살의 나이로 세자우정자(世子右正

---

9) 『孟子』, 「公孫丑上」, "伯夷伊尹何如 曰不同道 非其君不事 非其民不使 治則進 亂則退 伯夷也 何事非君 何使非民 治亦進 亂亦進 伊尹也 可以仕則仕 可以止則止 可以久則久 可以速則速 孔子也."

字)로 관직에 나선다. 이어 33살에 직예문관춘추관(直藝文館春秋館), 사헌부감찰우습유(司憲府監察右拾遺)로 전임되었다. 젊은 관료 황희는 이때부터 부정과 불의를 용납하지 않는 기개를 보인다. 1398년(태조 7) 36살 때 정자우습유(正字右拾遺)로서 상소를 올려 강은(姜隱)과 민안인(閔安仁)을 탄핵하다가 임금의 뜻을 거슬러 경원교수관(慶源教授官)으로 좌천되기도 했다. 황희는 오히려 간관으로서의 직무를 태만히 했다는 부당한 이유로 좌천되었던 것이다.

1399년(정종 원년) 37살 때 정종이 즉위하고 다시 문하부의 간관인 보궐(補闕)이 되었지만, 왕자였던 회안군(懷安君) 방간(芳幹)의 매부 민공생(閔公生)의 비리를 탄핵하는데 적극적으로 앞장섰다가 다시 면직되는 불운을 겪기도 했다.[10] 이처럼 황희의 젊은 시절 관직생활은 올곧은 성품과 불법과 비리를 용납하지 못하는 기질로 인해 숱한 굴곡을 겪게 되었다.

1400년(정종2) 황희는 다시 기용되어 경기감사를 보좌했고, 형조, 예조, 이조, 병조의 정랑(正郎)을 역임했으며, 병조의랑(兵曹議郎)에 이르러 집현전(集賢殿) 직을 겸임했고, 도평의사(都評議司)의 도사(都事)와 경력(經歷)을 거쳤으니, 이르는 곳마다 유능하다는 평을 받았다. 이와 같이 그는 각 부서의 요직에서 행정의 기초를 경험하여 후일 국가의 중책을 맡는데 큰 자산이 되었던 것이다.

그런데 황희의 일생에서 세종과의 만남도 중요하지만, 그보다 앞서 태종과의 만남은 세종과의 인연을 닦아 놓았다는 점에서 매우 중요한

---

10) 『문종실록』, 권12, 「2년 2월 임신조」, 황희의 졸년기사 참조.

의미를 갖는다. 사실 황희는 태종의 인정을 받으면서 그 재능이 빛을 발하기 시작하였다. 그러므로 그의 생애에서 태종과의 만남은 특별한 의미를 지닌다.[11]

1401년(태종 원년) 39살 때 황희는 임금의 명에 의해 명나라 사신을 접대하였다. 그 이듬 해 황희는 부친의 상을 당해 유교 의례에 따라 장단(長湍) 마근곡(麻根谷)에 장사를 지내고 상중에 있었다. 그런데 태종은 기복법(起復法)을 황희에게 적용하여 거상(居喪) 백일 만에 그를 대호군(大護軍)에 임명하고, 승추부경력(承樞府經歷)을 겸직하게 하였다. 또 세종 9년에는 어머니 상을 당해서도 3개월 만에 기복법을 적용하여 좌의정을 맡게 하였다. 기복법이란 부모의 상중에 있는 사람이라도 나라에서 꼭 필요하면 관직을 맡게 하는 것을 말한다. 이는 일종의 편법으로 부모에 대한 효보다 국가의 충이 더 중요하다는 권도(權道)의 일환이다. 물론 황희는 여러 차례 유교적 효도의 논리로써 사양을 했지만 허락되지 않았다. 아버지, 어머니 상중에 모두 기복법이 적용된 것이다. 1404년(태종 4년) 부친의 3년복을 마치고 우사간대부(右司諫大夫)에 승진하였고, 그 이듬해 좌부대언(左副代言)에 임명되고 또 승정원(承政院) 지신사(知申事)로 승진하였다.

태종이 언제부터 황희를 알게 되었는지는 정확히 알 수 없다. 그런데 태종에게 황희를 천거한 것은 좌명공신(佐命功臣)으로서 태종의 집권을 적극적으로 옹호하였던 박석명(朴錫命, 1370~1406)이었다. 1403년(태종 3년) 당시 박석명은 지신사의 직책에 있었는데, 그는 자리에서

---

11) 정두희, 「조선 초기 황희의 정치적 역할」, 『방촌 황희의 학문과 사상』, 책미래, 2017, 13쪽.

물러나기를 여러 번 간청하였다. 지신사란 후일 도승지로서 왕의 의중을 잘 파악하여 정치에 반영해야 하는 중요한 자리였다. 그러므로 지신사는 왕의 심복이 될 만한 인품과 능력을 갖춘 사람이 필요하였다. 1403년(태종 3년) 박석명은 자신의 후임으로 황희를 천거하자, 태종은 당시 부친 상중에 있었던 황희를 특별히 등용하여 승추부의 경력으로 임명하였다. 당시에는 친상을 당하면 3년 상을 마칠 때까지 관직에서 물러나야 하지만, 태종은 무관의 경우 친상을 당한지 100일이 경과하면 복직시킬 수 있다는 관례를 가지고, 황희를 특별히 대호군으로 임명하여 승추부 경력을 겸직하게 하였다.[12]

태종은 조선 초 불안한 정국을 안정시키기 위해서는 사병(私兵)의 혁파가 중요하다고 생각하였다. 그리하여 태종 원년에 병권을 일원화하여 왕에 귀속시키는 조처로, 중추원(中樞院)을 혁파하고 승추부(承樞府)를 세웠던 것이다. 그러므로 승추부는 태종의 정치개혁의 산물이었으며, 여기에 황희를 앉힌 것은 그를 신임할 수 있는지를 시험하는 기회였다. 이런 과정을 거쳐 1404년(태종 4년) 황희는 우사간대부로 승진되고,[13] 이어 그 이듬해 12월 마침내 지신사로 발탁되었다.[14]

박석명(朴錫命)이 지신사로서 오랫동안 기밀을 맡아오다가 여러 차례 사면을 간청하매, 태종께서 말하기를, "경이 경과 같은 사람을 천거한다면 지신사를 체대(遞代)하여 주겠노라"하여, 박석명이 황희를 천거하여 황희가 임명되었다. 임명된

---

12) 『태종실록』, 권6, 「태종 3년, 윤11월, 병신조」.
13) 『태종실록』, 권8, 「태종 4년, 10월, 신묘조」.
14) 『태종실록』, 권10, 「태종 5년, 12월, 무진조」.

후 모든 기밀을 맡아보았으므로 비록 하루 이틀만 나오지 않아도 태종께서 반드시 불러보았다. 한 번은 태종이 말하기 를, "이 일은 경만 알고 있으니 만일 누설되면 경이 아니면 내 입에서 나온 말이오. 훈구대신들이 우리의 계합(契合)을 기뻐하지 않으며, 어떤 이는 경이 간사하다고 말하는 사람도 있소" 라고 하였다니, 태종의 신임이 얼마나 두터웠던가를 알겠다.[15]

지신사는 오늘날로 말하면 임금의 비서실장이다. 무엇보다 왕의 신임이 두터워야 하고 상호 신뢰가 있어야 한다. 아울러 왕의 심기를 통찰하는 능력이 있어야 하고 사태를 정확히 파악하여 왕으로 하여금 문제를 해결하는데 조력을 해야 한다. 태종의 친구로서 태종의 신임이 두터웠던 박석명이 자신의 후임으로 황희를 천거한 것은 황희의 생애에서 매우 중요한 사건의 하나다. 왜냐하면 지신사라는 자리를 통해 태종과 가까워질 수 있었고, 자신의 인품과 능력을 보여줄 수 있었기 때문이다. 태종의 황희에 대한 절대적 신임은 원로대신들을 견제하는데도 다소 목적이 있었다.

예전의 제도에 의하면 좌우정승은 판이병조사를 겸하여 인사행정을 장악하였다. 그러나 지신사 황희가 이조의 일에 밝기 때문에 오랫동안 인사행정에 깊이 관여하게 되었다. 그러므로 비록 좌우정승이 천거하더라도 (황희가) 중간에서 작용하여 이들을 등용치 않도록 하였다. 그리고는 자신과 가까운 사람들의 좋은 점을 왕에게 자주 말씀드렸다. 그러니 좌우정승 등의 인사행정에 관여하는 관리들이 황희를 미워하였지만, 달리 어찌할 도리가 없었다. 그러므로 인사행정을 할 때면 이들은 매번 사

15) 『문종실록』, 권12, 「문종 2년, 2월 8일」.

양하고 물러나곤 하였다. 이에 좌우정승이 모두 겸판이병조사를 사직하였다. 이는 모두 황희가 인사행정을 불공정하게 처리한다는 익명의 투서가 두 세 번이나 게시되기에 이른 것이다. 이에 황희는 조금 깨닫는 듯 하였다. 이에 이르러 계문을 올려 예전의 제도를 복구하자고 주장하였지만, 그는 여전히 재상들의 의견만을 따르는 붕당이 일어나는 폐단이 있다고 주장하였다. 그러니 사람들이 모두 눈을 흘겼다.[16]

태종이 황희를 특별하게 신임하여 국가의 긴요한 업무를 그에게 전적으로 맡겼다. 비록 하루 이틀만 보지 못하여도 반드시 그를 불러 보았다. 태종이 일찍이 말하기를, "이런 일은 나와 그대만이 알고 있을 뿐이다. 만약 누설된다면 이 책임이 그대 아니면 나에게 있을 것이다" 라고 하였다. 그러므로 훈구대신들이 황희를 좋지 않게 생각하여 때로는 그를 모함하는 말을 하기도 하였다.[17]

1406년(태종 6년) 명나라 사신 황엄(黃儼)을 한강에서 전송하였다. 그해 5월 27일 임금이 궁궐 안에 불당(佛堂)을 세우려고 하자 황희는 이를 간언해 혁파할 것을 주장하였다. 5월 28일 상소를 올려 동불(銅佛)의 전송(轉送)을 금지할 것을 요청하자 임금이 그 의견을 좇았다.

1407년(태종 7년) 7월 1일 명나라 사신 정승(鄭昇), 김각(金角) 등을 전송하였다. 그해 9월 25일 태종의 왕비인 원경왕후의 친동기간인 민무구(閔無咎)와 민무질(閔無疾)의 역모사건이 발생하였다. 원경왕후 민씨는 태종이 왕이 되는데 중요한 역할을 하였으며, 민무구와 민무질의 공로도 매우 컸다. 그러므로 이들은 태종이 왕이 되어 모두 좌명

---

16) 『태종실록』, 권15, 「태종 8년, 2월, 계미조」.
17) 『문종실록』, 권12, 「문종 2년, 2월, 임신조」, 황희의 졸년 기사.

공신이 되었던 것이다. 왕의 외척이라는 특수 관계를 생각하면 이들의 권세가 얼마가 강했는가 짐작할 수 있다. 사실 이 민씨 형제를 처벌해야 할 구체적인 근거가 무엇인지는 다소 애매하였다. 그러나 민씨 형제가 당시 세자였던 양녕대군과 연결하여 다른 왕자들을 제거하고 뒷날을 도모하려고 한다는 의혹을 받은 것은 사실이었다.[18]

민무구 등이 세자를 옹립하고 또 세자에 잠재적인 위협이 될 수도 있는 충녕대군 등, 여러 왕자들을 제거하려고 하였다는 것은 매우 그럴 듯하다. 이 문제가 결국 양녕대군의 폐 세자 문제로까지 발전했다는 것은 당연한 일이라고 생각한다. 바로 이 문제가 심각하게 전개되었을 때, 황희는 이숙번, 조영무 등과 함께 왕의 내밀한 명을 받들어 이들의 음모를 제거하는데 결정적인 역할을 하였다. 이런 일은 결코 일이 누설될 염려가 없는 최고의 측근과 의논해야 했을 것이다. 그렇기에 태종은 "이런 일은 나와 그대만이 알고 있을 뿐이다. 만약 이 일이 누설되면 이 책임이 그대 아니면 나에게 있을 것이다" 라고 까지 말할 수 있었던 것이다.

민무구 사건이 종결된 다음 황희에 대한 태종의 신임은 더욱 두터워졌다. 민무구와 민무질이 처형된 직후, 태종 9년 12월에는 형조판서, 10년 2월에는 지의정부사, 7월에는 사헌부대사헌을 역임하였고, 이어 예조판서를 연임하였다. 그리고 태종 14년 6월에 이조판서, 15년 11월에 의정부참찬, 15년 12월에 호조판서가 되었다. 그가 43세 때인 1405년(태종 5년) 12월 지신사로 발탁된 지 10년 만에 6조의 판서를

---

18) 『태종실록』, 권14, 「태종 7년, 9월, 을해조」 참조.

두루 역임하면서 드디어 의정부의 재상으로 승진하였던 것이다. 태종 14년 2월 황희는 병이 나서 예조판서를 사직할 정도였다. 이때에 태종은 자신의 내의(內醫)를 보내어 그의 병세를 살펴보게 하였다. 그의 병이 치유되자 태종은 내의들에게 "황희는 충직한 사람이어서 진정 재상감이다. 너희들이 그를 잘 치료했으니 내가 매우 기쁘다"고 하여 후한 상까지 내릴 정도였다.[19]

황희가 태종의 신임을 받은 것은 오직 태종의 명령만을 충실하게 따랐기 때문이 아니었다. 그는 태종에게 신중하고도 사려 깊은 의논상대가 될 수 있었기에 그처럼 신임을 받을 수 있었다. 그리고 태종의 신임이 더욱 깊어만 가도 그는 특별한 지위를 이용하여 자신의 사적인 이익을 추구하려고 하지 않았기 때문에 태종은 더욱 그를 신임하고 나라의 중대사에 대하여 속을 터놓고 의논할 수 있었던 것이다.[20]

1408년(태종 8년) 황희는 왕명에 의해 태평관에 나아가 명나라 사신 황엄(黃儼)을 위문하였다. 8월 18일에는 지신사를 사임하고자 했으나 임금이 허락하지 않았다. 12월 5일 목인해(睦仁海)의 고발사건이 일어나 조정이 시끄러웠다. 목인해가 태종의 사위이며 개국공신인 조준(趙浚)의 아들 조대림(趙大臨, 1387~1430)이 반란을 일으키려 한다고 고발한 사건이었다. 황희의 신중한 대처로 이 사건의 무고를 밝혀내 다시 태종의 신임을 받게 되는데 그 전말을 보기로 하자.

---

19) 정두희, 「조선 초기 황희의 정치적 역할」, 『방촌 황희의 학문과 사상』, 책미래, 2017, 18쪽 참조.
20) 정두희, 「조선 초기 황희의 정치적 역할」, 『방촌 황희의 학문과 사상』, 책미래, 2017, 19쪽.

목인해가 변란을 일으켰다. 이때에 황희는 마침 집에 있었는데 태종이 급히 그를 불러 말하기를 "평양군(平壤君) 조대림(趙大臨)이 모반을 하였으니, 경계를 엄하게 하여 만약의 사태에 대비하라"고 하였다. 그러나 황희는 "누가 주모자입니까?" 라고 물었다. 태종이 "조용(趙庸)이다" 라고 답하였다. 황희는 "조용의 사람됨으로 볼 때 결코 부모를 죽이고 임금을 시해할 인물이 아닙니다" 라고 답하였다. 평양군을 옥에 가두자, 황희는 목인해도 같이 하옥시켜 평양군과 대질 심문을 시키자고 권하니, 태종이 그 말을 따랐다. 그 결과 과연 목인해가 꾸며낸 음모였음이 밝혀졌다. 그 후 김과(金科)가 죄를 지었는데 조용이 또 그 일에 연루되었다. 이에 태종은 대신들이 모두 모인 자리에서 친히 조용을 변호하면서 황희에게 말하기를, "그 전에 목인해가 변고를 일으켰을 때 그대가 조용의 사람됨으로 보아 결코 부모와 임금을 죽일 사람이 아니라고 했는데 과연 그러하였다"고 하였다. 조용이 이때 비로소 그 말을 듣고 물러나와 감격하여 말을 잇지 못하였다.[21]

여기에서도 황희가 임금의 명령을 무조건 따르기만 하여서 신임을 받은 것이 아니라, 자신의 뚜렷한 소신을 가지고 임금을 보좌하고, 또 임금의 생각이 그르면 이를 잘 설득해서 문제를 원만하게 해결하는 탁월한 능력을 가졌기 때문에 태종의 신임을 받았던 것이다.

그런데 황희는 양녕대군의 폐 세자 문제를 반대하다가 태종의 미움을 사 곤욕을 치르게 된다. 1418년(태종 18년) 56살 때 태종과 황희의 관계는 양녕대군의 폐 세자 문제로 위기를 맞았다. 태종은 양녕대군을 세자의 자리에서 폐하고 충녕대군을 봉하려 하였다. 태종은 이 문제를 황희와 의논하였다. 그러나 태종의 마음은 이미 양녕대군에서 떠나있

---

21) 『문종실록』, 권12, 「문종 2년, 2월, 임신조」, 황희의 졸년기사.

었고 그 자리에 충녕대군을 내정하고 있었다. 그러므로 황희는 그냥 태종의 뜻대로 따라가기만 하면 되는 것이었다.

그러나 황희는 여기서도 원칙을 강조하였다. 그는 양녕대군이 몇 가지 말썽을 빚은 것은 단지 나이가 어려서 그런 것이지, 무슨 큰 잘못이 있는 것은 아니라고 옹호하였다. 이때 태종은 황희가 양녕대군을 옹호하고 나올 줄은 몰랐던 것 같다. 그래서 태종은 황희가 일찍이 민무구 형제를 제거할 때는 주동적인 역할을 하고, 이제 와서는 세자의 편을 들어 뒷날 자신의 위치를 다지려한다고 오해하고서 황희를 멀리하였다.

태종은 "오늘날 사람들의 마음이 나를 버리고 세자를 따르려 한다. 만약 늙은 나를 버리고 젊은 세자를 따르려 한다면, 노인인 나는 살아가기가 어려울 것이다. 자손을 위한 계책을 누가 소홀히 하겠는가? 그런데 노인을 버리고 돌보지 않는다면 그게 옳은 일이냐? 그대는 당시 반쯤 몸을 틀고 밖을 보면서 내 말을 듣고 있었다. 그날의 발언은 바로 그대가 한말이다. 예전에 대신들이 그대를 지목하여 간사하다고 하였다. 그래도 나는 그대를 이조판서, 공조판서로 삼았으며, 뒤이어 평안도 도순문사로 보냈는데, 이는 그대의 간사함을 미워했기 때문이다. 그래도 다시 몇 달 후에는 그대를 형조판서로 삼았다. 육조판서의 임무는 매일 아침 왕에게 보고하는 것인데, 나는 그대의 얼굴을 보기가 싫었다. 그래서 그대를 한성판윤으로 임명했다. 그래도 그대는 어찌 내 마음을 알지 못했느냐? 그 죄로 말한다면 마땅히 법대로 처치해야 할 것이지만, 차마 내가 그럴 수는 없다. 그러니 그대는 시골로 물러나 편안한대로 살면서 노모를 봉양하라"고 엄명했다. 이에 황희는 교하로 내려갔다.[22]

---

22) 『태종실록』, 권35, 「태종 18년, 5월, 경신조」.

이와 같이 황희는 양녕대군을 세자에서 폐위하려는 태종의 뜻을 좇지 않고 이에 반대하다가 파주 교하로 내쳐졌다가 다시 남원으로 유배되기에 이르렀다. 이 뜻하지 않은 사건은 황희의 일생에서 가장 어려운 시기였음에 틀림없다.

이 때 태종은 황희에게 말하기를, "공신이 비록 많지만 어찌 사람마다 정사를 의논할 수 있겠으며, 비록 공신이 아니더라도 승지 출신인자는 보기를 공신같이 한다. 경 같은 자는 다년간 나를 섬겨서 나의 마음을 알 것이다. 나는 항상 나를 위해 목숨을 바치리라고 생각했더니, 그 물음에 답한 것이 정직하지 못하고 이와 같은 것은 무엇인가? 내가 그때 마음이 아파서 듣고서 눈물을 흘렸는데 경은 그것을 잊었는가?"하였다. 이에 대해 황희가 답하기를, "그때를 당하여 신이 대답하기를, '세자의 나이가 어린 소치입니다' 라고 했는데, 이제 성상의 하교가 이와 같으시니, 신의 얼굴이 붉어지고 눈물이 줄줄 납니다. 신의 마음으로는 세자를 위해 감개해 그리 된 것이라 생각하는데, 이것은 기억할 수 있으나, 그 매와 개의 일은 신은 능히 기억할 수 없습니다. 신은 포의(布衣)에서 성상의 은혜를 입어서 여기에 이르렀는데, 무슨 마음으로 전하를 저버리고 세자에게 아부하겠습니까? 불행하게 신의 말이 성상의 마음에 위배되었습니다." 하였다. 여기서도 비록 태종이 황희를 교하로, 남원으로 유배시키지만, 그에 대한 신뢰와 기대는 결코 변함없음을 알 수 있다. 다음 이야기도 당시 태종의 황희에 대한 믿음과 사랑을 잘 보여주는 대목이다.

이때 세자 양녕대군을 폐하자 황희도 폐하여 서인으로 만들어 경기도의 교하로 유배하여 어머니와 함께 지내게 하였다. 그러자 대신들과 대간에서 황희를 거듭거듭 탄핵하였다. 태종은 황희의 생질 오치선(吳致善)을 보내어 말하기를, "그대가 비록 공신은 아니지만 공신처럼 대우하였고, 하루 이틀만 보지 못해도 반드시 그대를 불러 보며, 하루라도 나의 좌우에서 떠나지 않게 하였다. 지금 대신들과 대간들이 처벌해야 한다고 하니 그대를 개성과 서울 사이에 둘 수 없다. 그러니 그대는 그대의 어머니를 모시고 고향인 남원으로 가라"고 하였다. 또한 사헌부에 명하여 황희를 압송하지는 못하게 하였다. 오치선이 돌아와 태종에게 보고하니, 태종은 황희가 무슨 말을 하더냐고 물었다. 오치선은 "황희가 말하기를, 나의 살과 뼈는 부모에게서 받은 것이지만, 내가 먹고 입는 것과 종복은 모두 왕의 은혜로 갖게 된 것이니, 신하가 어찌 왕의 은덕을 배반할 까닭이 있겠느냐. 진실로 나에게는 다른 마음이 없다 하면서 눈물을 흘리며 어찌할 줄을 모르더라"고 왕에게 보고하였다. 태종은 "일이 이미 이렇게 되었으니 어찌할 도리가 없다"고 하였다.[23]

　태종은 아끼고 신임했던 황희를 유배시킨 것에 마음이 편치 않았다. 그래서 황희의 생질인 오치선을 유배지에 보내 근황을 살피고 오도록 했다. 그런데 황희는 임금을 원망하지도 않고 오히려 임금의 은혜를 잊지 않고 있으며, 지극히 근신하는 것을 보고 황희의 진심을 알고 그가 결코 자신을 배반한 것이 아니라는 것을 깨닫게 되었다.

　황희는 남원에서 귀양살이를 하며 7년 동안 문을 닫고 단정히 앉아 빈객(賓客)을 접하지 않았으며,[24] 다만 손에는 한 질의 시운(詩韻,『禮

---

23) 『문종실록』, 권12, 「문종 2년, 2월, 임신조」, 황희의 졸년기사.
24) 실제로는 3년 9개월임(이성무, 『방촌 황희 평전』, 128쪽)

部韻略』)을 들고 정신을 집중하여 주목해 읽을 따름이었다.[25]

1418년 6월 태종은 마침내 양녕대군을 세자에서 폐해 광주로 내치고, 충녕대군 이도(李祹)를 세자로 삼고, 8월 10일 근정전에서 즉위해 세종이 되게 하였다. 1422년(세종 4) 태종은 죽기 전에 세종에게 "이직(李稷)과 황희는 비록 죄를 범했으나 일에 익숙한 구인(舊人)이므로 버릴 수 없으니, 가히 불러서 쓸 만하다"고 아들 세종에게 황희를 추천하였다. 태종은 황희가 양녕대군의 편을 들어 옹호한 것은 잘못이지만, 능력과 인품으로 볼 때 꼭 써야 할 인재라고 추천했던 것이다. 이러한 아버지 태종의 간곡한 당부는 세종으로 하여금 황희를 자신의 신하로 발탁해 쓰는 계기가 된다.

---

25) 『海東野言』, 2, 「筆苑雜記」 인용.

3. 세종과 함께 명재상의 길

황희는 7년 동안 모친 정숙부인(貞淑夫人)을 모시고 남원부(南原府) 장수현(長水縣)에 머물며 유배생활을 하였다. 1422년(세종 4년) 2월 19일 60살에 세종의 부름을 받고 서울로 돌아와 직첩(職牒)을 도로 받았다. 태종은 세종에게 위협이 될 만한 세력을 제거하는 동시에 세종을 보필할 유능한 인재들을 찾아 세종에게 등용을 권하였다. 이러한 태종의 구상에 가장 적합한 이가 바로 황희였다.

황희는 태종을 배알하고 은혜에 감사하는 인사를 드렸다. 이때에 세종이 곁에 있었는데, 태종은 "내가 풍양에 있을 때 항상 그대의 일을 왕(세종)에게 말씀드렸다. 그대가 오늘 서울에 돌아왔으니 그대를 후하게 대접하라고 명하셨다" 라고 말하면서, 그에게 과전(科田)과 고신(告身)을 다시 돌려주며 세종에게 황희를 중용하라고 부탁하였다.[26]

황희가 유배지에서 돌아오자 대간들의 반대가 심하였고 탄핵하였다. 대사헌 허성(許誠)은 황희를 불충죄(不忠罪)로 논해야 하므로 복직시킬 수 없다 하였다. 그러나 세종은 "황희가 명확하게 양녕을 두둔하는 말을 한 것은 아니다. 너희들이 태종의 뜻을 어떻게 짐작할 수 있느냐?"고 하면서 "황희의 죄를 불충으로 논할 수는 없다. 이미 서울로 돌아온 이상 이를 번복할 수 없다"고 답하였다.[27] 이리하여 황희는 60세가 되던 해 1422년(세종 4년) 10월 경시서제조(京市署提調)로 임명되

---

26) 『문종실록』, 권12, 「문종 2년, 2월, 임신조」, 황희의 졸년기사.
27) 『세종실록』, 권15, 「세종 4년, 2월, 을유조」.

었으며, 그로부터 15일 후에는 의정부참찬의 재상직으로 복직되었다.

태종의 총애를 받아 지신사(43세), 형조판서(47세), 병조판서(49세), 예조판서(51세), 이조판서, 호조판서(53세), 공조판서(54세) 등 국정 전반에 걸친 행정경험을 두루 마친 황희에게 세종시대는 또 하나의 기회였고, 세종의 신뢰와 존경 속에서 마음껏 국정을 펼 수 있는 판이 마련된 것이다.

그런데 황희가 세종에게 절대적인 신임을 받기 시작한 것은 1423년 (세종 5년) 7월 강원도관찰사가 되어 강원도 지방을 휩쓴 혹심한 기근에 빠진 백성들의 어려움을 잘 해결하고부터였다.[28] 강원도의 기근이 심했을 때, 당시의 강원도관찰사 이명덕(李明德)은 백성을 구휼하는데 실패하였다. 이에 세종은 황희를 대신 강원도관찰사로 보냈고, 황희는 마음을 다하여 백성들을 구휼하였다. 이에 세종은 기뻐하여 황희를 숭정대부 판우군도총제부사(判右軍都摠制府使)로 승진시키고 관찰사의 일을 계속 보게 하였다. 태종의 추천으로만 알고 있던 황희의 능력을 세종은 실제로 확인하게 되자, 이후 황희가 죽는 날 까지 그에 대한 신임이 흔들리지 않았다.

1426년(세종 8년) 2월에는 이조판서, 5월에는 의정부 우의정, 이듬해에는 의정부 좌의정으로 연속 승진하였다. 물론 세종과 황희와의 관계에서도 위기가 없었던 것은 아니다. 그가 좌의정으로 임명된 지 얼마 지나지 않아서, 1427년(세종 9년) 6월 황희의 사위 서달(徐達)이 그의 모친 최씨를 모시고 충남 예산의 대흥현으로 가는 길에 신창현을 지나

---

28) 정두희, 「조선 초기 황희의 정치적 역할」, 『방촌 황희의 학문과 사상』, 책미래, 2017, 27쪽.

게 되었다. 이때 이 고을의 아전이 말을 잘 듣지 않는다 하여 매질한다는 것이 지나쳐 그 아전을 죽게 하였다. 그런데 이 사건을 조사하는 과정에서 황희가 조서를 변조하고, 또 몇 개월씩이나 사건의 심리를 고의적으로 지연했다는 것을 이유로 대간의 탄핵을 당하였다.[29]

1427년(세종 9년) 7월 15일 어머니 정경부인의 상을 당하였는데, 10월 7일 세자의 명나라에 들어가는 행차를 보좌하기 위하여 특별히 기복출사(起復出仕)를 명하여 좌의정에 임명되었다. 여러 차례 글을 올려 기복출사를 사양했지만 허락되지 않았다.

탈정기복(奪情起復)이란 것은 진실로 좋은 법이 아닙니다. 전쟁으로 위급하고 어려울 때에 국가의 안위(安危)를 책임지고 좌우하는 사람이라면 부득이하여 임시로 그렇게 할 수도 있겠으나, 요즈음처럼 무사태평한 때에 어찌 부득이하다 하여 권도(權道)로 행하는 제도에다 보잘 것 없는 몸을 적용하여 고금의 대전(大典)을 무너뜨릴 수 있겠습니까?...전하께서는 신의 용렬하고 우매함을 살피시고 신의 간절하고 절박함을 불쌍히 여기시어, 기복(起復)의 명을 도로 거두시와 상제(喪制)를 마치게 하시어 효치(孝治)를 빛내고 풍속을 장려하시면 더없는 다행이겠습니다.[30]

황희는 기복법의 부당성을 왕에게 호소했다. 전쟁이 났다든가 또 국가의 안위를 책임져야 할 부득이 한 경우라면 권도로서 상중이라도 관직에 임명할 수 있지만, 자신의 경우는 그렇지 아니한데 기복법을 적용하여 자식으로서의 효를 다하지 못하게 함은 옳지 않다고 하였다. 결국

29) 『세종실록』, 권36, 「세종 9년, 6월, 갑술조」.
30) 『세종실록』, 권38, 세종 9년, 10월 8일 조.

황희의 경우는 아버지의 상, 어머니의 상 모두 기복법에 의해 상중에 발탁되어 관직에 나아가게 되었던 것이다.

1431년(세종 13년) 69세가 된 황희를 영의정으로 임명하였다. 그 이후 황희는 나이가 많다는 것을 이유로 여러 차례 사직을 원하였지만 세종은 이를 허락하지 않았다. 황희가 83세가 되던 1445년(세종 27년) 6월에는 매일 출근하지 않고서도 일을 처리하도록 허용할 정도였다. 요즘으로 말하면 황희에게는 재택근무를 허용한 셈이다. 그가 물러나도 좋다는 허락을 받은 것은 세종이 승하하기 불과 몇 달 전인 1449년(세종 31년) 10월이었으며, 이때 황희의 나이는 87세였다. 그러므로 황희는 세종의 전 치세기간을 왕과 함께 나라를 이끌어 갔던 것이다. 조선시대에 황희처럼 오랜 기간 동안 국가의 최고 지위라 할 수 있는 의정부의 대신 직을 역임한 사람은 거의 없었다.

1450년(세종 32년) 2월 세종이 54세의 나이로 영응대군(永膺大君) 별궁(別宮)에서 서거하였고, 이어서 황희도 1452년(문종2년) 2월 8일 향년 90세로 서거하였다. 2월 12일 세종묘정(世宗廟庭)에 배향(配享)을 명하고 시호(諡號)를 '익성(翼成)'이라 하였는데, '사려(思慮)가 심원(深遠)한 것을 익(翼)이라 하고, 상신(相臣)이 되어 할 일을 능히 마친 것을 성(成)이라 한다'는 뜻이었다. 문종은 도승지 강맹경(姜孟卿)을 보내 사당에 유제(諭祭)하고, 유사(有司)가 길일(吉日)을 택하여 의물(儀物)을 갖추고 파주 금승리(金蠅里)에 장사(葬事)하였다. 문종이 뒤를 이어 장작감(將作監)을 명하여 영신원(靈神院)을 금승리에 세우고 승도(僧徒)로 하여금 전수(典守)케 하였다. 1500년(연산군 6년) 선생의 손자 첨지중추부사(僉知中樞府事) 사장(事長)이 신도비(神道碑)

를 묘 아래에 세웠는데, 신숙주(申叔舟, 1417~1475)가 글을 짓고 안침(安琛, 1444~1515)이 비문(碑文)과 전자(篆字)를 썼다. 신숙주가 쓴 그의 「신도비문」에는 황희가 죽고 장례를 치른 후 추모의 정황을 다음과 같이 기술하고 있다.

공의 안장(安葬)하는 날에는 신분의 귀천을 막론하고 저마다 달려와 애통해 하고 아쉬워하였으며, 각 부처의 서리(胥吏)는 물론 노복(奴僕)까지도 제각기 앞을 다투어 포화(布貨)를 내어 제전(祭奠)을 드리되 무척 호화스럽게 하여 그 경비를 꺼리지 않았으니, 옛 사람 가운데 그 유애(遺愛)가 한 지방 한 고을에 그친 이는 더러 있었지만, 공처럼 온 나라가 허둥대며 사모한 이는 천고에 드문 바이다.[31]

---

31) 『방촌황희선생문집』, 부록 상, 「신도비문」, 1367쪽.

제2장

평범 속에 비범한 위인의 초상(賢)

방촌 황희 묘소

인간이 어디까지 온전할 수 있는가? 우리는 성인의 모습을 그려본다. 공자, 석가, 예수, 소크라테스 그리고 그 조금 아래에 맹자, 안연(顏淵), 앨버트 시바이처, 마하트마 간디, 테레사 수녀, 도산 안창호(島山安昌浩) 등 우리들이 존경하고 흠모하는 사람들을 떠올려본다. 종교적 인물의 경우는 후대에 각색이 되고 포장이 된 경우가 매우 많을 것이고, 또 세속의 정치나 사업을 한 경우와는 구별되어야 할 것이다.

황희는 종교인도 아니고 학자도 아니다. 그는 유교적 경세가라고 규정하는 것이 옳을 것 같다. 고려라는 불교국가에서 조선이라는 유교국가로 이행하는 과정에서 삼봉 정도전(三峰 鄭道傳, 1337~1398)이 유교입국(儒敎立國)의 디자인을 했다면, 황희는 세종을 도와 실제로 이를 실천하여 우리 역사상 빛나는 세종시대를 만든 주역의 한 사람이다.

유교에서는 온전한 인간을 가리켜 '군자(君子)' 또는 '인인(仁人)'이라고 한다. 군자란 유교적 이상의 인간이다. 유교가 추구하는 인(仁)이란 여러 가지 의미가 있지만, 인간이 갖추어야 할 모든 덕을 총칭하는 의미가 크다. 그러므로 공자는 '어진 사람(仁人)'이라는 것을 쉽게 허락하지 않았다. 오직 안연(顏淵)에게만 하락했을 뿐이다. 그만큼 '어진 사람'은 쉬운 일이 아니다. 그것은 인간이 갖추어야 할 덕이 많기 때문이다. 유교에서는 이러한 덕목을 여러 가지로 표현한다. 『논어』에서는 인(仁), 의(義), 예(禮), 지(智), 신(信), 충(忠), 효(孝), 성(誠), 경(敬), 용(勇), 정(貞) 등 다양한 덕목으로 설명한다. 일반인들은 어느 한 가지 덕목에 충실해도 존경을 받는다. 여러 가지 덕목을 중첩해 지닌 사람이라면 더욱더 훌륭하다고 할 것이다. 그래서 『논어』에서는 "군자는 그릇과 같은 사람이 되어서는 안 된다"[32]고 하는 것이다. 즉 군자는 어느 일면에만 능한 사람이어서는 부족하다는 의미다. 오늘날 현대사회는 무엇이든 하나만 잘하면 성공하는 전문인을 요구하지만, 유교적 입장에서는 전인적 인격을 요청한다. 위에 열거한 많은 덕목을 아울러 지닌 인간을 군자요 '어진 사람'이요 덕이 있는 사람이라고 말한다. 이런 관점에서 보면 황희는 유교적 군자 내지 인인(仁人)에 가까웠던 인물이라고 생각된다. 그것은 다음과 같은 황희에 대한 수많은 인물평에서 잘 나타난다. 대표적인 몇 건만 소개해 보기로 한다. 신숙주는 그의 「묘지명」에서 다음과 같이 황희의 인품과 사람됨을 표현하고 있다.

> 공의 천성이 관인(寬仁)하고 침중(沈重)하며 도량(度量)이 있고 말과 웃음이 적었으며, 기쁘고 노함이 표정에 나타나지 않았고, 부모에 효도하고 아랫사람들을 지성으로 대우하였다. 일가 중에 외롭거나 가난하여 생계를 스스로 유지할 수 없는 이가 있으면 자재(資財)를 털어 구조하고, 집에 있을 때에는 청렴검소하고, 수상으로 있으면서도 가세(家勢)가 쓸쓸하여 벼슬이 없는 선비의 살림과 같았다....식견(識見)이 깊고 국량(局量)이 커서 바라보면 마치 태산, 황하와 같았으므로 일찍이 중국 사신이 공을 보고는 자기도 모르게 탄복하여 극진한 예의로 대하였다....세종은 늘 공이 큰일을 잘 결단한다고 칭찬하면서 공을 길흉을 점치는 시구(蓍龜)와 물건을 다루는 권형(權衡)에 비유하였다. ...평생 남의 전날의 잘못을 새겨두지 않았고, 평소의 처사에는 관용(寬容)을 위주로 하되, 큰일을 의논함에는

---

32) 『論語』, 「爲政」, "子曰 君子不器."

시비를 직접 가려내어 조금도 용납이 없었다.[33]

또 1432년 황희가 영의정을 사직사고자 했을 때 세종이 이를 허락하지 않으면서 비답한 글에서는 "경의 덕과 그릇은 크고 두터우며, 지식과 국량은 침착하고 깊어 큰일을 잘 결단하며 헌장(憲章)을 밝게 익혔도다....돌아보건대 그렇게 많던 대신들이 점점 새벽하늘의 별처럼 드물어지고, 오직 한 사람의 늙은 재상이 의젓이 높은 산처럼 우뚝 솟아서서 시정을 모아 잡을 만한 인망(人望)이 공을 버리고 그 누구이겠는가? 이에 삼공(三公)의 우두머리에 위치하여 신하와 백성들의 사표(師表)가 되게 하였도다."라고 평하고 있다.

또한 1432년 황희가 영의정을 사직하려 하자 궤장(几杖)을 하사하며 내린 교서에서는 "경은 세상을 도운 큰 재목이며, 나라를 다스리는 큰 그릇이다. 지혜는 일만 가지 정무를 통괄하기에 넉넉하고, 덕은 모든 관료를 진정시키기에 넉넉하도다. 우뚝 높은 지위와 명망, 의젓한 전형(典型)은 예스럽다."고 표현하고 있다.

또한 1452년 황희가 90세로 세상을 떠나자 『문종실록』에 실린 「졸기(卒記)」에서는 "황희는 관후(寬厚)하고 침중(沈重)해 재상의 식견과 도량이 있었으며, 자질이 크고 훌륭했으며, 총명이 남보다 뛰어났다. 집을 다스림에는 검소하고, 기쁨과 노여움을 얼굴에 나타내지 않았으며, 일을 의논할 때는 정대(正大)해 대체(大體)를 보존하는데 힘쓰고, 번거롭게 변경하는 것을 좋아하지 않았다.....재상이 된지 24년 동안에 중

---

33) 『방촌황희선생문집』, 권13, 「신숙주, 신도비문」

앙과 지방에서 우러러 바라보면서 모두 말하기를, '어진 재상'이라 했다. 늙었는데도 기력이 강건해 홍안백발(紅顏白髮)을 바라다보면 신선과 같았으므로 세상에서는 그를 송나라 문로공(文潞公, 文彥博)에 비했다"고 적고 있다.

또한 1452년 별세 후 문종이 내린 사제교서에서는 다음과 같이 그의 인품에 대해 평가하고 있다.

경은 풍채가 엄준(嚴峻)하며 국량(局量)이 크고 깊은데다가 확고한 수행(修行)은 도저히 꺾을 수 없고, 정대(正大)한 학문은 너무도 높았도다. 진퇴(進退)가 다 도의(道義)에 부합되고, 희노(喜怒)는 일체 표정에 나타내지 않았으며, 사람의 재주를 용납할 수 없는 아량에다 어려운 국사에 앞장서는 충성을 지녔으며, 나라가 번창할 시기에 즈음해 마침 태종을 만나 이목지관(耳目之官, 臺諫)이 되어 기강이 바로 잡히고, 후설지관(喉舌之官, 承旨)이 되어 좋은 진언(進言)이 많았도다. 그 지략(智略)은 민씨(閔氏) 등의 흉계를 저지시켰는지라 묵연히 왕실의 화근(禍根)이 제거되고, 충직(忠直)함은 참다운 재상인지라 깊이 명주(明主)의 지우(知遇)를 받았으며, 2도(평안, 강원)에 나아가자 관리는 두려워하고 백성은 그리워했으며, 6조판서가 되자 정사(政事)가 닦아지고, 폐막(弊瘼)이 시정되었도다. 명나라 사신을 전담해 응대(應對)하고, 정당(政堂)의 의논에 참여해 도왔으므로 세종은 심복(心服)처럼 기대했고, 사림(士林)은 태산북두(泰山北斗)처럼 우러러보았다....몸소 4대를 섬기면서 충(忠)과 의(義)가 더욱 돈독하고, 연세가 아흔에 이르도록 덕과 지위가 함께 높았으니, 진실로 인주(人主)의 팔다리이며, 또한 국가의 기둥과 주추였다.

이상은 황희의 인품과 그 위상에 대한 평가를 대표할 만한 자료들이다. 묘지명을 쓴 신숙주, 황희를 지극히 사랑하고 아꼈던 세종, 부왕의 곁에서 황희의 인품과 능력을 보아왔던 문종, 사후 사관의 졸기는 황희의 인품, 능력, 업적, 세평(世評), 위상을 종합적으로 말해주는 역사적 문헌들이다. 황희만큼 관직에 재직하는 가운데 왕이나 동료, 백성의 신망이 컸던 사람도 드물 것이다. 죽은 뒤에도 생전의 치적이나 공적, 또는 인간성에 관한 찬사와 일화가 많은 것도 다른 사람에게서 찾아보기 드문 일이다.[34)]

이제 이러한 자료들을 분석해 황희의 위인스런 인품과 자질, 업적, 세평, 위상에 대해 검토해 보고자 한다.

먼저 황희의 타고난 자질, 천성에 대한 평을 종합해 보기로 하자. 외모는 풍채가 준엄했다는 표현이 나온다. 그의 영정과 비교해 보아도 맞는 말인 것 같다. 여러 문헌들은 공통적으로 황희의 인품이 '도량(度量)이 있다', '덕기(德器)가 크고 두텁다', '국량(局量)이 크고 깊다'고 평하고 있다. 특히 신숙주는 "식견이 깊고 국량이 커서 바라보면 마치 태산, 황하와 같았으므로 중국사신이 탄복하여 극진한 예로 대하였다"고 서술하였다. 여기서 우리는 황희의 타고난 인품과 자질이 범상치 않음을 짐작케 한다. 보통 사람과는 달리 마음의 폭과 깊이가 크고 넓었다는 말이다. 중국사신이 황희의 식견과 도량에 탄복해 극진한 예로 대했다는 말에서 황희의 인품을 짐작할만하다. 더욱이 태산(泰山), 황하(黃河)로 그의 인품을 표현한 것은 수사를 고려하더라도 이보다 더 큰

---

34) 오병무, 「조선조의 명재상 방촌 황희의 생애와 사상」, 『방촌 황희의 학문과 사상』, 책미래, 2017, 39쪽.

칭찬은 없다. 그러므로 국사의 대체를 읽을 줄 알고, 큰일을 잘 결단하고, 사소한 것에 매이지 않고 국정의 조정자 역할을 할 수 있었던 것이다. 뒤에 언급되지만 그가 신분의 귀천을 따지지 않고 사람을 포용하는 넉넉함과 너그러움을 가졌던 것도 이처럼 넓은 마음을 지닌 데서 가능한 것이다.

또한 황희는 누구에게나 '관인(寬仁)하다', '관후(寬厚)하다', '어진 재상'이라는 평가를 받았다. 즉 황희는 타고난 천성이 너그럽고 온후(溫厚)하고 인자(仁慈)했다는 말이다. 이 말은 그의 인품이 남을 사랑하고 배려하는 데 뛰어났다는 말이며, 넉넉하고 너그러운 마음으로 남을 포용하고 용서하는 아량을 지녔다는 말이다. 이는 그의 일상생활 속에서 나타난 여러 가지 일화들이 이를 뒷받침해 주고 있다. 한편 마음이 어질고 인자함이 지나쳐 실수한 사례도 없지 않은 것이다.

또한 황희는 '총명이 남보다 뛰어났다', '지혜는 일만 가지 정무를 통괄하기에 넉넉했다', '재상의 식견이 있었다'. '헌장(憲章)에 밝았다', '정대(正大)한 학문은 너무도 높았다'는 평을 들었다. 이는 황희가 타고난 자질이 총명하고 식견이 높고 국정의 전반에 걸쳐 전문지식이 풍부했음을 일컫는 말이다. 황희는 90살이 되어서도 총명이 조금도 쇠퇴하지 않아, 조정의 헌장이나 경사자집(經史子集)에 대해 마치 촛불처럼 환하게 기억하였고, 산수(算數)에 있어서는 제아무리 젊은이라도 감히 따르지 못하였다 한다. 이렇게 볼 때, 황희는 총명성, 기억력, 유교적 식견, 헌장에 대한 이해와 기억, 산수능력 등 지적 능력에 있어서도 탁월했음을 보여주고 있다.

다음은 그의 언행과 수행에 있어서의 평을 종합해 보기로 하자. 황희에 대해 '말과 웃음이 적었다', '기쁨과 노여움을 나타내지 않았다', '부모에게 효성을 다했다', '아랫사람들에게 지성으로 대했다', '가난한 일가친척들을 배려하고 베풀었다', '청렴하고 검소했다', '일을 의논할 때는 정대하였다', '확고한 수행은 도저히 꺾을 수 없다', '국사에 앞장서는 충성'으로 평하고 있다. 또한 평생 남의 잘못을 마음에 새겨두지 않았으며, 평소의 처사에는 관용을 위주로 하되 큰일을 의논함에는 시비를 직접 가려내어 조금도 용납함이 없었다고 한다. 사소한 개인적인 일에서는 관용을 위주로 하지만, 공적(公的)인 일을 처리함에는 추상같이 시비를 가렸다는 말이다.

이렇게 볼 때, 황희는 과묵하고 감정을 함부로 드러내지 않으며, 부모에 대한 효성과 일가친척에 대한 배려, 아랫사람들에 대한 배려, 청렴하고 검소한 생활, 공명정대한 일처리, 나라와 백성에 대한 충성심, 끊임없는 자기 수행으로 인격을 다듬어 나가고 지켜나갔던 것으로 보인다.

또한 황희에 대한 종합적인 평가를 보면 '나라를 다스리는 큰 그릇', '24년 동안 재상을 지내며 중앙과 지방에서 우러러 보며 '어진 재상'이라 불렀다', '신하와 백성들의 사표(師表)', '우뚝 솟은 지위와 명망(名望)', '의젓한 전형(典型)은 예스럽다', '세상을 도운 큰 재목', '세종은 심복(心服)처럼 기대했고 사림(士林)들은 태산북두(泰山北斗)처럼 우러러 보았다', '인주(人主)의 팔다리이며 국가의 기둥과 주추였다' '길흉(吉凶)을 점치는 시구(蓍龜)요 물건을 다루는 권형(權衡)'이라고 평하고 있다.

한 사람이 여러 덕목을 아울러 갖추기란 그리 쉽지 않은 일이다. 예컨대 인간이 너그럽고 인자하다보면 공명정대하게 살기가 쉽지 않고, 또 총명을 흐리고 개인적 인정에 치우쳐 판단을 그르치기 쉽다. 또 인간이 한 없이 후덕(厚德)하다 보면 청렴을 지키는 것도 결코 쉽지 않은 일이다. 관후(寬厚)하다는 것은 매우 정적(情的)인 인성이다. 불쌍한 이를 보고 그냥 돌아갈 수 없고, 아픈 것을 보고 눈을 감을 수 없다. 종의 아이들이 수염을 잡고, 글씨를 쓰는데 오줌을 싸고, 음식상에 손을 먼저 대는 것을 용납하는 것은, 다른 한편 무례(無禮)를 용납하는 것이 되고 질서를 혼동하게 하는 것이 된다. 이러한 덕목간의 상충과 갈등 속에서 유교의 중용의 철학이 나오는 것이다.

공자는 "인품이 온순하면서도 엄하였고, 위엄이 있으면서도 사납지 않았고, 공손하면서도 자연스러웠다"[35]고 전한다. 대개의 사람들은 온순하다보면 위엄이 없고, 위엄이 있다 보면 지나쳐 무섭게 보인다. 그런데 공자는 온순하면서도 위엄의 자태를 잃지 않았고, 위엄이 있으면서도 무섭지 않았으며, 공손하고도 자연스런 인품을 지녔다고 한다.

황희의 인품에서도 공자의 이러한 조화와 균형의 인격이 보인다. 즉 황희는 어느 일면에서는 지나칠 만큼 너그러운 사람이었다. 그것은 그에 관련한 수많은 일화와 사람들의 평가 그리고 졸기나 세종의 평, 문종이 내린 교서 등을 통해서 공통적으로 나타난다. 이러한 그의 너그럽고 어진 성품은 그의 오랜 관직생활과 한 나라의 국정을 통괄하는 재상의 자리에 오래 머물게 된 큰 자산이었다. 다양한 사람들을 이해하고 포용하며, 또 다양한 주장과 견해들을 절충하고 판단하고 교통

---

35) 『論語』, 「述而」, "子溫而厲 威而不猛 恭而安."

정리하는데 황희는 탁월한 능력의 소유자였다. 이 점이 황희를 태종이나 세종이 지극히 아끼고 좋아했던 점이다.

그런데 그는 한편 공명정대(公明正大)한 인물, 총명한 인물, 청렴한 인물로 묘사되고 있다. 앞에서도 언급한 것처럼 한 인간이 관후(寬厚)하면서도 정대(正大)하고 청렴하고 총명하기란 결코 쉽지 않기 때문이다. 그런데 황희는 종합적으로 이러한 평가를 받는다. 이 점에서 황희의 인물됨은 높이 평가되는 것 같다. 방촌 황희의 평전을 쓴 역사학자 이성무 교수는 황희를 '위인(偉人)'으로 평가하고 높여야 한다는 점을 분명히 하였다.

그럼에도 불구하고 황희의 일생에서 그리고 그의 모습에서 작은 흠집은 있어 보인다. 그것은 오히려 황희의 인간적인 면모로 우리 곁에 가깝게 다가서는 요소가 된다. 황희는 오랜 관직생활에 그것도 24년간의 재상을 지내다 보니 주위의 질시도 많이 받았다. 부정에 연루되었다는 유언비어도 많이 돌았다. 긴 시간 영의정으로서 막강한 권한을 가졌던 황희는 여러 번 뇌물의 유혹에 끌리기도 했고, 실제로 혐의를 받기도 했다.

사실 황희는 평생을 근신하는 태도로 일관하였다. 이는 그가 막중한 재상직을 수 십년에 걸쳐 수행하였어도, 자신의 세력을 구축하지 않았다는 사실만으로도 알 수가 있다. 그러나 그가 무능하거나 아니면 왕의 뜻에 무조건 따르기만 하는 그런 사람이었다는 것을 의미하지 않는다. 황희와 같은 정치가와 관료가 당시에는 절대적으로 필요하였으며,

황희도 이 점을 깊이 인식하고 있었다.[36]

황희는 자신보다는 아들, 사위 등 집안사람들 때문에 많은 어려움이 있었던 같다. 인정이 많고 너그럽다보니 사사로운 정에 이끌려 정대함을 잃은 경우도 없지 않았다.

오늘날 우리는 흑백논리로 인간을 평가하는 위험한 현장을 보고 있다. 친일을 단죄한다고 마구잡이로 사람을 죽인다. 인간의 평가는 균형 있게 이루어져야 한다. 작은 흠집과 실수를 가지고 전체를 매도해서는 안 된다. 비록 그가 작은 실수를 했어도 다른 측면에서 나라에 기여하고 역사에 끼친 공이 크다면 정당하게 평가해야 하는 것이다. 이런 점에서 황희의 90평생에 보이는 작은 흠결은 결코 문제가 되지 않을 것이다.

오기수 교수가 저서 『황희, 민본시대를 이끈 행복한 2인자』[37] 에서 그를 관후(寬厚), 정대(正大), 청렴(淸廉), 총명(聰明)으로 편을 나누어 서술한 것은 매우 타당해 보인다. 이는 오교수의 자의적인 구별이 아니라 세종의 평가, 그의 사후 문종이 내린 교서, 「졸기(卒記)」 등을 종합적으로 검토해 볼 때 이러한 결론에 도달하기 때문이다.

오교수에 의하면 『조선왕조실록』에 기록된 인물들의 「졸기」를 분석해 볼 때 2,186건의 기사 중에서 '관후하다'고 평한 사람은 신숙주(申叔舟), 이덕형(李德馨) 등 36명이고, '정대하다'고 평한 사람은 조준(趙浚), 하륜(河崙), 이황(李滉) 등 불과 7명밖에 안된다고 한다. 조선

36) 정두희, 「조선 초기 황희의 정치적 역할」, 『방촌 황희의 학문과 사상』, 책미래, 2017, 32쪽.
37) 오기수, 『황희, 민본시대를 이끈 행복한 2인자』, 고반, 2017. 5. 31.

왕조 5백년 동안에 218명의 청백리(淸白吏)가 나왔는데, 정승을 지낸 청백리는 황희를 비롯해 맹사성(孟思誠), 이원익(李元翼), 이항복(李恒福), 유성룡(柳成龍) 등 18명에 불과하다. 또한 '총명하다'고 평한 사람은 「졸기」에 30여명의 인물이 나온다고 하는데, 임금이나 재상이나 모두 총명하다는 평가를 훌륭한 찬사로 여겼다고 한다.[38] 이러한 오교수의 분석은 매우 흥미롭고 시사하는 바 크다.

또한 박현모 교수는 황희의 강점으로 온후한 인품, 나랏일을 처리하는 능력, 다양한 인재 발굴 및 천거능력, 겸양, 권력에 욕심이 없는 사람, 자기 당파를 만들지 않음[39] 등을 들고 있다.

이상에서 필자는 황희에 대한 문헌상 종합적인 평가를 분석해 보았다. 타고난 그의 인품과 자질, 그의 언행에 나타난 모습, 그리하여 그들이 평가한 그의 위상은 참으로 남다른 면이 있다. 아마도 이렇게 한 인물에 대해 '위인'으로서의 종합적인 평가를 한 경우는 우리 역사상 결코 흔치 않을 것이다. 이제 황희의 인간상, 그의 인품, 그의 풍모에 대해 구체적으로 검토해 보기로 한다.

---

38) 오기수, 「황희, 민본시대를 이끈 행복한 2인자」, 「머리말」, 고반, 2017.
39) 박현모, 「방촌 황희의 '정승 리더십' 연구」, 「방촌 황희와 서원」, 책미래, 2020, 154~157쪽.

1. 총명한 자질, 행정의 달인

총명이 남보다 뛰어났다 -聰明絕人-

황희가 태종, 세종의 총애를 받아 나라의 중책을 오랫동안 맡을 수 있었던 것은 무엇보다 그의 타고난 총명함과 풍부한 행정경험 때문이다. 6조판서나 재상이나 모두가 전문적인 식견이 있어야 할 수 있고, 또 탁월한 지식과 전문적인 식견을 겸비해야 복잡한 행정 현안들을 무난히 풀어갈 수 있다.

황희의 「졸기(卒記)」에서 사관들은 그를 일컬어 '총명절인(聰明絕人)'이라고 표현했다. '총명절인'이란 총명함이 남보다 뛰어났다는 말이다. 우리가 관리가 되고 지도자가 되기 위해서는 총명의 덕목은 매우 중요하다. 관료나 임금은 여러 가지 정책을 계발하기도 해야 하고, 이를 정치에 실현하여 나라를 부강하게 하고 백성을 잘 살게 해야 하기 때문이다. 그리고 복잡한 정책이나 주의, 주장을 분별하여 선택하고 시비를 결단하는 것도 지도자의 몫이다. 그러므로 한 나라의 지도자가 되려는 사람은 반드시 총명해야 하는 것이다.

황희는 어렸을 때부터 학문을 좋아하여 밤에도 불을 켜고 늦도록 공부를 하였으므로, 경사자집(經史子集)에 통달하지 않은 것이 없었다. 그는 남원에 유배를 갔을 때에도 운서(韻書)와 벗하며 보냈다. 그래서 늙어서도 글자 한 획도 틀린 적이 없었다. 황희는 늙어서도 책을 벗삼아 총명을 잃지 않았다.

황희는 타고난 총명도 있었지만 후천적인 노력도 게을리 하지 않았다. 그가 56년간의 관직생활을 하고 24년간 재상의 위치에 있었고, 또 18년 동안 영의정으로 국사를 통괄할 수 있었던 것은 그의 총명이 탁월했기 때문이다. 특히 영명(英明)한 군주였던 세종이 황희를 총애하여 오랫동안 재상으로 발탁해 쓴 것은 무엇보다 그의 해박한 지식과 지혜로운 판단력 때문이었다. 뿐만 아니라 그는 경사자집(經史子集)에 능통하여 유교적 소양도 풍부하였고, 나라의 법과 제도에 대한 이해도 남달리 출중했던 것으로 전해진다.

황희의 묘비에는 "나이가 90이 되어서도 총명이 조금도 쇠퇴하지 않아 조정의 전장(典章)이나 경사자집(經史子集)에 대해 마치 촛불처럼 환히 기억하였고, 산수(算數)에 있어서는 제아무리 젊은이라도 감히 따르지 못하였다"고 기술하고 있다. 시대적 한계를 감안하면 그 당시 황희가 거의 60세가 되어 본격적으로 관직에 나아가고 87세에 은퇴한 것은 일반적 상식을 뛰어넘는 것이다. 50세만 되어도 노인으로 은퇴해야 할 나이인데, 그는 70, 80, 90세가 되도록 국정에 참여하고 경세에 책임자로 충실했다는 것은 참으로 놀랄만한 일이다. 더욱이 나이 90이 되도록 총명이 조금도 쇠퇴하지 않고 법률이나 유교경전, 역사책, 문장 등을 환하게 기억하고, 수치에 있어서는 젊은이들도 감히 당할 수 없었다 하니 그의 총명을 가히 짐작할 수 있다.

판단력 -황희 의견대로 하라-

황희의 큰 강점은 관료사회의 시비 갈등을 원만하게 해결하는 탁월한 능력이었다. 다양한 의견과 주장을 하나로 모아 최선의 공약수를 찾는데 황희는 남다른 능력을 가지고 있었다. 황희가 세종의 신임을 받아 24년간 재상으로, 18년간 영의정으로서 봉직할 수 있었던 것도 그의 이러한 조정자의 역할을 높이 평가받았기 때문이다. 물론 이렇게 국정의 현안들을 판단하고 다양한 갈등을 조정하기 위해서는 남다른 지혜와 전문적인 식견이 필요하다.

세종은 회의할 때 마다 거의 "황희의 말대로 하라"고 했다. 가장 합당한 의견이었기 때문이다. 황희는 회의에서 절대로 먼저 말하지 않았다. 영의정이 먼저 말하면 다른 사람들은 말을 하지 못하거나 그 말이 옳다고 다투어 아부하기 일쑤다. 황희는 다른 사람들의 말을 두루 듣고, 마지막에 그 총명함으로 적절한 사례를 들어 종합적인 의견을 개진했다. 그리고 지신사(知申事)나 근시직(近侍職)으로 국왕을 지근거리에서 모셨기에 태종과 세종의 총애가 남달랐고, 오랫동안 재상자리에 있다 보니 중요 국사를 소상히 알고 있었다. 그러니 황희는 행정의 달인이요 외교의 사전이었다고 할 수 있다. 누가 그 식견을 당해 낼 것인가? 따라서 열 번 영의정 직을 사직해도 왕이 들어줄 리가 없었다.[40]

그의 총명함은 다음 사례에서도 볼 수 있다. 1428년 세종이 하삼도(下三道)로 옮겼던 과전(科田)을 경기도로 옮기고 공법(貢法)을 실시하면 어떻겠느냐고 하자, 좌의정 황희는 다음과 같이 건의하였다.

과전을 경기도로 도로 옮긴다면 경기의 고통이 배나 더하게 될 것이므로, 전주(田主)도 또한 하고자 하지 않을 것입니다. 신이 일찍이 조계생(趙啓生)에게서 들으

---

40) 이성무, 『방촌 황희 평전』, 민음사, 2014, 6쪽.

니, '손해에 따라 손해를 보충해 주는 법을 시행하게 되어, 전세(田稅)의 가볍고 무겁고 높고 낮은 것이 한결같이 위관(委官)과 서원(書員)의 손에 달렸다면, 대단히 공평하지 못하다' 합니다. 신은 원컨대, 공법을 본떠서 많고 적은 중간을 비교해, 전지 몇 부(負)에 쌀 몇 말의 수량을 미리 정해 추수기마다 각 도의 각 고을로 하여금 농사의 풍흉(豊凶)을 살펴서 3등으로 나누어 아뢰게 하고, 이에 따라 세를 징수하는 것이 옳을 것입니다.

1430년 8월 10일 호조(戶曹)에서 중외의 공법에 대해 가부의 여론을 갖추어 아뢰니, 좌의정 황희, 우의정 맹사성, 찬성 허조 등의 의논에 따르라고 했다. 이때 호조에서 공법의 가부를 전국의 관민에게 물으니, 불가(不可)가 9만 8657인이요 가(可)가 7만 4149인이었다. 10월 25일에는 비자(婢子)의 산전산후(産前産後)에 천역(賤役)을 면제해 주는 법을 황희가 제조로 있는 상정소에서 법을 정하니 왕이 이에 따랐다. 이처럼 수많은 정책들이 황희에 의해 계발되었으니 그의 총명의 소산이었다.

필자는 황희의 「연보」를 정리하는 기회를 가진 적이 있다. 90세의 장수를 하고 60여년의 공직생활이다 보니 연보의 양도 매우 많았다. 이것을 정리하며 느낀 것은 거의 많은 곳에서 세종은 "황희 의견대로 하라"고 지시하고 있었다. 세종시대는 조선이 건국한지 얼마 안 되는 초창기였다. 더욱이 불교시대에서 유교시대로 바뀌는 변혁기에서 모든 법과 제도가 새롭게 만들어지고 변화되는 그러한 시기였다. 이 과정에서 조선의 법과 제도를 만드는데 중추적 역할을 한 이가 황희라는 것을 새삼 인식하게 되었다. 그리고 그러한 황희의 역할은 그의 탁월한 총명함이 아니고서는 불가능한 일이었다.

6조판서, 24년의 재상, 18년의 영의정

황희는 60여년의 관직생활에서 다양한 행정경험을 쌓아 국정의 다양한 분야를 잘 이해하고 있었다. 황희의 관직 경력은 참으로 화려하다. 그는 1363년부터 1452년까지 90세를 살았는데, 1390년부터 1449년까지 59년간 관직생활을 하면서 1423년부터 1448년까지 24년간 재상으로 있었고, 그중 18년을 영의정으로 국정을 이끌었다. 그리고 좌의정 1번, 우의정 1번, 찬성 1번, 참찬 2번, 의정부 지사 1번, 의정부 참지사 1번, 이조판서 3번, 예조판서 3번, 형조판서 2번, 호조판서 1번, 병조판서 2번, 공조판서 1번, 대사헌 3번, 한성부윤 1번 등 요직을 두루 역임했다. 이 때문에 나라의 정책을 수립하는데 중추적 역할을 했다.[41]

그러므로 황희는 "1품 품계에 올라 우뚝 군부(軍府)에 임해 있고, 3대(三臺, 영의정, 좌의정, 우의정)지위에 이르러 엄연히 백관의 지표가 되어 큰일과 큰 의논을 결단하는 데는 진실로 길흉을 점치는 시구(蓍龜, 시초와 거북)와 같았고, 좋은 정책과 좋은 의견을 고하는 데는 언제나 병을 고치는 약석(藥石, 약과 침)보다 나았도다."라는 평가를 받았다. 황희는 스스로 정책 대안을 제시하기도 하지만, 중대 사안을 두고 논란이 벌어질 때 이것을 결론짓는 해결사로서 역할을 잘 해냈던 것이다.

공신(功臣), 비공신(非功臣)을 통틀어 태종대에 6조의 판서를 모두 거친 이는 황희 외에는 존재하지 않는다. 그리고 지신사를 거쳐 6조의

---

41) 이성무, 『방촌 황희 평전』, 민음사, 2014, 449쪽.

판서를 모두 거친 이도 황희 외에는 없다. 이 점은 황희가 지신사를 거치면서 국왕의 기밀사무를 관장한 경험을 토대로 왕권이 어떻게 발현되는가를 체득한 후에 6조의 판서 직을 두루 거치면서 국가 정치의 운영이 어떻게 시행되는가를 경험한 거의 유일한 관료라는 것을 알 수 있게 해준다.[42]

6조의 판서를 모두 거쳤다는 것은 국가의 근간이 되는 모든 행정을 한번쯤이라도 경험했다는 것이며, 이것이 후일 "큰일과 큰 의논을 결단할 때 의심나는 것을 고찰함이 실로 시구(蓍龜)와 같았다"[43]고 일컬어지는 배경이 되었던 것이다.

황희는 진실로 다양한 관력(官歷)의 소유자였다. 태종정부에서 형조, 예조, 병조, 이조 등의 여러 부서에서 정랑이라는 중견 실무자로 나랏일이 돌아가는 실제를 파악했다. 나아가 이조, 호조, 예조, 병조, 형조, 공조 판서를 지내면서 인재의 선발과 국가재정, 외교와 국방 등 종합적으로 보는 안목을 갖추었다.

또한 그의 축적된 지식은 탁월한 사태 파악 능력으로 발휘되었다. 40세 무렵까지 면직과 파직을 거듭하며 지방으로 전전하던 황희를 발굴한 것은 박석명(朴錫命)이었다. 태종의 어린 시절 친구였던 박석명이 황희를 발탁한 것은 그의 탁월한 사태파악 능력 때문이었다. 황희는 아무리 복잡한 사태도 그 핵심을 파악해 간명하게 정리해 내는 재주가 있었다. 임금 스스로도 가끔 중심을 잃고 헤맬 때가 있다. 그럴 때 황희

---

42) 소종, 「조선 태종대 방촌 황희의 정치적 활동」, 『방촌 황희의 학문과 사상』, 책미래, 2017, 144쪽.
43) 『문종실록』, 권12, 「문종 2년, 2월 12일, 병자」.

를 만나면 모든 것이 분명해졌다.[44)]

황희는 태종에게 일의 우선순위를 말하고, 그 자리에 적합한 인재까지 추천하곤 했다. 이 때문에 태종은 그를 단 하루 이틀만 보지 못해도 답답해하곤 했다고 한다.[45)]

황희는 지신사가 되어 조선 초기 예제를 정비한 허조, 야인 정벌의 최윤덕, 물시계를 만든 장영실 등을 추천하여 세종시대의 인재를 발굴하는데 크게 기여하였다. 그는 "아홉 번이나 고시를 관장하였는데도 모두 선비를 얻었다"는 평가를 받은 것은 그가 얼마나 인재를 귀하게 여겼는지를 보여준다.[46)] 나라의 인재를 시험하고 발굴하는 데에도 탁월한 능력을 발휘하여 임금의 신임을 받았던 것이다.

또한 목인해(睦仁海) 사건[47)]을 통해서 황희의 사람을 보는 높은 안목과 식견을 볼 수 있다. 목인해 사건 때 세자의 사부였던 조용(趙庸)이 목인해라는 사람에 의해 역모의 주동자로 무고를 당했을 때, 황희는 조용의 사람됨이 아버지와 군주를 시해할 일은 절대로 하지 않을 것이라고 태종에게 분명히 말했다. 자칫 역모자를 옹호한다는 죄를 뒤집어쓸 수도 있는 상황에서 자기의 판단을 분명히 밝힌 것이다. 결과적으로 이 사건은 목인해의 거짓말이라는 게 드러났고, 태종은 황희의

---

44) 박현모, 「방촌 황희의 '정승 리더십' 연구」, 책미래, 2020, 155~156쪽.
45) 『문종실록』, 권12, 문종 2년, 2월, 임신, 「황희 졸기」.
46) 『문종실록』, 권12, 문종 2년, 2월, 병자.
47) 목인해는 김해 관노였다. 그는 애꾸눈으로 활을 잘 쏘았다. 그는 처음에 이제의 가신으로서 이제가 죽자 태종이 왕이 되기 전에 항상 곁에서 모셔 護軍에 제수되었다. 그의 아내는 조대림의 여종이었으므로 목인해가 조대림의 집에 드나들게 되었다. 그는 조대림이 어리고 어리석어 그를 꾀어 반란을 일으키는 것처럼 하고, 조대림을 고발해 출세하려고 했다. 이것이 목인해가 책동한 조대림의 난이다.(『태종실록』, 권16, 태종8년, 12월, 무인)

사람 알아보는 식견을 높이 칭찬하였다.

황희의 이러한 일에 대한 전문적인 식견과 경험은 "정부에 있는 지 24년 동안에 조종(祖宗)의 법도를 준수할 뿐 뜯어고치기를 좋아하지 않았으며, 일을 사리에 따라 처리하되 그 규모가 원대하여 그물의 벼릿줄만 들면 그물이 저절로 펼쳐지듯 모든 일이 다스려졌다."[48]고 평가받는 것이다. 이러한 황희의 일을 처리하는 능력, 문제를 해결하는 능력은 총명하지 않고는 불가능한 것이고, 또 풍부한 경험 없이는 어려운 것이다.

박현모 교수는 황희의 정승리더십을 첫째 비움의 자세라고 설명한다. 끝없는 사직상소를 올리고, 파주 앙지대(仰止臺)에서 보듯이, 그는 파주 유배시 '그칠지(止)'자를 반복해 사용하며 자신을 내면적으로 다스렸다는 것이다. 황희는 권력에 뜻이 없었고 또 자기 세력화를 하지 않음으로써 임금의 전폭적인 신뢰를 얻을 수 있었다는 것이다. 둘째로 무위(無爲)의 리더십을 들고 있다. 그는 새롭게 창안하고 제안하는 리더십이 아니라, 오래 가지 못하고 중단될 법과 제도나 실효성 없거나 잘못된 정책을 차단하는 역할을 잘 했다는 것이다. 예를 들면 당시 수성도감에서 도성 안의 집집마다 문을 둘 내지 셋을 설치하게 하는 법령을 만들려고 했다. 화재 등 재난이 발생했을 때 대피할 수 있는 길을 만들자는 취지였다. 하지만 황희는 대다수 신하들의 찬성에도 불구하고 이를 반대하였다. 이처럼 황희는 탁월한 식견과 경험을 바탕으로 법과 제도의 문제점을 잘 파악하고, 잘못된 법제를 막고 미비된 법제의 개

---

48) 신숙주, 황희 「묘지명」.

정을 도모했던 것이다. 그가 일을 의논할 때 "대체(大體)를 보존하기에 힘쓰고 번거롭게 변경하는 것을 좋아하지 않았다"[49]는 그에 대한 사후 평가는 바로 이 점을 지적한 말이다.

우리는 세종정부에서 황희의 가장 중요한 역할은 역시 '국가의 저울 추'기능이라고 할 수 있다. 세종이 황희에 대해서 "의심나는 일이 있을 때 경의 말을 들으면 앞 일을 예측할 수 있었고, 인사와 형벌을 의논할 때이면 경은 곧 저울대와 같았다"고 평가한 것에서 보듯이, 황희는 일의 전체적인 모습과 해법을 잘 알고 있었을 뿐만 아니라, 그 해법을 찾아가는 과정에서도 어느 한쪽으로 치우치지 않도록 이끌어갔다.[50] 이러한 중심축의 역할, 균형추의 역할도 총명함과 식견이 갖추어지지 않으면 어려운 것이다.

---

49) 『문종실록』, 권12, 문종 2년, 2월, 임신.
50) 박현모, 「방촌 황희의 '정승 리더십' 연구」, 『방촌 황희와 서원』, 책 미래, 2020, 160쪽.

2. 너그러운 인품, 어진 재상

'어진 재상' 황희

황희는 '청백리'로 많이 불리어졌지만 다른 한편으로는 '어진 재상'으로 불리었다. 신숙주는 그의 묘지명에서 공의 천성이 관인(寬仁)하다고 적고 있으며, 1432년(세종 년) 4월 20일 황희가 영의정을 사직하고자 하니 세종은 이때 내린 비답에서 '경은 덕과 그릇이 크고 두텁다'고 평하였다. 또한 이 해 4월 25일 세종이 황희에게 궤장을 하사하며 내린 글에서는 '그의 덕은 모든 관료들을 진정시키기에 넉넉하다'고 표현하고 있다. 또 1452년(문종 2년) 황희가 90세로 세상을 떠나자 사관이 쓴 「졸기」에서도 그의 인품을 '관후(寬厚)하고 침중(沈重)하다'고 평하고, "옥사(獄事)를 의정(議定)할 때에는 관용으로써 주견을 삼아 일찍이 사람들에게 이르기를, '차라리 형벌을 가볍게 해 실수를 할지언정 억울한 형벌은 할 수 없다'고 했다"고 한다.

1452년(문종 2년) 2월 12일 문종이 내린 사제 교서에서도 '공의 풍채가 준엄하고 국량(局量)이 크고 깊다'고 한다. 그리고 "조종(祖宗)의 법도는 뜯어고치기를 좋아하지 않고, 평소의 의논은 모쪼록 관후함을 힘썼다"고 한다.

또한 『연려실기술(燃藜室記述)』에서도 "우리 조선의 어진 정승을 논할 때면 반드시 공을 제일로 삼았으며, 공의 훈업(勳業)이나 덕량(德量)을 송나라의 왕문정(王文正)과 한충헌(韓忠獻)에 견주었다"고 기록하고 있다.

이와 같이 황희는 '어진 재상'으로 일컬어졌고, 그의 인품은 '관인(寬仁)하다', '관후(寬厚)하다', '덕이 크고 두텁다', '국량(局量)이 크고 깊다'고 언표 되고 있다.

이를 현대적으로 해석해 보면, 먼저 남을 사랑하고 이해하고 배려하는 마음이 크고 넓었다는 말이다. 인간에 대한 존엄과 타인에 대한 배려가 철저했다는 말이다. 그리고 남의 작은 잘못을 용납하고 사소한 실수에는 눈감아 줄 수 있는 너그러움이 있었다. 아울러 친화력이 좋아 인간관계가 원만하며 갈등과 대립을 뛰어넘어 조화와 융화의 중심에 서 있을 수 있는 것이다. 황희가 오랜 관직생활을 할 수 있었던 것도 이러한 인품의 소산이며, 또 그가 태종과 세종의 절대적인 신임과 사랑을 받아 장기간 나라의 중책을 맡아 일하게 된 것도 이러한 인품에서 비롯된 것이리라.

관후(寬厚)란 '마음이 너그럽고 후덕하다'는 뜻이고 관인(寬仁)이란 '마음이 너그럽고 어질다'는 뜻이다. 우리가 흔히 말하는 '덕이 있다'는 말은 이러한 표현과 상통한다고 볼 수 있다. 남에게 너그럽고 후덕하다는 말은 남을 사랑하고 포용하고 이해하는 폭과 깊이가 넓고 깊음을 말해준다. 즉 사람에 대해 귀천을 따지지 않고 대하고, 호불호를 따지지 않고 대하고, 신분과 직업을 따지지 않고 대하는데서 가능해진다. 이는 달리 말하면 인간에 대한 사랑, 인간생명에 대한 존엄을 근저로 하는 것이다. 소위 유학이 말하는 인인(仁人)이 이에 해당한다. 이제 구체적으로 문헌에 나오는 일화를 통해 그의 너그럽고 어진 인품에 관해 살펴보기로 하자.

노비, 천민에 대한 인간애

조선조 사회는 신분상 차별이 매우 심하였다. 반상(班常)의 차별뿐만 아니라 적서(嫡庶)의 차별 또한 심하였다. 노비나 천민 그리고 서얼들은 인격적으로도 사람대우를 받지 못했고, 생명과 재산도 보호받을 수 없었다. 그들에게 삶의 희망, 행복은 하나의 꿈이었다. 이러한 시대적 한계에서 일부 뜻있는 유교지식인들은 이들에 대한 관심을 가졌고 이들의 삶을 개선하기 위해 노력했다. 정암 조광조(靜庵 趙光祖), 토정 이지함(土亭 李之菡), 율곡 이이(栗谷 李珥)가 이들에 대해 깊은 관심을 갖고 노력하였다. 특히 조선후기 실학자들은 보다 더 적극적으로 차별사회의 극복을 위해 노력하였다.

그런데 황희는 이들보다 훨씬 앞서 15세기에 세종과 더불어 엄청난 차별로 고통을 겪던 노비, 천민, 서얼들에 대해 깊은 관심을 갖고 이들에게 너그럽게 대하였으며, 나아가 책임 있는 고위 관료의 입장에서 정책을 입안하고 실천하는 데 앞장섰다.

이육(李陸, 1438~1498)이 쓴 야담집 『청파극담(靑坡劇淡)』에 이르기를, "익성공이 밥을 먹을 때 아이 종들이 떼 지어 수선을 떨며 심지어 공의 수염을 붙잡고 밥을 달라고 까지 하였으되 공은 꾸짖지 아니하였다"고 기록되었으니, 가정에 있을 때에는 한결같이 관대하고 온유한 것 같다. 그러나 자제들을 대할 때에는 매우 엄하여 담소하는 일이 드물었다고 한다.[51] 황희의 일상생활을 전한 내용인데, 밥을 먹을 때 종

---

51) 이기, 『松窩雜記』

의 아이들이 밥상에 매달려 수선을 떨고 수염을 잡아도 이를 용납했다
는 말이다.

또한 조선시대 대표적인 야사집인 『대동야승(大東野乘)』과 서거정
(徐居正, 1420~1488)의 수필집 『필원잡기(筆苑雜記)』에서도 황희의
노비들에 대한 일화를 다음과 같이 소개하고 있다.

> 사랑하는 시비(侍婢)가 어린 종놈과 장난이 너무 심하여도 공은 보고 문득 웃었
> 다. 일찍이 말하기를 "노복(奴僕) 또한 하느님께서 내리신 백성인데 어찌 포악하
> 게 부리겠느냐?"하고 글을 지어 자손에게 끼쳐 주었다.....문강공 이석형(文康公
> 李石亨)이 장원 급제하여 정언(正言)이 되어 공을 뵈니, 공은 『강목(綱目)』과 『통
> 감(通鑑)』을 한 질씩 내놓고 문강에게 제목을 쓰도록 명하였는데, 바로 못된 계집
> 종이 간소한 음식을 차려 가지고 공을 기대고 앉아서 문강을 내려다보다가 공에
> 게 말하기를, "술을 드리겠습니다" 하니, 공이 나지막하게 "아직 두어라"하였다. 계
> 집종이 다시 공의 곁에 한참 서 있다가 성낸 소리로 "어찌 그리 더디시오" 하니, 공
> 은 웃으면서 "가져 오너라" 하였다. 드린 즉 두어 명의 작은 아이들이 모두 떨어진
> 옷에 맨발로 어떤 아이는 공의 수염을 잡아당기고, 어떤 아이는 공의 옷을 밟으며
> 차려놓은 음식을 모두 퍼먹고 또한 공을 두들기니, 공은 "아프다, 아프다" 라고만
> 하였다. 이 작은 아이들은 모두 노비의 자식들이었다.[52]

여기서도 황희의 일상에서 보이는 노비들에 대한 너그러움, 노비 아
이들의 분별없는 행동에 대한 너그러운 태도가 잘 묘사되어 있다. 반상
의 법도나 신분상의 질서를 생각하면 감히 있을 수 없는 사태에서 아

---

52) 『대동야승』

무 일 없는 것처럼 노비들을 대하고 어린 종들의 실수를 눈감아 주는 데서 황희의 너그럽고 인자한 인품은 잘 나타나 있다.

이와 같이 노비들에 대해 너그러웠던 황희는 인재 발굴에서도 신분의 귀천을 따지지 아니했다. 장영실(蔣英實)은 본래 그 아비가 원나라 소주, 항주 사람이고, 어미가 기생이었는데 솜씨가 뛰어나 태종이 보호하고 세종이 아껴 인재로 쓰려고 하니, 이조판서 허조(許稠), 병조판서 조말생(趙末生) 등이 반대를 했다. 다시 황희, 맹사성에게 의논하니 기꺼이 찬성하였다. 황희 같은 어진 재상이 있었기에 세종이 신분을 초월한 인사를 할 수 있었던 것이다.

또한 황희는 노비들의 신분 개선을 위한 제도적, 법적 장치를 마련하는데 최선을 다하였다.

1414년(태종 14년) 6월 27일 노비종부법(奴婢從父法)이 의논되었는데 황희는 예조판서로서 이에 찬성하였다.

처음에 공사비자(公私婢子)가 양부(良夫)에게 시집가서 낳은 소생(所生)은 아비를 따라서 양인(良人)으로 삼으라고 명하였다. 예조판서 황희가 아뢰었다. "천첩(賤妾)의 소생을 방역(放役)하는 법은 따로 의논이 있을 수 없고, 아비가 양인인 경우에는 아들도 양인이 되는 것이니, 종부법(從父法)이 가합니다."임금이, "경의 말이 심히 옳다. 이와 같이 한다면 비록 방역의 법이 없더라도 자연적으로 역이 없어질 것이다. 재상(宰相)의 골육(骨肉)을 종모법(從母法)에 따라 역사(役使)시키는 것은 심히 편치 못하다." 하고 지시하였다. "하늘이 백 성을 낼 때에는 본래 천구(賤口)가 없었다. 전조(前朝)의 노비의 법은 양천(良賤)이 서로 혼인하여 천인(賤人)을 따르는 것을 매우 우선으로 하여 천자(賤者)는 어미를 따랐기 때문에, 천구(賤口)는 날로 증가하고 양민(良民)은 날로 줄어들었다. 영락(永樂) 12년 6월

28일 이후 공사비자(公私婢子)가 양부(良夫)에 시집가서 낳은 소생은 아울러 모두 종부법에 따라 양인을 만들고, 전조의 백성을 판정하는 예에 의하여 속적(屬籍)하여 시행하라." 정부의 의논을 따른 것이었다.[53]

이와 같이 황희는 예조판서로서 천첩의 소생들이 양인의 아들과 혼인한 경우에는 그 아들들도 양인이 되게 하자는 의견에 동의하였고, 임금도 이에 동의하여 노비종부법이 만들어졌던 것이다. 물론 이것은 노비들의 신분문제가 전면적으로 해결된 것은 아니지만, 적어도 양인과 결혼하여 낳은 아들의 경우 양민으로의 신분 상승의 길을 열어놓았다는데 그 의의가 있었던 것이다.

또한 1430년(세종 12년) 10월 황희는 장계를 올려 비자(婢子)들의 산전산후(産前産後) 100일 간은 천역(賤役)을 면제하는 법을 청하여 윤허를 받아 그것이 규정되었으니, 이것은 노비들의 출산에 따른 고통을 도와주고 배려해 주었다는 점에서 그 의미가 있다.

그런데 황희의 이러한 노비나 천민에 대한 관심과 배려는 인간에 대한 존중과 사랑에 그 기반을 두고 있는데, 이기(李墍, 1522~1600)의 『송와잡기(松窩雜記)』에 나오는 다음 일화는 그의 인성 형성과 관련하여 주목할 만하다.

황익성공(黃翼成公) 희(喜)는 고려 말에 적성(積城)의 훈도(訓導)로 있었다. 하루는 적성에서 송경(松京)으로 가는 길에 한 노인이 검은 소와 누른 소 두 마리로 밭

---

53) 『태종실록』, 권27, 태종 14년, 6월 27일, 무진.

을 갈다가 멍에를 떼어 놓고 나무 밑에서 쉬는 것을 보고 노인에게 묻기를, "소 두 마리 중 어떤 소가 일을 더 잘하느냐?" 하고 물었다. 그러자 노인이 공의 귀에 입을 대고 말하기를, "검은 소가 낫습니다" 하였다. 공이 묻기를, "그 말을 하는데 어찌 귓속말로 하느냐?"고 하니, 그 농부가 하는 말이 "비록 짐승이라 할지라도 제가 못한다 하면 섭섭하지 않겠습니까?" 하였다. 공의 한평생 겸손하고 인후(仁厚)한 덕은 그 노인의 한 마디가 귀감이 되었던 것이다.[54]

이 소에 얽힌 일화는 널리 알려진 것인데, 밭가는 노인에게서 교훈을 얻어 평생 사람을 대함에 인후(仁厚)한 덕을 실천했다는 것이다. 짐승인 소도 칭찬을 알고 비교를 하면 싫어한다고 하는 늙은 농부의 교훈에서 황희는 크게 깨우쳤던 것이다. 인간에 대한 존중, 남에 대한 배려를 평생 자신의 인격으로 삼고 살아온 것이라 할 수 있다.

네 말도 옳고 또 네 말도 옳다. 그리고 네 말도 옳다.

이기의 『송와잡기』에 전하는 황희의 '네 말도 옳다'는 유명한 일화가 다음과 같이 전해진다.

공은 정사에만 전념할 뿐 집안일에는 무관심하였다. 하루는 계집종 둘이 다투더니 한 종이 공의 앞에 와서 말하기를, "저것이 이러저러했으니 간악한 년"이라 말하니, 공이 "네 말이 옳다"하였다. 조금 뒤에 이제는 다른 종이 와서 "저년이 이러

---

54) 이 일화가 柳夢寅의 『於于野談』에는 황희가 암행어사로 민정을 살필 때의 일로 장소만 다르게 기록되어 있다.

저러했으니 나쁜 년"이라 하니, 공이 또 "네 말이 옳다" 하였다. 그 말을 공의 조카가 듣고 있다가 공에게 두 사람이 싸웠으면 시비를 가려 주어야지 둘 다 네 말이 옳다고만 하시니 그럴 수가 있습니까?" 하니, "네 말도 옳다"고 하며 계속 글만 읽고 있었다.

이 일화는 계집종 두 사람이 서로 다투다가 황희에게 자신의 정당성을 일러 바쳤다는 것이다. 그러자 황희는 두 계집종에게 '네 말이 옳다'고 각각 얘기해 주었다. 이를 옆에서 본 조카가 황희에게 시비를 분명히 가려줄 일이지 두 사람에게 '네 말은 옳다' 또 '네 말이 옳다'고 하는 것은 옳지 않다고 하였다. 그러자 황희는 다시 조카에게 '네 말도 옳다'고 했다.

혹자는 이 일화를 황희의 우유부단한 성격과 태도라고 비판하기도 하지만, 여기에는 매우 깊은 논리와 철학이 담겨져 있다. 계집종 A와 B의 말다툼에 대해 황희는 각기 옳은 요소가 있다는 입장에서 '네 말도 옳다'고 했던 것이며, 또한 조카의 말에도 옳은 요소가 있으므로 '네 말도 옳다'고 한 것이다. 이는 서로 대립되는 세 가치를 상보적 관점에서 이해하는 방식이다. 황희의 이 일화는 마치 동양철학의 음양묘합(陰陽妙合)의 논리나 원효(元曉)의 화쟁(和諍)의 논리 그리고 율곡의 '이기지묘(理氣之妙)'의 논리와 상통하는 것이다. 서로의 대립을 지양하여 소통하고 화합하는 민주적 조화의 사상이 내재해 있다. 나만 옳고 너는 틀렸다고 보는 것이 아니라, 나도 틀릴 수 있는 동시에 남도 옳을 수 있다는 것을 전제하는 것이다. 30개의 관현악 합주에서 볼 수 있듯이, 저마다의 악기가 각기 자기 소리를 내지만 전체적으로는 하나로 화음(和音)되는 것이다. 황희의 이 일화도 이러한 논리와 정신을 담고 있다는 점에서 높이 평가된다. 황희가 이러한 너그러움과 남의 주장이나 의견을 포용하는 넉넉함이 있었기 때문에 24년간 재상의 지위에 있으면서 존경을 받고 봉사할 수 있었던 것이다.

또한 이상진(李尙震, 1614~1690))의 『만암집(晚庵集)』에는 다음과 같은 일화가 전해지는데 이를 통해 황희의 너그러운 인품과 넉넉한 도량을 볼 수 있다.

황공(黃公)이 수상으로 있을 때 무슨 일이 있어 관료 수 십명과 함께 정청(政廳)에서 식사를 하게 되었는데, 황공이 밥을 덜어 놓으려고 할 때 밥 속에 벌레가 들어 있었다. 그러나 황공은 그 벌레를 덜어놓은 밥 속에 숨겨버리고 아무 말 없이 밥을 먹었다. 관료 중에 그 사실을 안 사람이 있었으나 수상이 그러하므로 그도 아무 말 없이 밥을 먹었다. 만일 그 일이 탄로나면 주방 하인들이 중죄에 걸릴 자가 많을 것이므로 공이 덮어버린 것이다.

요즘도 흔히 있을 수 있는 일이지만, 황희가 정승으로 있을 때 정청에서 수십 명이 함께 식사를 하는데 밥 속에서 벌레가 발견되었다. 황희는 그 일이 드러나면 음식을 한 여러 사람이 다칠 것을 우려해 조용히 밥 속에 묻어 놓고 그냥 식사를 마쳤다. 사소한 일이지만 황희는 자신의 말 한마디가 여러 사람이 처벌을 받게 되고 어려움에 봉착한다는 것을 헤아려 아무 일 없듯이 처신했던 것이다. 이러한 일화에서 황희의 남에 대한 배려와 이해 그리고 너그러운 인품을 다시 한 번 읽을 수 있다.

죄인도 인간이다. 고문을 통한 자백은 옳지 않다.

황희의 너그럽고 어진 마음은 죄인들의 인권과 생명에 대한 관심으로 나타나고, 조선조 사법행정에서 일상화된 고문에 의한 자백과 죄수, 노비, 천민들에 대한 뜨거운 관심으로 나타났다. 임영(林泳, 1649~1696)의 『창계록(滄溪錄)』에는 다음과 같은 황희의 일화가 전해진다.

방촌이 입궐한 뒤 부인이 배 몇 개를 얻어 공에게 드리려고 공의 침소 시렁위에 넣어두고 가까운 친가에 갔는데, 공이 퇴근하여 방에 보니 쥐가 시렁위에 들락거리면서 배를 물어가려고 애쓰다가 물어갈 수 없자 마침내 다른 쥐 한 마리를 데리고 와서 한 마리는 배를 안고 드러눕고 다른 한 마리는 배를 안고 있는 쥐를 물고 나갔다. 이렇게 몇 번을 들락거리더니 마침내 배를 다 물어갔다. 얼마 후에 부인이 들어와 배를 찾으니 없었다. 공은 무엇을 생각했던지 시치미를 떼고 보지 못했다고 했다. 부인이 집 보던 여종들을 추궁하니 모른다고 하므로 노하여 매를 들고 때리자 겨우 몇 대를 맞고는 제가 먹었다고 거짓 자백 했다. 공은 그 일을 보고 크게 탄식하였다. 그 며칠 뒤 공은 조정에서 그 일을 이야기하고 지금 국내에는 매를 못이겨 애매한 형을 받은 자가 많을 것이라고 했다. 왕이 즉시 행회 (行會)에 명하니 오랫동안 수감되어 있는 죄수를 석방하라고 하여 경향 각지의 옥이 텅 비었다.

황희는 집안 시렁위에 있던 배를 쥐가 물어갔는데, 부인이 집을 보던 종을 의심해 매질을 하여 거짓 자백을 받아내는 것을 보면서 고문에 의한 자백의 문제점을 깊이 깨달았다는 것이다. 조선시대 고문에 의한 자백의 강요는 거의 일상화된 관례였다. 온갖 고문을 통해 거짓 자백을 강요하는 데서 범죄 혐의자들의 생명과 인권은 여지없이 짓밟혔던 것이다. 황희는 자신의 집안에서 일어났던 사례를 통해 고문의 문제점을 깊이 깨닫고 이를 개선하고자 했던 것이다.

또한 황희는 연좌제의 문제점을 지적하고 이에 대한 개선을 건의하는 글을 올려 임금의 허락을 받았다.

"한 죄인의 잘못으로 아무것도 모르는 그 처자를 모조리 연좌(緣坐)시킨다면 너무 억울한 일이 아니겠습니까? 저들의 죄의 경중(輕重)을 구분하여 석방시키는 것이 옳겠고, 또 대소 (大小)를 막론하고 공죄(公罪)와 사죄(私罪)를 구분하여 환수(還收)한 직첩(職牒)도 되돌려주는 것이 타당할 듯 합니다" 하니, 임금께서 "그렇게 하라"고 하였다.[55]

여기서 황희는 연좌제의 문제점을 지적하여 한 번 죄를 저질렀다고 연좌의 책임을 묻는다면 이것은 너무도 억울한 일이므로 시정해야 한다고 건의하였다. 또 죄의 경중을 분명히 가리고 공적인 죄와 사적인 죄를 구분하여 처벌해야 한다고 하여 형벌의 공평성과 인권의 보호를 적극 주장하고 있다. 이와 같이 황희는 옥사(獄事)를 의논해 결정할 때에는 관용으로써 주견을 삼아서 일찍이 사람들에게 이르기를, '차라리 형벌을 가볍게 해 실수할지언정 억울한 형벌은 할 수 없다' 고 했던 것이다. 이상의 예에서 보듯이 황희의 너그럽고 인자한 품성은 죄인들에게 까지 미치고, 나아가 조선조 행형(行刑)제도의 개선과 사법제도의

---

55) 『방촌황희선생문집』, 원집 하, 의, 「억울하게 연좌된 죄인을 석방하도록 한 議」, 129쪽.

개혁을 통해 죄인의 인권과 생명을 보호하고자 했던 것이다.

장애인, 불우계층에 대한 인간애

황희의 너그럽고 인자한 성품은 심신장애자, 걸인 등 불우한 계층에게 까지 미쳤다. 다음은 맹인에게 관작을 제수하자는 그의 주장이다.

지금도 맹인에게 관작(官爵)을 제수하는 것이 타당할듯합니다. 그러나 아조(我朝)에는 검교(檢校)란 관직이 없고 다만 내시부(內侍府)에만 검교란 직위가 있습니다. 지금부터 이 맹인에게 내시부 검교를 제수시키고 또 성적에 따라 사옹원(司饔院) 사직(司直)으로 승진하도록 하는 것이 어떻겠습니까? 그 계급에 있어서는 정4품으로 한정하는 것이 옳을 듯 합니다.[56]

오늘날도 장애인에 대한 처우와 복지가 뜨겁게 논의되는 현실에서, 황희는 맹인에게도 관작을 제수하는 것이 옳다는 주장을 하고 있다. 당시 조선조 사회는 양반과 상민의 차별, 적서의 차별, 남녀의 차별, 지역적 차별 등이 심각했던 상황에서 황희가 장애인들에 대해 차별 없는 취업과 승진을 주장하는 것은 시대를 뛰어넘는 선견으로 볼 수 있다.

황희는 또 당시 사회적으로 많은 문제를 야기했던 신백정(新白丁)에 대한 해결책을 인도적 차원에서 제시하고 있다. 즉 "신백정이 모두 도적이 아니니, 그 직업을 잡고 편안히 살아 평민과 같은 자도 매우 많습

---

56) 『방촌황희선생문집』, 원집 하, 의, 「맹인에게도 官爵을 주는 제도를 개진한 議」, 164쪽.

니다. 그런데 만약 죄악을 구분하지 않고 강제로 가산을 모두 방매하여 떠나게 한다면 억울함이 또한 지극할 것이니, 그 조처하는 법은 육전(六典)에 실려 있습니다."[57] 라고 하였다. 이는 신백정에 대한 신분보장과 인간적 대우 그리고 차별적 조치에 대한 언급으로 황희는 신백정이라 하더라도 그들도 사람이요 백성이므로 나라의 보호를 받고 억울한 대우를 받아서는 결코 안 된다고 주장하였던 것이다.

또한 황희는 당시 사회로부터 버림받았던 걸인들에 대한 대책에서도 임금에게 획기적인 대안을 다음과 같이 제시하였다.

"거지가 되어 떠돌아다니는 사람들은 심문당하는 것을 꺼려하여 원래 진제장(賑濟場)에 들어오지 않고 모두 지름길로 말미암아 깊숙한 산림으로 들어가니, 구제하기가 매우 어렵습니다. 청컨대 그윽한 마을과 인가(人家)의 조밀한 곳에 진제장을 베풀어, 무릇 떠돌아다니는 자와 거지가 오거든 우선 안접(安接)시켜 구제하고, 서서히 근지(根地)를 물어 봄철이 되거든 본적지로 돌려보내게 하시옵소서" 하니, 임금께서 이를 따랐다.[58]

어느 시대나 걸인들은 있게 마련이다. 가난하여 삶의 터전을 잃어버리거나 부모의 부양을 받지 못하면 가난한 걸인이 된다. 황희에 의하면 당시 걸인들은 심문당하는 것이 싫어서 진제장에 들어가지 않고 깊은 산속으로 숨어 산다는 것이다. 그러므로 걸인에 대한 구제가 어려우

---

57) 『방촌황희선생문집』, 별집 1, 계, 「신백정의 통치 방책을 아뢴 狀啓」, 278쪽.
58) 『방촌황희선생문집』, 별집 1, 계, 「유리개걸(流離丐乞)하는 사람을 구제하여 본적지로 돌아가게 하는 방책을 아뢴 장계」, 303쪽.

니 그윽한 마을과 사람들이 많이 사는 곳에 진제장을 만들어 거지들의 안식처로 만들어 우선 구제하고, 봄철이 되면 본적지로 돌려보내도록 하는 것이 좋겠다고 하였다.

16세기 아산현감을 맡았던 토정 이지함(土亭 李之菡, 1517~1578)은 걸인청(乞人聽)을 만들어 그들의 자활과 생활안정을 도왔다고 하였는데, 15세기 황희는 걸인들을 위한 진제청의 역할을 강조하고 있다. 이와 같이 황희는 사회적 약자였던 죄인, 장애인, 걸인들에 대해 깊은 관심과 대책을 강구하였을 뿐만 아니라, 각 도와 고을의 노비를 혁파할 것을 청하여 임금의 허락을 받기까지 하였던 것이다.[59]

이러한 황희의 인간애는 당시 우리나라에 머물던 외국인들에 까지 미쳐 발휘되고 있다. 황희는 1437년(세종 19년) 3월 1일 영의정부사로 올린 계(啓)에서 "경상도의 여러 포구에 머물러 있는 굶주린 왜인들을 구휼하지 않을 수 없으니, 사람마다 약간의 양곡을 나누어 주어 그 본국으로 돌아가게 함이 마땅할 것입니다."[60] 라고 하였다. 비록 왜인이지만 그들에게도 양곡을 주어 굶주림을 면케 해 주어야 한다고 하였다.

이상에서 너그러운 인품으로 어진 재상으로 불리었던 황희에 관해 살펴보았다. 그의 묘지명, 졸기, 세종, 문종의 글 등 여러 문헌에서 이구동성으로 황희를 관후하다, 관인하다 하고, 또 어진 재상으로 칭하고 있음을 볼 수 있었다. 이렇게 너그러운 인품, 넉넉한 성정, 어진 천성으로 그는 임금을 비롯한 많은 사람들의 존경과 신뢰를 받았다. 그리고

---

59) 『방촌황희선생문집』, 「연보2」, 14년, 임자, 선생 70세 조.
60) 『방촌선생문집』, 별집, 1, 계, 「굶주린 왜인의 구휼을 청하는 장계」, 314쪽.

그의 너그럽고 인자한 품성은 당시 질곡에 처해 신음하던 노비, 서얼, 천민, 걸인, 장애인 등 불우계층에 대한 뜨거운 관심과 배려를 보여주었고, 나아가 이들의 인권을 개선하고 생명을 보호하기 위한 법적, 제도적 개선에 까지 나아갔던 것이다.

이러한 황희의 인간 평등의식이나 인간 존엄에 대한 대책은 하나의 말이나 이론으로서가 아니라 실제의 생활로, 정책으로까지 실천되었다는데서 다른 이들과 차별화된다. 이러한 남에 대한 너그러움과 배려, 인간존엄과 평등의 실현은 곧 유교 민본정치의 바탕이 되고 왕도정치의 근본이 된다는 점에서 매우 중요한 의의가 있다.

3. 청백리 황희정승

대표적인 청백리 황희 정승

그동안 우리는 황희를 '청백리(淸白吏)'로 불러왔다. 물론 황희 외에도 청백리가 많이 있지만 일반적으로 '청백리' 하면 '황희 정승'을 기억한다. 청백리란 황희의 별명이라 해도 과언이 아니다. 조선시대에는 관리들의 청렴을 매우 중시해 왔다. 그것은 관리가 청렴해야 공정할 수 있고, 백성들로부터 존경받을 수 있기 때문이다. 관리의 권위란 직위, 직급에 있는 것이 아니라 청렴한 도덕성에 있는 것이다. 거짓을 하고 부정을 하고 사심을 가지면 백성들은 그 관리를 신뢰하지도 않고 존경하지도 않는다. 따라서 관리의 권위와 명령이 통할 수 없는 것이다. 그러므로 공직윤리의 으뜸이 바로 청렴에 있는 것이다.

황희는 흔히 맹사성(孟思誠)과 함께 조선시대를 대표하는 청백리로 일컬어진다. 이영춘의 연구에 의하면, 그는 조선시대로부터 현대에 이르기까지 청백리의 상징으로 칭송 받아왔고, 청렴한 공직자의 대명사처럼 여겨져 왔다.[61] 많은 야사는 물론이려니와 『대동장고(大東掌攷)』의 「청리고(淸吏攷)」[62], 『청선고(淸選考)』의 「청백편(淸白篇)」[63], 『전고대방(典故大方)』의 「청백리록(淸白吏錄)」[64] 등 청백리에 관한 전고

---

61) 이영춘, 「방촌 황희의 청백리 논란에 대한 재검토」, 『방촌 황희의 학문과 사상』, 책미래, 2017, 199쪽.
62) 조선후기 순조 연간에 洪敬謨가 우리나라 역사와 고사를 정리한 책.
63) 1906년경에 간행된 편저자 미상의 책.
64) 1924년 강효석(姜斅錫)이 우리나라의 典故를 집대성하여 편찬한 책.

(典故) 자료에 공통적으로 그 이름이 등재되어 있다.[65]

황희의 「졸기(卒記)」에는 "그가 집을 다스림에 검소하고 기쁨과 노여움을 안색에 나타내지 않았다"고 적고 있으며, 허조(許稠)의 아들인 허후(許詡)는 말하기를, "나의 선인(先人)께서 매양 황상(黃相)을 칭찬하고 흠모하면서 존경하여 마지않았다. 사람됨이 도량이 매우 넓으며 희노(喜怒)를 나타내지 아니하였다. 수상이 된지 거의 30년에 진실로 탐오(貪汚)한 이름이 없었다"[66]고 술회하고 있다. 허후가 당시 아버지 허조의 말을 인용해 황희에 대한 평을 하고 있는 것이다.

또 성종 때 집의(執義) 이칙(李則, 1438~1496)은 경연석상에서 "세종조의 황희는 정승직을 30년간이나 하였지만, 가산(家産)을 돌보지 아니하여 그 집이 텅 비었습니다."[67]라고 말하고 있으며, 중종 때 대사헌을 지낸 정암 조광조(靜庵 趙光祖, 1482~1519)는 "세종께서 일세의 다스림을 이룬 것은 황희와 허조를 정승으로 삼은 때문이다"[68] 라고 하였는데, 이는 황희와 허조의 청렴성을 특별히 높이 평가한 것이라 할 수 있다.

또한 정조 때 사직(司直) 윤면동(尹冕東, 1720~?)은 상소에서 "상신(相臣) 황희가 통나무집에 남루한 갓과 실띠를 매었던 검소함을 묘당(廟堂)에서부터 시작할 수는 없겠습니까?"[69] 라고 하였다. 말하자면 공직자들의 부정부패를 척결하고 공직사회의 검소한 기풍을 세우기

---

65) 이영춘, 「방촌 황희의 청백리 논란에 대한 재검토」, 『방촌 황희의 학문과 사상』, 책미래, 2017, 199쪽.
66) 『단종실록』, 권2, 즉위년, 7월 4일, 을미.
67) 『성종실록』, 권86, 성종 8년, 11월 19일, 임오.
68) 『중종실록』, 권35, 중종 14년, 3월 1일, 갑오.
69) 『정조실록』, 권6, 정조 2년, 7월 20일, 정미.

위해서는 황희 같은 모범이 필요하다는 말이다.

황희의 검소한 생활과 청렴한 인품을 잘 말해주는 것은 신숙주가 쓴 묘지명이라고 할 수 있다. 신숙주는 당시 황희를 곁에서 가까이 모셨던 인물로 그의 죽음을 추모한 글이기 때문에 신빙성이 가장 높은 자료다.[70] 그는 말하기를, "가정생활에서는 청백하고 신중하였으며, 친족 가운데 가난한 여자나 고아 과부가 있으면 반드시 그들을 구제하고서야 그만 두었다"고 한다. 또 "가정생활에서는 청빈하고 검소하게 살면서 스스로 법도를 지켰고, 모든 일에 모범이 되었다. 생업을 일삼지 않아 몸소 수상이 되었으면서도 그 집안의 쓸쓸함이 마치 가난한 서생(書生)과도 같았다"고 적고 있다. 이러한 신숙주의 황희에 대한 평가는 당대는 물론 그 이후에도 황희를 청백리로 보는데 중요한 근거가 되었다.[71]

'검소'를 유언하고, 아들의 사치를 꾸짖다

황희는 일찍이 유서(遺書)를 지어 자손들에게 경계했다. "내가 죽은 뒤에는 상장(喪葬)의 예절은 한결같이 『가례(家禮)』에 따르되, 본토에서 시행하기 어려운 일을 억지로 따라 할 필요는 없다. 능력과 분수에 맞게 집의 형세에 따라 알맞게 할 것이며, 허식은 일체 행하지 마라. 『가례』의 음식에 관한 절차는 질병을 초래할까 염려되니, 존장(尊長)의 명령을 기다리지 않고 억지로 죽을 먹도록 하라. 이미 시행한 가법

---

70) 이영춘, 「방촌 황희의 청백리 논란에 대한 재검토」, 『방촌 황희의 학문과 사상』, 책미래, 2017, 223쪽.
71) 이영춘, 「방촌 황희의 청백리 논란에 대한 재검토」, 『방촌 황희의 학문과 사상』, 책미래, 2017, 223쪽.

(家法)에 따라 불사(佛事)는 행하지 말고, 빈소에 있은 지 7일 동안은 산소에 차려놓는 제물은 『가례』에 없는 바인데, 부처에게 아첨하는 사람이 꾀를 내어 사사로이 하는 것이니 행할 수 없다.[72]고 하였다. 죽음 이후 검소한 상례를 자손들에게 당부한 내용이다.

이긍익(李肯翊, 1736~1806)의 『연려실기술(燃藜室記述)』에는 아들 치신(致身)에 얽힌 일화가 다음과 같이 전해지고 있다.

공의 아들 치신이 신문(新門) 밖에 집을 새로 짓고 낙성식을 할 때, 여러 관원이 모여 축하했다. 그때 선생은 정무를 마치고 늦게야 돌아와 집을 둘러보고는 연석(宴席)에 참석하지도 않고 떠나 버렸다. 집이 너무 크고 호화스러움을 책망한 것이다. 그래서 치신은 집의 구조를 바꾸었다.

아들 치신이 집을 호화롭게 짓고 화려한 낙성식을 하자 정무를 마치고 돌아온 황희는 집을 둘러보고 연희석에도 참석하지 않고 돌아갔던 것이다. 집이 너무 크고 화려함을 부끄럽게 생각하고 책망한 것이다. 이에 치신은 집을 다시 고쳤다는 일화가 전해진다. 마찬가지로 『연려실기술』에는 황희의 천성이 검소하여 재상의 지위에 있은 지 수 십년 동안에 집안이 쓸쓸하여 마치 벼슬 없는 선비의 집과 같았다고 적고 있다. 그리고 언제나 멍석자리에 기거하면서 말하기를, '멍석자리는 가려운 데를 긁기에 매우 좋다'고 하였다 한다. 황희의 검소한 생활과 청빈한 모습을 잘 말해주고 있다.

---

72) 『문종실록』, 권12, 문종 2년, 2월, 임신.

청백리 논란과 인간적인 한계

그럼에도 불구하고 청백리 황희에 대한 최근의 논란이 있다. 황희가 아무리 훌륭한 인품을 지녔다 하더라도 인간적인 약점과 정치적 과오는 있게 마련이다. 더구나 황희는 6조 판서를 두루 역임하였고, 재상만 24년, 영의정에 18년을 역임하였다. 아마도 우리나라 역사상 임금 외에 황희만큼 높은 지위에 오랫동안 공직을 맡은 사람은 드물 것이다. 높은 벼슬을 오랫동안 했다는 것이 중요한 게 아니라 태종의 경우 지신사로 절대적인 신임을 하였고 6조판서로 그를 등용하였으며, 세종의 경우 온갖 시기와 모함 그리고 황희 자신의 실수와 집안 가족들의 실수로 수차 사직상소를 올렸음에도 불구하고, 오랫동안 재상으로 등용하고 또 2인자로서 국정을 맡겼던 것은 그에 대한 도덕적 믿음과 능력에 대한 신뢰 없이는 불가능한 일이었다.

물론 황희에게도 인간적인 약점과 몇 가지 실수는 없지 않았다. 대간에서 황희의 실수를 가지고 여러 차례 탄핵하자, 세종은 그때마다 "태종도 황희의 재능을 지극히 아꼈는데, 내가 어찌 연소한 대간의 말에 따라 그를 등용치 않을 수 있겠느냐?"고 하며, 그러한 비난을 일축하고 놓아주지 않았다.

또 「졸기」의 평처럼 마음이 지나치게 관후해 제가를 제대로 못한 실수가 있고, 자못 청렴하지 못하다는 일부 비난이 있었다. 황희에게 이러한 흠집은 매우 아쉬운 것이지만, 진정 '온전한 인간'은 없다고 볼 때 이해할 수 있는 일이다. 태종이나 세종이 주위의 시기, 비난, 탄핵에도 불구하고 그토록 그를 놓지 않고 절대적인 신임을 했던 것은 황희의 인간적인 흠집에도 불구하고 장점이 더 많았고, 또 관료로서, 공직자로서 그의 능력이 출중하였기 때문이다.

그럼에도 이호문(李好文)의 악의적인 사초(史草)로 인해 황희의 도덕성과 인품에 대한 비난이 난무하는 것은 문제가 아닐 수 없다. 이영춘 교수는 이러한 논란에 대해 전문적인 연구를 통해 어느 정도 그 진상을 밝혀준 바 있다.[73]

오늘날 우리 사회는 대통령이나 국무총리, 장관을 임용하는 과정에서 사소한 도덕적 흠집으로 유능한 인재를 만신창이로 만들고 용도 폐기하는 경우를 종종 보아왔다. 유교의 인사원리는 '현자재위 능자재직(賢者在位 能者在職)'[74]으로 설명한다. 현(賢)이란 도덕적 수준을 말하는 것이고, 능(能)이란 해당분야의 전문적인 식견과 능력을 말하는 것이다. 인사는 이 두 가지 능력을 잘 고려하여 결정해야 한다. 도덕적 수준이 조금 부족해도 전문적인 능력이 탁월하면 등용해야 하고, 전문적인 능력이 탁월해도 도덕적 수준이 매우 부족하면 등용해서는 안 된다. 오늘의 우리 사회는 작은 흠집으로 능력 있는 인재들을 사장해 버리는 어리석음을 범하고 있다. 태종이나 세종이 황희의 작은 실수와 약점에도 불구하고 나라와 백성을 위해 중용했던 역사적 경험을 배워야 할 것이다.

---

73) 이영춘, 「방촌 황희의 청백리 논란에 대한 재검토」, 『방촌 황희의 학문과 사상』, 책미래, 2017.
74) 『孟子』, 「公孫丑」, 上.

4. 공명정대한 소신

'정대(正大)하다'는 평가

신숙주는 황희의 「묘지명」에서 "일을 사리에 따라 처리하되 그 규모가 원대(遠大)하여 그물의 벼릿줄만 들면 그물이 저절로 펼쳐지듯 모든 일이 다스려졌다."고 평하고 있고, 또 그가 쓴 「신도비문」에서는 "평소의 처사에는 관용(寬容)을 위주로 하되, 큰일을 의논함에는 시비를 직접 가려내어 조금도 용납이 없었다."고 적고 있다.

또한 1452년 황희가 90세로 세상을 떠나고 『문종실록』에 실린 그의 「졸기」에서는 "일을 의논할 때는 정대(正大)해 대체(大體)를 보존하는 데 힘쓰고, 번거롭게 변경하는 것을 좋아하지 않았다"고 적고 있다.

그가 죽은 후 황희는 최윤덕(崔閏德), 허조(許稠), 신개(申槩), 이수(李隨)와 함께 세종의 묘정(廟廷)에 배향되는데, 특히 정대(正大)한 인품에 대해 다음과 같이 평가하고 있다.

1452년 4월 10일에는 세종과 소헌왕후(昭憲王后)의 신주를 문소전(文昭殿)에 부묘(祔廟)하고, 익성공(翼成公) 황희(黃喜)와 정렬공(貞烈公) 최윤덕(崔閏德), 문경공(文敬公) 허조(許稠), 문희공(文僖公) 신개(申槩), 문정공(文靖公) 이수(李隨)를 묘정에 배향했다. 황희는 세종조에 있어 의정부에 가장 오래 있으면서 대체(大體)를 보존하는데 힘쓰고, 어지럽게 고치는것을 일삼지 않아 세종이 그의 지론이 정대(正大)함을 여러 차례 칭찬했다. 어떤 사람이 일찍이 그가 탐음(貪淫)한 행실이 있다고 비판했다. 그러나 그 사람이 이런 말을 한 것은 곧 일찍이 황씨의 자제들을 좋아하지 않아서였다. 허조(許稠)는 나라를 근심하기를 자기 집과 같이 했고, 진심으로 국가를 위해 심력을 다했으며, 말과 행실이 다 본받을 만했다. 대개 황희의 중후(重厚)함은 대체를 얻고 허조(許稠)의 충직(忠直)함은 법을 지켰으니, 수성(守成)의 어진 재상이라 할만하다. 황희는 모양과 태도가 크고 훌륭했으며, 총명이 남보다 월등히 뛰어나고, 인격과 도량이 넓고 깊어 자신이 수상이 된지 24년 동안에 대체를 보존하는데 힘쓰고, 어수선하게 바꾸는 것을 일삼지 아니해 나라의 정책을 세우는데 중추적 역할을 했다.[75]

이와 같이 황희는 이구동성으로 일을 처리함에는 사리에 맞게 했고, 매사 공명정대했다고 평가하고 있다. 특히 작은 일에서는 관용을 위주로 했지만, 나라의 큰일에 있어서는 시비를 분명히 해서 무엇이 옳고 그른가를 결단했다고 한다.

황희는 앞에서도 언급했듯이, 마음이 매우 너그럽고 인자하여 원만한 인간관계를 가질 수 있었고, 신분을 떠나 노비나 천민들까지도 용납하였다. 인정이 많고 너그럽다 보니 황희도 인간적인 실수를 아니 할 수 없었다. 특히 자녀, 일가친척에 대해 단호하지 못해 비난을 받기도 했다. 지나치게 너그럽고 마음이 넓다보면 공사(公私)를 구별하지 못하는 경우도 있고, 또 일을 처리함에 있어서 우유부단하거나 줏대 없이 남의 주장에 끌려갈 수도 있는 것이다.

그런데 황희는 마음이 매우 넓고 너그럽고 인자했지만, 공사(公私)의 구별에 단호하였고 임금 앞에서도 정당한 소신을 굽히지 않았다. 만약 황희가 너그럽기만 하여 매사 공사를 혼동하고 우유부단한 처사를

---

75) 『세종실록』, 권109, 세종 27년, 7월, 신사 조.

했다면 명재상이란 평판도 불가하였을 것이요, 또한 태종과 세종의 신임과 총애도 받을 수 없었을 것이다.

정대(正大)란 정사를 처리함에 있어서 바르고 옳아서 사사로움이 없다는 뜻이다. 이 말은 공평무사(公平無私), 공명정대(公明正大)와 같은 말이다. 왕이나 지도자가 갖추어야 할 중요한 조건 중의 하나가 바로 공평무사한 것이다. 최근의 대통령탄핵 사건의 본질도 대통령의 권력을 사사롭게 행사하였다는 점에 있다. 지위가 낮은 공직자도 자신이 가지고 있는 권한을 사사롭게 행사하면 공정성, 공평성이 무너지게 된다. 공정성이 무너지면 권위가 무너지고 공직자로서의 위상에 엄청난 손상이 간다. 그러므로 예부터 유교정치에서는 사심(私心)의 극복이 중요한 화두가 되었고 공정성과 공평성의 확보가 매우 중요했던 것이다. 이런 점에서 황희는 공명정대(公明正大)의 모범적 인물로 묘사되고 있다.

올곧은 선비, 임금에게 할 말을 하다.

황희는 고려 말 1385년(우왕 11년) 24살에 진사시에 합격을 하고, 1389년(공양왕 원년) 28살에 문과에 급제하였다. 그리고 그 이듬 해 29살의 나이로 성균관에 보임되었고, 1392년(태조 1년) 31살의 나이로 경전에 밝고 수행 있는 선비로서 세자우정자(世子右正字)에 임명되었다. 그리고 34살에 직예문춘추관(直藝文春秋館)에서 사헌감찰(司憲監察). 우습유(右拾遺)로 옮겨갔다. 36살 때 1397년(태조 6년) 11월 29일 선공감(繕工監) 정란(鄭蘭)의 기복첩(起復帖)에 서경(署經)

하지 않다가 습유직을 파면 당하였다. 또 1398년(태조 7년) 3월 7일 정자 우습유로서 강은(姜隱)과 민안인(閔安仁)을 탄핵해 이로 인해 7월 5일 경원교수관(慶源敎授官)으로 좌천되기도 했다. 우습유는 간관(諫官)으로 관료들의 부정과 비리를 고발하고 탄핵하는 자리인데, 젊은 황희는 자신의 올곧은 소신을 굽히지 않고 주장하다가 결국 파면도 당하고 좌천을 당하기고 했던 것이다. 황희의 젊은 시절 불의 앞에 당당한 모습을 볼 수 있다.

황희는 태종과 세종의 두터운 신임과 총애를 받았지만, 임금의 주장이나 정책이 잘못되었다고 생각되면 두려움 없이 이를 비판하고 설득하였다. 몇 가지 그 실례를 보기로 하자.

1406년 5월 27일 태종이 창덕궁 안에 불당(佛堂)을 지으려 하자, 지신사였던 황희는 "불당 하나를 짓는 것이 비록 폐가 없다고는 하나, 다만 후세에 법을 남기는 것이면 옳지 못합니다." 하고 반대하였다. 그러나 태상왕이 아픈 비상한 때는 권도(權道)로써 불교행사도 시행하도록 했다. 물론 이 문제는 황희가 벽이단(闢異端)의 입장에서 한 것이지만 유교국가라는 측면에서 보면 배불(排佛)도 왕실이 모범을 보여야 한다는 측면에서 바른 소리를 한 것이다.

태종 초기 왕권의 불안이 심각하였다. 왕자의 난이 일어나고 처남인 민무구, 민무질의 횡포가 심해지자, 황희는 세자에게 "오늘 부왕께서 일깨워주신 뜻을 잊지 않으면 실로 조선 만세의 복이 될 것입니다."라고 해 태종이 민무구, 민무질 등 외척을 제거하고 왕권을 강화한 의지를 잘 읽어야 한다고 충고하였다.

또한 태조의 손자 이원생(李元生)이 송유경(宋惟瓊), 정천보(鄭千

寶)의 술수에 빠져 반역죄에 연루되어 세종이 풀어주고자 하였지만 황
희는 이를 반대하였다.

이원생의 죄는 진실로 경솔히 논할 수 없습니다. 태조의 손자가 되어 태조의 어휘
(御諱)를 위조했으니, 비록 직접 범한 것은 아니라 하더라도 송유경 등과 공모했
아 온 즉, 자작지얼(自作之孽)이라 아니할 수 없습니다. 이는 귀신과 사람에게 다
같이 용서받지 못할 일로서 가볍게 그 작록(爵祿)을 돌려줄 수 없사오니, 마땅히
한 때의 인정을 끊으시고 만대의 대방(大防)을 엄하게 하소서.[76]

이와 같이 황희는 이원생이 비록 태조의 손자이지만, 태조의 어휘
(御諱)를 위조한 죄는 크기 때문에 정실에 이끌려 작록을 돌려주어서
는 안 된다 하였다. 세종으로 하여금 한 때의 인정을 끊고 만대를 위한
엄정한 기강을 세울 것을 촉구하였다.

또한 세종이 도승지 신인손에게 일러 『태종실록』을 보고자 했다. 이
에 황희가 불가하다고 간하여 결국 보지 못했다.

태종의 일은 전하께서 친히 보신 바이니 만약 태종의 일을 본으로 삼아 경계하고
자 한다면 역대 사기(史記)가 갖추어져 있는데 어찌하여 반드시 지금의 실록을 보
아야 하겠습니까? 하물며 조종(祖宗)의 사기는 비록 당대는 아니나 편수한 신하
는 지금도 모두 있는데, 만약 전하께서 실록을 보신다는 것을 들으면 마음이 반드
시 편하지 못할 것이며, 신 등도 또한 타당하지 못하다고 여깁니다.[77]

---

76) 『세종실록』, 권63, 세종16년, 3월, 계사.
77) 『세종실록』, 권80, 세종 20년, 3월, 병술.

세종은 부왕 태종의 실록을 보고 싶어 하여 도승지에게 부탁을 하였다. 이것을 알게 된 황희는 그 부당함을 말하여 결국 세종으로 하여금 보지 못하도록 하였다. 그것은 태종의 정치를 교훈 삼고자 한다면 이미 자신이 스스로 부왕의 정치를 보아왔기 때문에 필요 없는 일이고, 또 그 실록을 쓴 사람들이 아직 살아있어 편치 못할 것이라 하여 반대하였다.

공법제정을 위해 17년 동안 소신을 펴다.

황희의 정대(正大)한 기상을 가장 상징적으로 보여주는 사건은 공법(貢法)의 제정이다. 세종은 즉위하면서부터 합리적인 세제의 확립에 관심이 많았다. 우리나라 실정에 맞는 공법을 만들고자 하였다. 나라의 재정을 돕고 백성들에게도 도움이 되는 그런 공법을 만들고 싶었다. 그리하여 답험손실법(踏驗損實法)을 중국식 공법으로 바꾸는 혁신을 꾀하고자 했다. 그런데 자신이 가장 믿는 황희가 이를 반대하였다. 세종은 이를 관철하기 위해 다른 재상이나 관료들로 하여금 황희를 설득하게 하였으나 번번이 실패하였다. 이에 세종은 공법에 대한 여론조사를 하여 안을 만들어 시행하고자 했으나 또 황희의 반대에 봉착하였다. 황희가 세종의 공법안에 반대하는 데는 정당한 이유가 있었기에 세종은 이를 무조건 물리칠 수가 없었다. 세종과 황희는 계속 토론하고 수정하고 보완하면서 17년간을 이어갔다. 그리하여 전분(田分) 6등, 연분(年分) 9등의 공법을 마침내 확정하였다. 이 과정에서 우리는 세종의 민주적 리더십과 황희의 정대한 공직자의 모습을 배울 수 있다. 임금이 하고자 하는 정책을 반대하는 황희를 17년 동안이나 참을성 있게 설득하며 반대의 의견을 경청해 준 세종의 리더십은 이 시대에도 보기 드문 사례에 속한다. 그래서 우리가 세종을 위대한 임금으로 부르는 것이다. 또한 임금의 정책에 대해 17년 동안이나 나라와 백성을 위하는 마음으로 훌륭한 조세제도의 정립을 위해 임금을 설득하고 때로는 비판을 서슴지 않은 황희의 정대한 태도도 보기 드문 사례에 속한다. 세종시대의 훌륭한 정치라는 것이 이처럼 성군(聖君)과 현상(賢相)의 정대한 만남에서 비롯됨을 알 수 있다.

양녕대군의 폐 세자를 반대하다 귀양을 가다.

황희는 세자 양녕대군을 옹호하다 좌천을 당하였다. 구종수와 이오방이 1416년 세자가 주색에 빠져 밤마다 궁에 들어가 술을 마시며 유희하고 밤에 세자를 제 집으로 맞아 잔치를 베풀고 남모르게 여색을 바치다 발각되었는데, 황희는 이들의 관용을 주장하고 세자는 아직 연소하다고 옹호하였다. 구종수의 한 짓이 매와 개의 일에 불과할 따름이라고 옹호하다가 결국 공조판서로 좌천을 당하였다. 1417년 12월 3일 태종은 다시 황희를 형조판서로 불러 들이고, 1418년 1월 11일에는 다시 판한성부사로 옮겨 임명하였다. 그러나 결국 이 세자사건으로 평양윤으로 좌천되었고, 5월 11일에는 파주 교하로 귀양을 갔고, 형조와 대간의 상소가 계속되자 다시 남원으로 귀양을 보냈다.

1418년 6월 태종은 양녕대군을 세자에서 폐해 광주로 내치고, 충녕대군 이도(李祹)를 세자로 삼고 8월 10일 근정전에서 즉위식을 올렸으니 그가 바로 세종이다. 황희가 세자 양녕대군을 옹호하다가 엄청난 화를 입었고 또 태종의 미움을 받았지만, 여기서도 태종의 생각과는 달리 자신의 주장을 일관해 지켜나갔던 것이다. 태종의 측근에서 태종의 마음을 누구보다 잘 아는 황희가 왕의 미움과 처벌을 각오하면서까지 자신의 주장을 밀고 나가는데서 그의 강직함이 돋보인다.

공사(公私)를 엄격히 구별하다.

황희가 일찍이 태종대에 평안도 지방을 순시할 때 당시 행대감찰이었던 이장손(李長孫)이 황희를 극렬하게 비난하는 상소를 올린 적이 있었다. 세종대 황희가 좌의정이 되어 인사행정을 장악했을 때, 이장손은 경기도 통진 군수로 있으면서 임기가 다 되어 교체할 때가 되었다. 그러나 황희는 이장손이 직무에 충실했던 사람이라고 평하면서 그를 사간원의 헌납(獻納)으로 승진토록 천거하였으며, 이어 의정부의 사인(舍人)으로 발탁하도록 하였다. 그만큼 황희는 자기의 직권을 남용하거나 사적인 감정으로 처리하지 않았던 것이다. 이런 점이 황희에 대한 세종의 신임을 두텁게 하였다.

천하의 김종서를 꾸짖다.

다음 김종서(金宗瑞, 1390~1453) 장군에 얽힌 일화 속에서 황희의 정대(正大)한 처사를 배울 수 있다. 김덕성(金德誠)의 『지소록(識小錄)』에는 다음과 같은 일화가 전한다.

황익성공(黃翼成公)은 집에서는 위엄스럽지 않으나 묘당(廟堂)에 나아가면 여러 관료들이 감히 고개를 들고 바라보지 못했다. 김종서(金宗瑞)가 6진을 개척하고 나서 병조판서를 제수 받아 왕의 대우가 융숭하므로 거만스러워져서 방약무인한 태도가 있었다. 어느 날 공회(公會) 때 김종서가 술이 거나하여 의자에 비스듬히 앉았으니 공이 소리(小吏)에게 넌지시 이르기를, "지금 병조판서의 앉은 의자가 삐뚤어졌으니 의자의 다리를 고치도록 하라" 하니, 김종서가 듣고 황공하여 어쩔 줄을 몰랐다. 김종서가 뒤에 다른 사람에게 말하기를, "내가 육진을 개척할 때에 밤중에 적의 화살이 날아들어 책상머리에 꽂혔어도 놀라지 않았는데, 오늘에는 식은 땀을 흘렸다"고 하였다.

또한 『국조보감(國朝寶鑑)』에는 김종서에 관한 다음과 같은 일화가 전해진다.

황희가 장생전(長生殿)에 나갔을 때 공조판서 김종서(金宗瑞)가 음식상을 걸게 차려 왔다. 황희가 노하여 이 음식이 어디서 나왔느냐고 추궁하자, 김종서가 땅에 엎드려 잘못을 빌고 물러 나와 다른 사람에게 육진 개척 때의 일을 말한 것으로 되어 있다.

이 일화는 김종서가 황희를 생각하여 음식상을 잘 차려 대접을 했는데, 이에 대해 황희가 이 음식이 나오게 된 과정을 알고 김종서의 잘못을 꾸짖었다는 일화가 전해진다. 공과 사를 구별하지 못한 김종서에 대해 힐책한 것인데, 사실은 김종서의 자질을 아껴 나라의 인재를 만들기 위해 충고한 것이라 전해진다.

주색에 빠진 아들을 가르치다.

이긍익(李肯翊)의 『연려실기술(燃藜室記述)』에는 아들 수신(守身)의 잘못을 가르치는 아비의 교훈적 일화가 다음과 같이 전해진다. 황희의 아들 수신이 한 기생과 정이 깊어, 공이 늘 엄격하게 나무라면 그 기생과 끊겠다고 하면서도 끝내 끊지 못했다. 어느 날 수신이 외출하였다가 들어오는데, 공이 관복을 갖추고 문 밖에 나가 아들을 맞이하였다. 수신이 황공하여 땅에 엎드려 그 까닭을 묻자, 공이 말하기를, "나는 너를 자식으로 대하는데 너는 내 말을 듣지 않으니 그것은 나를 아비로 여기지 않음이다. 그러므로 나도 이제부터는 너를 손님으로 대하는 것이다."라고 했다. 수신은 그 뒤부터 기생과 일체 만나지 않았다고 한다.

이렇게 볼 때, 황희가 60여년의 관직생활에서 오랫동안 재상으로 봉직할 수 있었던 것은 무엇보다 정대한 인품과 처세에 있었던 것이다. 물론 공직자는 총명하기도 해야 하고 관후하기도 해야 하고 청렴하기도 해야 하지만, 그 가운데 가장 중요한 요소가 공명정대한 태도와 처세다. 공적인 일을 처리함에 사적인 이해에 좌우되고, 이 편 저 편으로 기울게 되면 공평성은 무너지고 부정, 부패로 이어지게 된다. 그리고 공정성이 무너지면 백성들의 신뢰와 존경을 받을 수 없고, 그렇게 되면 정치적 권위도 무너져 정사를 시행할 수 없다. 이런 점에서 황희의 처세와 인품이 정대하다고 평가받는 것은 공직자로서 매우 중요한 평가라고 할 수 있다.

특히 황희는 지나치게 너그럽고 인자하여 인정에 이끌리고 사심에 치우칠 가능성이 매우 높은데도 불구하고, 공명정대한 일처리와 임금 앞에서도 바른 소리를 하고 자신의 올곧은 소신을 당당하게 주장했다는 점에서 남다른 위인의 풍모가 보인다.

제3장

탁월한 능력과 정책추진(能)

방촌 황희 신도비

제3장 탁월한 능력과 정책추진(能)

유학에서는 나라에 필요한 인재의 조건을 두 가지로 설명한다. 맹자는 '현자(賢者)가 그 지위에 있어야 하고, 능자(能者)가 그 직책을 맡아야 한다'고 한다(賢者在位 能者在職). 현자란 도덕적인 역량을 의미하는 것이고, 능자란 전문적인 능력을 의미한다. 재상이나 목민관이란 이 두 가지 조건을 잘 갖춘 사람이면 된다.

첫째는 도덕적 인격을 갖추어 남에게 존경을 받는 인물이어야 한다. 여기서 도덕적 인격이란 남을 사랑하고 배려하는 어진 마음, 더불어 살아가는 공동체 의식, 나라와 국민을 생각하는 공공의식, 남을 위한 헌신과 봉사정신, 진실성, 청렴성, 예의염치, 법과 규범 그리고 주어진 국민의 의무를 지키는 책임감, 공정과 정의의 실천 등 포괄적인 품성 전체를 일컫는 말이다. 이런 사람을 가리켜 유학에서는 인인(仁人), 군자(君子)라 하고 이런 사람을 가리켜 덕(德)이 있다고 말한다. 덕이 있는 사람은 모두가 그의 친구가 되고 이웃이 되므로 결코 외롭지 않다. 어진 사람(仁人)은 적이 없고 그가 곧 지도자가 될 수 있다.

또한 능자(能者)란 전문적인 식견을 두루 갖춘 사람을 의미한다. 사람은 능력에 한계가 있기 때문에 홀로 모든 능력을 갖출 수 없다. 그러므로 지도자는 적재적소에 유능한 인물을 빌려 써야 정치가 성공하고 행정이 성공하는 것이다. 여기에 재상이나 목민관은 실무적인 능력을 갖추어야 한다. 아무리 인품이 훌륭해도 능력이 없으면 나라의 인재로 쓰기에는 부족한 것이다.

이처럼 유학이 인재의 조건을 도덕적인 능력(賢)과 전문적인 능력(能)으로 본 것은 시대를 떠나 오늘날에도 적용되는 원리라고 볼 수 있다.

필자는 방촌 황희를 이러한 시각에서 보고자 한다. 그를 사람들은 왜 명재상이라 부르는가?

태종과 세종이 주위의 시샘과 논란에도 불구하고 왜 그를 붙들고 놓지 않았는가? 이에 대한 해답을 해 보고자 한다. 위에서 필자가 방촌 황희의 인물됨을 서술한 데서 그의 도덕적 품성은 어느 정도 밝혀졌으리라 생각된다.

여기에서는 황희의 전문적인 능력을 검토해 보고자 한다. 이것은 그의 90평생, 60여년의 공직생활에서 보여준 삶의 자취가 그것을 입증할 것이다. 필자는 황희의 이러한 재상으로서의 능력을 실록이나 그의 연보를 통해 검토해 보고자 한다. 황희는 태종시대에 6조 판서를 두루 역임해 국정 전반에 관해 실무적인 행정 경험을 이미 거친 바 있고, 세종시대에는 세종 취임과 함께 중용되어 재상으로 24년, 영의정으로 18년을 역임하면서 국정의 중추로서 활약하였다. 1450년 세종이 별세하기 전 해에 87세의 나이로 공직에서 물러났고 3년 후 1452년 90세의 나이로 세상을 마쳤다. 황희의 연보는 그의 활동상을 잘 설명해 주고 있다. 공직자란 나라와 백성을 위해 일하는 사람이다. 그것은 말로 설명되는 것이 아니라 정책의 실천으로 입증되는 것이다. 황희는 오랜 기간을 판서, 재상, 영의정으로 봉직했기 때문에 책임 있는 행정이 가능했다고 보아진다. 특히 세종시대를 역사상 가장 성공한 시대로 보는 것이 사실이라면 세종 곁에 황희 또한 중요한 자리 매김을 하지 않을 수 없다. 특히 그의 연보를 보면 대부분의 시책들이 '황희의 의견대로 하라'는 임금의 허락이 분명하다. 이렇게 보면 세종시대에 있어서 황희의 역할을 재평가해야 할 것이며, 그가 왜 명재상이고 태종과 세종이 그토록 그를 아끼고 신임했는가를 알 수 있다. 이제 필자는 황희의 연보를 중심으로 그가 추진한 정책들을 검토해 보고 그 역사적 의의를 생각해 보고자 한다.

1. 민생, 복지정책

유교 왕도정치의 출발점은 민생의 안정이다. 현대 정치의 관점에서도 가장 시급한 것은 민생의 안정이다. 즉 백성들이 먹고 사는데 불편함이 없어야 한다. 현대 정치에서도 국력이란 무엇보다 경제력이 가장 큰 비중을 차지한다. 경제력이 있어야 과학기술도 발전하고 군사력도 튼튼해진다. 또 교육문화도 경제력에 비례하며 국민의 복지도 경제력이 수반되어야 가능한 것이다. 이처럼 민생의 안정, 국가 경제력의 충실은 정치의 핵심이 된다.

굶주린 백성들을 구제하다.

황희는 "모든 백성은 국가의 근본이므로 이 근본이 튼튼해야 국가가 편안하다."[78]고 하여, 백성의 생활 안정이 국가의 근본이라고 보았다. 그러므로 『실록』에 보이는 황희의 장계 가운데 농업정책에 관한 문제가 15회, 굶주린 백성에 대한 구제책에 관한 것이 26회나 되며, 그것이 거의 임금에 의해 윤허되었다.[79] 아래에 예시된 황희의 연보에서 볼 수 있듯이, 그는 민생의 안정, 백성들의 복지를 위해 매우 다양한 정책을 구상하고 이를 실천하였다.

1423년(세종 5년) 7월 강원도에 혹심한 기근이 들었는데 강원도관

---

78) 『방촌황희선생문집』, 원집 하, 의, 「驛吏가 民田을 빼앗아 부치는 폐단을 금하도록 한 議」, 169쪽.
79) 오병무, 「조선조의 명재상 방촌 황희의 생애와 사상」, 『방촌 황희의 학문과 사상』, 책미래, 2017, 73쪽.

찰사 이명덕이 백성을 구휼하는데 실패하였다. 이에 세종은 황희를 강원도관찰사로 보냈는데, 황희는 정성을 다 해 백성을 구휼하는데 성공하였다. 이로부터 황희는 세종의 절대적인 신임을 받게 되었다.

황희는 강원도관찰사로서 1424년(세종 6년)에 올린 글에서 다음과 같이 빈민구제책을 밝히고 있다.

"도내 각 고을 기민(飢民)에 대한 구제는 오는 2월 1일부터 시작하여 지난 세종 5년(계묘 1423년) 규례에 따라 15세 이상의 남녀는 매명(每名)에 하루 쌀 4홉, 콩 3홉, 간장 3홉씩, 11세부터 15세까지의 남녀는 매명에 하루 쌀 2홉, 콩 2홉, 간장 반 홉씩, 2세부터 10세까지의 소아에게는 매명에 하루 쌀 2홉, 간장 반 홉씩 지급하기로 결정하였습니다. 그리고 매달 월말에 기민 명수와 지급한 물품의 수효에 따라 쌀, 콩, 간장 등속을 모두 적어서 아뢰겠습니다. 또 각도 기민에게 진제책(賑濟策)도 모두 이 규례에 따라 시행하도록 하는 것이 좋을 듯 합니다" 하니, 임금이 모두 그렇게 하도록 하였다.[80]

여기서 황희는 절대 빈곤에 신음하는 백성들에 대한 구제책으로 나이에 따라 쌀, 콩, 간장의 양을 조절하여 배급하는 안을 제시하여 임금의 허락을 받아 시행하였다. 오늘날 시각으로 보면 이해 안 되는 내용이지만, 15세기 조선조 사회에서 절대 빈곤층을 구제하기 위한 최소한의 방안으로 이해할 필요가 있다.

또한 황희는 1424년(세종 6년) 강원도관찰사로 「구황책(救荒策)을 개진한 계(啓)」에서 다음과 같이 강원도 도민에 대한 진휼책을 건의하고 있다.

---

80) 『방촌선생문집』, 원집, 하, 계,「기민에 대한 진제책을 개진한 계」, 85쪽.

"도내에 사는 민호(民戶)는 모두 따지면 16,000호가 조금 넘습니다. 이 중에 환상곡(還上穀)을 받지 않고 제대로 사는 자는 몇 호에 지나지 않으며, 모두 초식으로 겨우 목숨을 잇는 실정입니다. 지금 만약 온 도민의 수효를 다 조사하여 모든 남녀의 명부를 호조로 보고하고, 또 호조의 지령이 있은 다음 진휼(賑恤)하도록 한다면, 다만 구황(救荒)할 일만 늦어질 뿐 아니라 굶어서 금방 죽게 된 백성을 어떻게 구제할 것입니까? 또는 곡식 종자라던가, 환상곡이라던가, 꼭 시기에 따라 바로 나눠줄 수 없다면 지을 농사도 모두 시기를 놓치게 될 것입니다. 그러니 지금 현상에 따라 의창(義倉), 환상곡(還上穀) 중에 62,400석 남짓한 것을 미리 저 굶주리는 백성에게 식량과 종자로 나누어 주어 구황(救荒)과 권농(勸農)에 대해 아무 지장이 없도록 하기 바랍니다." 하니, 임금께서 "그렇게 하라." 하였다.[81]

황희는 강원 도민들의 생계가 절박함을 말하고 긴급히 구제하지 않으면 많은 사람들이 금방 굶어죽게 될 것이라 호소하였다. 의창, 환상곡 중에 여유분을 우선 굶주리는 백성들에게 나누어 주어 구황도 하고 곡식 종자를 주어 농사도 짓게 해야 한다 하였다. 황희의 이러한 노력으로 강원도의 기근문제를 어느 정도 해결하자, 이를 기념해 강원도의 백성들은 '소공대(召公臺)'를 만들어 그의 공적을 기렸던 것이다.[82]

또한 당시 민생을 위협한 중요한 문제가 공물제도였다. 황희는 "굶주리면서 억지로 사는 백성은 제집 공물도 다 제대로 바칠 수 없는 형편인데, 또 떠나간 백성의 공물까지 겹으로 바치게 되니, 폐단이 이보다 더 심한 것이 있겠습니까?"[83]라고 분개하였다. 가난에 굶주리며 공물

---

81) 『방촌선생문집』, 원집, 하, 계, 「구황책을 개진한 계」, 87쪽.
82) 신숙주, 황희 「墓誌銘」.
83) 『방촌황희선생문집』, 원집 하, 계, 「강원도 飢民에게 減貢하도록 청한 계」, 90쪽.

에 시달리는 백성의 고통과 아픔을 지적한 말이다. 당시 조세제도는 백성들의 삶에 큰 부담이었다. 어떻게 합리적으로 세금을 부과하여 나라의 재정에 도움이 되고 백성들에게는 공평하고 부담이 되지 않도록 하는 것이 문제였다.

경외(京外)에 모든 관리가 받아들이지 못하고 그냥 손실된 잡물은 추징(推徵)하지 말도록 해야겠습니다. 또 세종 15년(계축, 1433년) 이전에 미납된 공물도 모두 면제해 주고, 그중 흉년이 심한 평안, 황해, 두 도에 있어서는 지난 해 환상곡(還上穀)을 매호(每戶)에 얼마만큼 줄여서 백성들을 돌보아 주어야겠습니다. 또 궐내(闕內)와 각 관청에서 받아들여야 할 잡물도 혹 도적이 훔쳐갔거나 또는 파괴되어 쓰지 못하게 된 물품들은 더 이상 바치지 말도록 해야겠습니다.[84]

백성들의 기초 생활을 보장해 주고 흉년이 든 평안도, 황해도에는 환상곡을 감면해 주며, 관청에서 받아야 할 잡물도 훔쳐갔거나 파괴되어 못쓰게 된 물품들은 더 이상 바치지 말도록 해야 한다 하였다. 마찬가지로 충청, 전라, 경상도, 경기좌도의 가뭄으로 인한 백성들의 고통을 말하고, 이를 위한 여러 가지 비상한 대책을 진언하여 결재를 득하였다.

"충청, 전라, 경상의 여러 도와 경기좌도의 여러 고을은 가뭄으로 인하여 백곡이 타서 추수의 희망이 이미 끊어졌으니, 민생의 문제가 크게 염려되옵니다. 금년에 납부 할 재목을 모두 탕감해 줄 것이요, 또 옛 규례에 해마다 가을철에는 충청도의 백미를 수로로 운반하여 백관들의 춘정월(春正月) 녹봉을 주었습니다. 그런데

---

84) 『방촌황희선생문집』, 원집 하, 의, 「京外의 각종 공물을 줄여 없애도록 한 議」, 148쪽.

금년에는 가을부터 백성의 식량이 절핍(絶乏)되었으니, 양곡의 상납(上納)을 중지시키고 명년 춘정월의 녹봉을 적당히 감하게 하시옵소서" 하니, 임금께서 이를 따랐다.[85]

황희는 또 "지금 하삼도(下三道)에 큰 흉년이 들어 민생의 문제가 심히 염려되옵니다. 이제 파견하는 경차관(敬差官)은 각 고을을 순행(巡行)하고 사찰(査察)하여, 만약 굶주려 부황난 백성이 있거든 그 고을 수령 3품 이상은 장계를 올려 죄에 처하고, 4품 이하는 법에 의하여 즉시 처단하게 하시옵소서"[86] 하고 건의를 하여 임금의 허락을 받았다.

1434년(세종 16) 7월 26일 기록에 의하면, "전라, 경상, 충청도 3도에 노루와 사슴이 거의 멸종되어 조포(條哺)와 편포(片哺)도 만들어 바치기가 쉽지 않다기에 하는 수 없이 모든 진속군관(鎭屬軍官)과 각 고을에 분담시켜 잡아 바치도록 했으나, 그 폐단이 백성에게까지 미치니 매우 딱합니다. 따라서 주장관(主掌官)에게 이 장녹포(漿鹿哺) 수를 훨씬 줄여서 받도록 해야겠습니다."[87] 라고 하였다. 충청, 경상, 전라 하삼도의 흉년으로 백성들이 굶주려 부황이 나면 해당 수령을 처벌해야 한다고 건의하였고, 하삼도의 노루와 사슴이 거의 멸종된 상태에서 조포와 편포를 바쳐야 하는 백성들의 불편과 고통을 해결해 주어야 한다고 주장하였다.

---

85) 『방촌황희선생문집』, 별집 1, 계, 「가뭄이 심한 각도에 부역 탕감하기를 청하는 장계」, 290쪽.
86) 『방촌황희선생문집』, 별집 1, 계, 「下三道의 飢民구제에 태만한 수령의 죄를 다스리기를 청하는 장계」, 299쪽.
87) 『세종실록』, 세종 16년, 7월 26일 조.

농업이 흥해야 나라가 산다.

15세기 조선의 현실에서 국가 재정의 대부분은 농업에 의존하였고, 백성들의 삶을 지탱하는 것도 농업이었다. 세종은 이런 점에서 농업의 진흥에 많은 관심을 가져 정책을 추진하였고, 황희는 2인자로서 그 중심에 서 있었다. 황희는 1446년(세종 28년) 2월 26일에 올린 「농사의 권장책에 대한 계」에서 다음과 같이 진언하였다.

근년 이후로는 수재(水災)와 한재(旱災)가 서로 잇따라 해마다 실농(失農)하여 각도의 백성이 주로 국고에만 의존하고 있는데도 대여한 미곡(米穀)도 또한 충실히 바치지 않습니다. 그러므로 국고가 텅 비고 추렴하여 진휼(賑恤)하더라도 오히려 넉넉하지 못한데, 금년 농사가 만약 또 부실하다면 민간의 진대(賑貸)만 모자랄 뿐만 아니라, 국가의 용도에도 또한 매우 염려되오니 관계된 바가 극히 중대합니다. 수재와 한재는 사람의 힘으로는 미칠 수 없는 것입니다. 그러나 그 제언(堤偃)의 방축(防築)과 밭갈고 김매고 씨 뿌리는 일에 있어서 건조와 습도의 적당함을 얻는 것과 이르고 늦은 시기를 잃지 않는 것은 주로 근면과 태만을 권과(勸課)하여 백성의 힘을 빼앗지 않는 데에 있을 뿐입니다. 수령으로 하여금 일찍이 내려준 농사직설(農事直說)과 농사교서(農事敎書)를 참고해서 더욱 권장하여 날마다 살피게 하소서. 또 여러 가지 대수롭지 않은 잡송(雜訟)은 정지하여 그만두게 하고, 사무가 희소한 아전(衙前), 인리(人吏), 집사인(執事人) 이외에는 모두 농사일에 나아가게 하소서. 또 농민은 부역시키지 말고 사무는 간소하게 하여 주로 농업에만 일삼게 하소서.[88]

---

88) 『방촌선생문집』, 별집, 4, 계, 「농사의 권장책에 대한 계」, 532쪽.

황희는 수재와 한재로 인해 백성들은 나라의 곳간만 바라보고 있는데, 나라의 창고도 텅 비어 제대로 진휼하기 어려운 실정이라 하였다. 가뭄과 장마는 사람의 힘으로 어찌할 수 없는 일이지만, 제방을 잘 쌓아 관리하고 밭갈고 김매고 씨 뿌리는 것은 사람이 할 수 있는 일이므로 근면과 노력으로 최선을 다해야 한다 하였다. 그리고 『농사직설(農事直說)』과 『농사교서(農事敎書)』를 참고하여 과학적인 영농에 힘써줄 것을 간곡히 당부하였다. 아울러 모든 농민이 농사에 전념할 수 있도록 여건을 조성해 주어야 한다 하였다.

그리고 농업 외에도 물소를 기르고 양을 기르는 방법을 가르쳐 주어 농촌경제의 개선을 도모하고자 했다. 이는 오로지 농사에만 의존했던 농민들에게 축산의 이로움을 알려주었다는 점에서 매우 중요한 의미가 있다. 이처럼 농업이 곧 국부의 원천이었던 시대적 상황에서 황희는 농업의 권장을 통해 민생의 안정을 도모하고자 했던 것이다.

17년에 걸쳐 백성을 위한 공법을 만들다.

황희의 재임 중 업적 가운데 중요한 것의 하나가 공법의 개정이다. 세종은 취임 초부터 우리 실정에 맞는 세법을 만들어야겠다고 생각해 적극적으로 이를 추진하였다. 황희가 세종을 도와 개정한 이 공법은 17년이라는 오랜 기간 동안 민의를 수렴하고 해당 관료들과의 토론을 거쳐 이룩한 매우 값진 산물이었다. 오늘날 우리는 세종이나 황희의 업적을 다루면서도 이 문제를 간과해 온 것이 사실이다. 일찍이 오기수 교수는 이 문제에 주목하고 전문적인 연구 성과를 발표 한 바 있는데,[89] 이를 인용 참고하여 공법 개정의 전말과 그 의의를 정리해 보고자 한다.

세종은 집권하면서 고려시대의 조세법인 답험손실법(踏驗損實法)을 중국식 공법으로 개정하고자 했다. 이것은 이론적으로는 좋은 세법이었지만, 관리들의 재량권이 너무 커서 관리의 부정이 문제였다. 이에 1428년(세종 10년) 세종은 처음으로 이 문제를 좌의정 황희와 호조판서 안순에게 상의하였다. 황희는 세종의 공법안에 반대하였고, 이후 세종은 황희는 물론 많은 관료들과 이 문제를 협의하면서 합리적인 대안을 도출하는데 정성을 다 하였다. 이를 위해 세종은 역사상 누구도 따라할 수 없는 과거시험의 출제, 여론조사 및 25년간의 연구, 15년간의 조정에서의 논의 등의 과정을 거쳐 완성하였다.[90]

심지어 세종은 문과 과거시험에 "공법을 사용하면서 이른 바 좋지 못한 점을 고치려 한다면 그 방법은 어떻게 해야 하겠는가?"라는 출제를 하여[91] 새로운 공법의 대안을 모색하기도 하였다.

그는 또 5개월 동안의 여론조사를 실시하였는데, 『세종실록지리지』에 실린 조선의 인구가 692,477명인 것을 고려하면, 인구의 4분지 1인 172,806명이 참여한 것이다. 이 때 찬성이 57.1%, 반대가 42.9%였지만 세종은 바로 시행하지 않았다. 그 이유는 황희를 비롯한 조정 대

89) 오기수, 『황희, 민본시대를 이끈 행복한 2인자』, 고반, 2017.
　　 오기수, 「조세의 중립과 공평을 추구한 황희의 위민사상 -15년간 공법을 반대한 황희-」, 『방촌 황희의 학문과 사상』, 책미래, 2017, 243~281쪽.
90) 오기수, 「조세의 중립과 공평을 추구한 황희의 위민사상」, 『방촌 황희의 학문과 사상』, 책미래, 2017, 243쪽.
91) 오기수, 「조세의 중립과 공평을 추구한 황희의 위민사상」, 『방촌 황희의 학문과 사상』, 책미래, 2017, 248쪽.

신들의 반대가 너무 컸기 때문이다. 반대하는 대신들은 무려 90.2%에 달하였다.[92]

황희는 세종이 가장 혼신을 다해 혁신하고자 한 공법을 처음부터 끝까지 반대한 사람이다. 세종이 공법을 개혁하고자 하여 첫 번째로 논의한 상대가 세종 10년에 좌의정 황희였다. 이때부터 황희는 세종의 공법에 대해 무려 15년 동안 끝까지 굽히지 않고 반대 의견을 내었다.[93] 황희가 공법을 반대한 이유는 빈익빈부익부(貧益貧富益富) 현상을 우려했기 때문이다. 그 결과 황희는 세종이 백성을 위해 더 공평하고 편리한 공법을 만들도록 하였다.

황희가 말하기를, "만일 지금 전분(田分) 6등과 연분(年分) 9등의 제도가 완성되면 조세법이 바르게 될 것입니다."[94] 라고 하였다. 이것은 중국의 제도를 모방하는 것이 아니라 우리나라 실정에 맞는 백성을 위한 조세제도의 창안이었다. 즉 이 최종 공법은 전답(田畓)을 비옥도(肥沃度)에 따라 6개의 등급으로 나누어 1결(結)의 면적을 계산하여 1차적인 공평성을 실현하고, 다시 그 해 농사의 풍흉(豊凶)에 따라 9개의 등급으로 나누어, 1결당 20말에서 4말까지 차등 있게 세액을 산정하고 징수하게 하여 2차적인 공평을 실현하도록 하였다. 백성이 소유한 각 토지의 조세 등급을 무려 54단계로 세분하여 공평과세를 실현한 것이다. 이는 세종의 훌륭한 리더십의 결과라고 할 수 있지만, 황희

---

92) 오기수, 「조세의 중립과 공평을 추구한 황희의 위민사상」, 『방촌 황희의 학문과 사상』, 책미래, 2017, 252쪽.
93) 오기수, 「조세의 중립과 공평을 추구한 황희의 위민사상」, 『방촌 황희의 학문과 사상』, 책미래, 2017, 246쪽.
94) 『세종실록』, 28년 4월 30일조.

와 같은 뛰어난 재상이 있었기에 가능한 것이었다.[95]

세종은 황희 등의 뜻을 받아들여, 경무법(頃畝法)을 결부법, 전분 5 등을 전분 6등으로 수정한 공법을 제안하여 확정하였다. 황희 등의 경무법에 대한 비판을 수용한 것이다. 이로써 전분 6등, 연분 9등의 공법이 최종 확정되었다.[96] 세종은 조세인 전세(田稅)를 징수할 때 공평하고 편리하며 관리들의 농간을 배제하는 조세법으로서 공법을 입법하고자 하였다. 그래서 세종대왕이 입법한 공법은 공평과세와 징세의 편의, 징세비의 최소화를 위한 조선 최고의 체계화된 조세법이었다.[97]

세종은 공법 도입을 직접 제안했을 뿐만 아니라 공법 도입에 대해 강력한 의지를 지니고 있었다. 그러나 세종은 황희가 공법에 대해 줄곧 반대 입장을 고수하였음에도 불구하고 공법에 대한 논의에서 황희의 의견을 끝까지 존중하였을 뿐 아니라 그에게 직접 공법의 절목들을 마련하는 책임을 맡기기까지 하였다. 황희 역시 공법에 대해 일관된 반대 의사를 표명하면서도 세종의 지시에 따라 공법 제정에 적극적으로 참여하였다. 실제로 세종 18년~19년의 공법 시행안은 세종이 황희, 안순, 신개, 하연, 심도원 등에게 명하여 마련하도록 한 것이었다.[98]

이러한 공법 제정의 과정을 검토해 볼 때, 세종과 황희가 보여준 리더십은 오늘날 현대에도 감히 따라갈 수 없는 높은 수준의 민주적 과

---

95) 오기수, 「조세의 중립과 공평을 추구한 황희의 위민사상」, 『방촌 황희의 학문과 사상』, 책미래, 2017, 277쪽.
96) 오기수, 『황희, 민본시대를 이끈 행복한 2인자』, 고반, 2017, 163쪽.
97) 오기수, 「조세의 중립과 공평을 추구한 황희의 위민사상」, 『방촌 황희의 학문과 사상』, 책미래, 2017, 243쪽.
98) 이민우, 「세종 대 공법제정에서 황희의 역할」, 『방촌 황희의 학문과 사상』, 책미래, 2017, 305쪽.

정이었다. 임금이 제시한 안을 어느 누가 반대하는가? 그것도 한 두 번이지 15년 동안 반대하며 소신을 내세운 신하를 용납하는 군주로서의 세종은 이 시대에 평가해도 훌륭한 지도자임에 틀림없다. 우리가 세종을 성군이라 하는 이유가 결코 헛된 얘기가 아님을 보여준다.

또한 황희는 신하로서 임금의 정책에 대해 일관된 소신으로 반대하며 대안을 제시하고, 그 책임을 맡아 마침내 훌륭한 세법을 만들어냈다. 오늘날 어느 누가 대통령의 정책에 반대하며 그것을 바꾸고 보완하고 고치도록 할 수 있는가? 눈치 보기에 급급하고 출세와 영달에 매달리는 현실에서 나라와 백성을 위한 일관된 소신으로 임금의 정책 마련에 17년 동안 소신으로 일관한 황희에게서 관료의 모범을 배우게 된다.

1428년(세종 10년)부터 1444년(세종 26년)까지 추진된 세종의 공법 제정 과정에서 보여준 세종과 황희의 민주적 리더십은 오늘날 현대에도 큰 교훈을 준다.

걸인, 노비, 천민, 장애인도 우리 백성이다.

황희는 빈민, 장애자, 노비, 천민, 서얼, 노인들에 대한 복지에도 깊은 관심을 갖고 이에 대한 대책을 추진하였다. 그는 비자(婢子)의 산전산후(産前産後)에는 천역(賤役)을 면제해 주어야 한다 하였고, 원평(原平), 교하(交河)지역에 의원을 파견하여 역병의 치료에 나서기도 하였다. 시력장애인인 맹인에게도 관작을 제수하는 것이 옳다고 하여 다음과 같이 진언하였다.

고려 말기에 맹인으로서 자첨부사(資瞻副使)를 삼고, 또 강안전(康安殿) 시위호군(侍衛護軍)을 삼기도 했습니다. 이런 규례는 옛날부터 있었으니, 지금도 맹인에게 관작(官爵)을 제수하는 것이 타당할 듯합니다. 그러나 아조(我朝)에는 검교(檢校)란 관직이 없고 다만 내시부(內侍府)에만 검교란 직위가 있습니다. 지금부터 이 맹인에게 내시부 검교를 제수시키고, 또 성적에 따라 사옹원(司饔院) 사직(司直)으로 승진하도록 하는 것이 어떻겠습니까? 그 계급에 있어서는 정4품으로 한정하는 것이 옳을 듯 합니다.[99]

이와 같이 맹인에게도 관작을 제수하되 내시부 검교로 제수하고, 성적에 따라 사옹원 사직으로 승진하는 길을 마련하자고 하였다. 이는 맹인과 같은 장애자에 대한 복지와 배려로서 현대적으로도 큰 의미가 있다 할 것이다.

또한 황희는 1437년(세종 19년) 올린 글에서 굶주린 삶으로 떠돌아다니며 도적이 되는 신백정들에 대한 대책을 다음과 같이 진언하였다.

삼가 원속육전(元續六典)을 상고하건대, 신백정(新白丁)을 조처하는 법이 지극히 상세하게 실려 있거늘, 각 지방의 수령들은 이를 형식적으로 여겨 막연히 살피지 않으며, 감사도 또한 이를 단속하지 않으니, 이로 인하여 혹은 사방으로 떠돌아다니며 무리지어 도적이 되어 구습(舊習)을 고치지 않는 자가 도처에 널려 있습니다. 청컨대 각도의 수령으로 하여금 그 고을의 신백정을 조사하여 각리(各里)에 분배하고 전지(田地)를 주어 생계를 안정하게 하며, 그 마을의 착실한 자를 가려 보수(保授)하게 할 것입니다.[100]

---

99) 『방촌선생문집』, 원집, 하, 의, 「맹인에게도 관작을 주는 제도를 개진한 의」, 165쪽.
100) 『방촌선생문집』, 별집, 2, 계, 「신백정의 조처하는 법을 아뢴 장계」, 329쪽.

신백정이란 일종의 천민들로써 당시 사회적으로 불우한 처지에서 떠돌아다니며 비행을 일삼게 되고 도적이 되어 사회적 문제가 되었던 것이다. 이에 대해 황희는 각도의 수령들이 그 고을의 신백정을 조사하여 각기 동네에 배분하고 땅을 주어 농사를 지어 생계를 안정시켜주고, 그 마을의 지도자를 선택해 그들을 지도하고 선처해야 한다 하였다. 이처럼 황희는 불우계층인 신백정의 생계와 그들의 생활안정을 위해 대책을 마련했던 것이다. 특히 마을의 지도자를 선택해 그들의 자활을 돕고 상담을 하는 등 한 것은 현대적으로 보아도 선구적인 복지 대안이라고 평가할 수 있을 것이다.

또한 황희는 1439년(세종 21년) 1월 2일 영의정부사로 올린 글에서는 노인복지에 대해 다음과 같이 진언하고 있다.

"90세 이상 노인으로서 자녀도 없고 친족도 없어 다른 사람의 집에 의지하여 사는 자는 춘하추동 4절후의 의복을 주는 것이 육전에 실려 있는데, 이제 다만 2필을 지급하니 옳지 않은 일이옵니다. 청컨대 춘하추동 4절후에 각기 포 1필을 주고 겨울 절후에는 1필을 더 지급하게 하시옵소서" 하였는데, 임금이 이를 따랐다.[101]

황희는 90세 이상의 독거노인에 대해 육전의 규정에 따라 봄, 여름, 가을, 겨울 4계절에 각각 1필의 포를 지급하고, 겨울철에는 추가로 한 필을 더 지급할 것을 주장하여 임금의 허락을 받았다. 이는 일종의 노인복지 차원에서 90세 이상 노인에 대한 기초적인 의복의 지급을 추진한 것이다.

---

101) 『방촌선생문집』, 별집, 2, 계, 90세 노인으로서 의탁할 데 없는 자에게 매년 포 5필식 지급할 것을 청하는 장계」, 382쪽.

의약(醫藥)의 진흥으로 백성의 병을 고치다.

황희는 백성들의 생명과 건강을 지키는 의약복지에 관해서도 깊은 관심을 갖고 이에 대한 대책을 다음과 같이 논하고 있다.

의약(醫藥)은 원래 백성의 질병을 구제하는 것이니, 그 임무가 지극히 소중하옵니다. 그러므로 나라에서 이미 의관(醫官)을 설치하고 또 자금을 세워 이자를 취하며 그 돈으로 약을 지어 팔게 하여 백성으로 하여금 질병과 요사(夭死)에서 모면하게 한 것입니다. 그런데 지금 전의(典醫), 혜민(惠民), 제생(濟生) 등 각사(各司)의 의원(醫員)들은 방서(方書)에 대하여 깊은 공부가 없고, 재예(才藝)를 시험함에 미쳐 구두(句讀)만 겨우 격식에 맞으면 차례로 승진되어 다시는 시험보는 제도가 없는 것입니다. 그러므로 의관의 벼슬을 자기 소유로 여기고 정성을 다하여 직무에 종사하려 하지 않으며, 약을 만드는 데에도 게으르니, 사람들이 증세에 따라 약을 사먹을 도리가 없는 것입니다. 또 각사에서 약을 파는 수량이 심히 적고 이익을 취하는 것도 많지 아니하여 원리금이 날로 줄어드니, 참으로 편치 못하기 이를 데 없습니다.

청컨대 예전에 정해진 격례(格例)에 의하여 매양 벼슬을 제수할 때에는 시재(試才)의 획수(畫數)와 환자를 치료한 공적과 출사(出仕)한 날짜의 다소(多少)를 모두 참작하고, 또 제조 (提調)와 관할하는 해조(該曹)로 하여금 그 우열(優劣)을 상고하여 정밀히 포폄(褒貶)을 가하게 할 것이니, 그리하여 만약 하고(下考)에 떨어진다면 비록 분수(分數)가 많더라도 세초(歲抄)의 도목정(都目政)에 서용(敍用)하지 말 것입니다.[102]

---

102) 『방촌선생문집』, 별집. 2. 계, 「전의, 혜민, 제생 등 각사의 의원의 성적을 고찰하여 포폄하기를 청하는 장계」, 325쪽.

황희는 백성들의 생명을 책임지는 의관(醫官)의 중요성을 말하고, 당시 의관인 전의(典醫), 혜민(惠民), 제생(濟生)들이 사명감 없이 무사 인일에 빠져 의관으로서의 역량이 부족하다고 진단하였다. 따라서 이들에게 승진의 기회를 제공하고 또 시험을 통해 그들의 전문적인 실력을 제고해야 한다고 보았다. 그리고 이들에게 벼슬을 내릴 때에는 시재(試才)의 획수(畫數)와 환자를 치료한 실적과 출사(出仕)한 날짜를 참작하여 우열을 가리고 포상과 징계를 해야 한다 하였다.

또한 황희는 1439년(세종 21년) 4월 29일 영의정부사로 올린 글에서는 제생원(濟生院)의 문제점과 그 대책에 관해 다음과 같이 진언하였다.

"조종조(朝宗朝)에서 제생원(濟生院)을 설치하고 노비를 예속시킨 것은 오로지 병든 자를 치료하기 위한 것입니다. 그런데 근년에는 그 본뜻을 돌보지 않고 약재(藥材)의 심고 가꾸는 것과 채취(採取)하는 것을 등한히 여겨 그 종을 관리의 수종으로 보내고, 병자의 치료에는 전혀 유의하지 아니하여 드디어 우리 조종조의 아름다운 법이 한갓 형식만 남게 되었으니 심히 유감스러운 일입니다. 원컨대 지금부터 관리의 수종들을 각처에 보내지 말고, 여러 가지 향약(鄕藥)을 모두 심고 가꾸며, 산과 들에서 자생하는 약재(藥材)를 채취하여 무릇 병자가 구할 때 널리 나누어 주게 할 것이요, 그 약재의 심고 가꾸는 것과 채취의 많고 적은 것과 병자 치료의 부지런하고 태만함을 사헌부로 하여금 춘하추동 4개월마다 고찰하게 하시옵소서." 하니, 임금께서 이를 따랐다.[103]

---

103) 『방촌선생문집』, 별집, 2, 계, 「제생원의 구료성적에 대하여 점검하기를 청하는 장계」, 403~404쪽.

여기서 황희는 백성들의 병을 치료하는 제생원이 본래의 목적과는 달리 형식화되고 있는 문제점을 고발하고 그 대책을 제시하고 있다. 즉 제생원은 병자들을 치료하기 위해서 약재를 재배하고 관리하기 위해 노비를 배속시켰는데, 이 노비들을 관리들의 시종으로 사용하여 약재의 재배와 관리에 소홀하고 병자들의 치료에도 문제가 있다는 말이다. 그러므로 본래 제생원의 취지에 맞게 노비들을 제생원에 전속시켜 향약의 재배와 관리에 힘쓰고 나아가 산과 들에 있는 약재들을 채취하여 병자들의 치료에 불편함이 없도록 해야 한다 하였다. 또한 사헌부로 하여금 이러한 제생원의 실태를 감독하고 평가하여 제생원의 정상화를 기해야 한다고 보았다.

이와 같이 황희는 의약에도 많은 관심을 갖고 이에 대한 진흥책과 제도적 보완을 통해 백성들의 건강과 생명을 지키는데 노력할 것을 진언하였다.

<민생, 복지분야 연보 자료>

- 강원도 기민(飢民) 구제 방책(1424년)
- 강원도의 환곡(還穀)을 수납하지 못한 수령의 처벌(1424년)
- 강원도 기민의 공물(貢物)을 감(減)하는 대책(1424년)
- 비자(婢子)의 산전산후(産前産後)에 천역(賤役)을 면제하는 법(1430년)
- 환곡(還穀) 수납(收納)의 대책(1430년)
- 함길도 의창(義倉)에 피곡(皮穀)을 대비하는 대책(1431년)
- 야인에게 약탈당하는 변방(邊方) 백성들의 구제 대책(1432년)
- 각 도의 기민 구제 대책(1433년)
- 하삼도(下三道)에서 공(貢)하는 노루, 사슴의 포(脯) 수량을 감하는 것(1434년)

- 서울 밖의 공물을 감면하는 것(1434년)
- 한재(旱災)를 입은 각도의 역사(役事)를 감하는 것(1436년)
- 구황(救荒)대책(1436년)
- 기민에 대한 구휼(救恤)을 태만히 하는 수령의 처벌(1436년)
- 각도 민생(民生) 진활(賑活) 대책(1437년)
- 떠돌아다니며 구걸하는 사람들의 진제(賑濟)대책(1437년)
- 기민 구휼대책(1437년)
- 진제(賑濟)를 태만히 한 수령에 대한 처벌(1437년)
- 충청도 공물의 경감(輕減)대책(1437년)
- 한성부의 기민 진휼대책(1437년)
- 강원도 각관의 진대(賑貸)하는 대책(1437년)
- 충청도 13관(關)의 조세 감면(1437년)
- 각도의 유리(流離)하는 백성들을 추쇄(推刷)하여 본향(本鄕)으로 돌려 보낼 것(1438년)
- 역리(驛吏)가 백성의 밭을 빼앗아 경작하는 폐단을 금지할 것(1438년)
- 재앙을 입은 빈민(貧民)들의 전세(田稅) 감면(1438년)
- 90세 이상의 독거노인(獨居老人)에게 베 한 필을 줄 것(1439년)
- 제생원(濟生院)의 구료(救療)하는 실적을 점검할 것(1439년)
- 원(院)과 관(館)을 수리하여 행려(行旅)들의 휴게와 숙박을 편리하게 할 계책(1442년)
- 굶주린 백성 구호대책(1444년)
- 개천을 깨끗하게 할 대책(1444년)
- 황해도의 흉년 구제 대책(1445년)
- 맹인에게 점을 치는 직업을 알선(1445년)
- 충청도의 기민 구휼(1445년)
- 강원도의 기민 구휼(1445년)

- 상평(常平)의 법을 세워 기민 구제(1445년)
- 황해도와 경성의 기민 구호(1445년)
- 빈민(貧民) 진휼(賑恤) 대책(1446년)
- 구황(救荒)하는 대책(1447년)
- 진제장(賑濟場)을 관진(關津) 양쪽 언덕에 설치하는 안(1447년)
- 의창(義倉)의 곡식을 백성에게 종자와 식량으로 줄 것(1447년)
- 곡식을 조운(漕運)하여 구황(救荒)하는 대책(1447년)
- 원평(原平), 교하(交河)에 의원(醫員)을 보내 나쁜 병을 구호 치료 (1448년)
- 금, 은을 사사로이 팔고 사는 것 금지(1434년)
- 염초(焰硝)를 무역하는 대책(1434년)
- 국용(國用)의 절감(節減)대책(1436년)
- 쌀 상인의 거짓된 행위를 엄하게 막는 대책(1437년)
- 금, 은 값을 일정하게 하는 대책(1437년)
- 각관으로 하여금 환상(還上)을 독촉하여 거둘 것(1437년)
- 육전(六典)에 따라 공사연(公私宴)에 유밀과(油密果)를 쓰는 것을 금 지할 것(1439년)
- 소나무의 벌채 금지(1439년)
- 평산(平山)의 은광(銀鑛)을 채굴할 것(1439년)
- 보선군(補船軍)에게 소금 모집하기를 청할 것(1440년)
- 충청도에 공법(貢法)을 시행할 것(1440년)
- 금을 채굴하는 대책(1440년)
- 도살의 금지(1444년)
- 평안도의 세미(稅米)를 운수하는 창고를 개정할 것(1448년)
- 옥을 몰래 채취하는 것 금지(1448년)
- 어염세(漁塩稅)로 잡곡을 바꾸어 의창(義倉)을 보충함(1448년)

- 야인에게 곡식을 팔지 말 것(1448년)
- 종상법(種桑法)의 장려(1410년)
- 물소를 기르는 법을 논의(1428년)
- 전라도, 평안도, 강원도에 곡식 종자를 도와주기를 청함(1445년)
- 권농(勸農)의 대책(1446년)
- 간사한 백성들이 곡식을 심지 않는 것을 징계함(1447년)
- 양을 기르는 법(1449년)
- 경차관(敬差官)을 보내어 농사의 풍흉(豊凶)을 답사할 것(1449년)
- 제언(堤堰)을 감독하는 대책(1449년)

2. 국방대책

한 나라의 경영에 있어서 가장 중요한 것이 국방과 경제라고 해도 지나치지 않는다. 물론 외교, 과학기술, 교육, 문화 등 어느 것도 중요하지 않은 것은 없지만, 나라와 백성의 입장에서 보면 가장 중요한 영역이 국방과 경제임은 분명해 보인다. 경제는 백성과 나라가 지탱하는 원천이고, 국방 또한 나라와 백성을 지켜주는 보호막이다. 그러므로 훌륭한 지도자는 예부터 먼저 민생의 안정에 힘을 쓰고 또한 국방에 힘을 썼던 것이다.

세종시대 또한 태평성대라고 하는 것은 적어도 이 두 가지 문제를 어느 정도 해결할 수 있었다는데 근거히는 것이다. 물론 이 때에도 북방 야인의 발호와 왜의 준동은 끊임없이 지속되어 조정의 근심이 되고 있었다. 그럼에도 불구하고 세종시대는 외치와 내치에 있어서 비교적 안정된 시대로 평가받는다.

4군 6진 개척으로 야인의 침략을 막다.

세종시대에 있어서도 안보상 위협은 북방 야인과 왜의 침략이었다. 황희의 연보를 보아도 군사 분야에서 가장 많은 분량을 차지하고 있는 것이 북방 야인에 관한 대책이었다.

황희는 북방 오랑캐 올량합(兀良哈)에 대한 방어 대책을 진언하였고, 수많은 야인방어 대책과 야인정벌 대책에 대해 관해 논의하였다. 실례로 만포를 비롯한 북방 변경지역에 성을 쌓는 대책을 비롯하여 야인에 대한 수색 대책, 그리고 파저강에 다리를 가설하고 파저강 야인의 정벌 대책에 대해서도 심각히 논의하였다.

또한 황희는 접경지역인 용성, 장항, 승가원, 요광원 등 요충지대에 성을 쌓아 적의 침입에 대비해야 한다고 하여 다음과 같이 구체적인 대안을 제시하고 있다.

황희가 계하기를, 용성(龍城), 장항(獐項), 승가원(僧袈院), 요광원(要光院) 등의 여러 고개는 적이 침입하는 통로이므로 잘 방어해야 할 요충지대입니다. 그러므로 경원진(慶源鎭)을 용성으로 옮겨 돌로 성을 쌓고, 경성(鏡城) 보도현(甫都縣) 이북을 분리하여 승가원에 소속시킨 다음 고갯길에는 토성(土城)이나 석성(石城)을 굳게 쌓되, 통할만하도록 해야 할 것입니다. 산등성이는 조금 깎아 낮추고, 또 그밖에는 깊은 웅덩이를 파서 통행할 수 없도록 해야 합니다. 또 경원으로 통하는 길도 넓혀야 하고 요광원 고개에도 성을 쌓고 해자(垓子)를 파야 하며, 또 길이 닿는 곳마다 자그마한 보루(堡壘)와 군포(軍鋪)를 만든 다음 군인을 알맞게 배치시켜 지키고 망을 보도록 하며, 오고가는 사람을 잘 살피게 해야 할 것입니다. 그리고 경원으로 연결되는 곳에는 성벽을 굳게 쌓고 무략(武略)이 있는 자를 뽑아 모든 군사를 거느리도록 한 다음 둔전(屯田)을 설치하여 농사도 지을 수 있게 해야 합니다...용성 이북과 장항 이남에도 진황지(陳荒地)가 자못 많습니다. 여기는 장항천(獐項川) 동쪽에서 대산록(大山麓)까지 500여보 쯤 되는 지대에 성을 쌓고, 냇가쪽으로 성을 쌓기 어려운 곳에는 목책(木柵)을 설치해야 합니다. 또 장항에는 성을 쌓아 관문을 만들고 조그마한 보루와 군포를 설치한 다음 척후병을 두어 적을 망보도록 해야 합니다. 또 우뚝 솟은 동쪽 봉우리 위에 연대(煙臺)를 쌓고 지키는 군사를 두어 수상한 변보(邊報)가 있을 때마다 연기를 피우고 신포(信砲)를 쏘아 빨리 알려주도록 해야 할 것입니다. 그 안의 넓고 큰 진황지에는 경원에서 새로 이

사 온 백성을 시켜 개간하도록 해야 합니다.[104]

여기서 우리는 황희의 축성(築城)에 대한 매우 전문적인 식견과 해당 지리에 대한 해박한 지식을 볼 수 있다. 또한 성 쌓기, 웅덩이 파기, 둔전(屯田)의 설치, 목책(木柵)의 설치, 관문(關門)의 설치, 보루(堡壘)와 군포(軍鋪) 설치, 연대(煙臺) 설치 등 다양한 방위 대책과 함께 군사들의 생활 안정 대책에 이르기까지 매우 상세한 대책을 설명하고 있는 것이다.

또한 황희는 1441년(세종 23년) 5월 18일 「하삼도(下三道)의 백성 1600호를 함길도(咸吉道)로 옮기게 하는 계」에서 두만강 국경지대에 군사배치로 인한 주민 이주로 인한 공백을 메우기 위해 함길도에는 경상도에서 600호, 전라도에서 550호, 충청도에서 450호를 이주시켜 살게 하는 것이 좋겠다고 하여 임금의 허락을 받기도 했다. 이는 당시 압록강, 두만강 일대 접경지역에 군사배치로 인해 생기는 주거 공백을 메우기 위한 조치로 멀리 경상도, 전라도, 충청도에서 무려 1600호의 이주를 추진했던 것이다.

해상방위로 왜구의 침략에 대비하다.

황희는 황해도 해상 방위대책에 대해서도 건의하였고, 강원도 원주, 척주(陟州)의 선군(船軍)들을 여러 부대로 나누어 수(戍)자리를 서게

---

104) 『세종실록』, 권44, 「세종 14년, 4월 12일」.

하는 방책을 제시하였다. 또 선군의 쇄신책에 대해서도 논의하였고, 경상좌도병수사(慶尙左道兵水使)의 혁파와 첨절제사(僉節制使)와 도만호(都萬戶)의 설치 대책을 세워 군사행정의 개혁을 도모하였다. 이러한 일련의 대책과 조치들은 왜적의 침략에 대비한 대책의 일환이었다.

황희는 해전의 효과적인 대책으로 광암과 풍천에 있는 병선(兵船)을 함부로 옮기지 말 것을 다음과 같이 주장하여 임금의 허락을 받았다.

좌의정 황희가 제의하기를, "광암(廣巖)과 풍천(豊川)에 있는 병선(兵船)은 이전대로 그냥 두어야 할 것입니다. 지금 광암의 병선을 얼마쯤 웅도(熊島)로 옮기고, 또 관량(館梁)의 병선도 제사포(齊沙浦)로 옮긴다 할지라도 광암과 풍천에 있는 병선은 본시 수효가 많지 않으므로 더 줄일 수는 없을 것입니다. 만약 큰 적이 들이닥칠 경우에는 장산곶 이북에 있는 각포의 병선을 한 곳으로 모으고, 장산곶 이남이 있는 각 포 병선도 역시 한 곳으로 모아 모두 요충지에서 대응하도록 한 것은 이미 전례가 있습니다. 그러므로 병선을 새로 더 만들 필요도 없고, 또 광암과 풍천에 있는 병선을 덜어서 딴 데로 옮길 필요도 없을 것입니다." 라고 하니, 임금께서 "그렇게 하라" 하였다.[105]

황희는 서해 장산곶을 중심으로 한 해전의 전략상 광암과 풍천의 병선을 함부로 옮기지 말 것을 건의하였다. 만약의 사태에 대비하여 전략적 요충지의 병선을 함부로 옮겨 전력의 공백을 만들어서는 안 된다 하였다.

특히 황희는 포병전력의 중요성을 인식해 화포시용법(火砲試用法)에 관해 진지한 논의를 하였고, 화포의 감독과 관장 문제는 물론 나아

---

105) 『세종실록』, 권44, 「세종 11년, 6월 6일」.

가 화포시위군(火砲侍衛軍)의 설치 계획에 대해 논의하였다. 이는 군사력의 측면에서 화력의 중요성을 인식하여 화포의 사용법을 배우고 익히고, 화포의 중요성과 위험성에 비추어 이에 대한 감독과 관장을 어떻게 할 것인가 그리고 화포시위군을 만들어 포병의 전투력을 제고하고자 했던 것이다.

이상 황희의 국방대책에 대한 일련의 활약을 통해서 볼 때, 우리는 최윤덕(崔閏德)과 김종서(金宗瑞)에 의해 4군 6진이 개척되고 이종무(李從茂)로 하여금 대마도를 정벌한 세종의 위대한 업적을 일컫지만, 실제로 배후에서 이를 지휘한 이는 황희였다는 점을 주목해야 할 것이다.[106]

<국방분야 연보 자료>

- 북방 오랑캐 올량합(兀良哈) 방어책(1410년)
- 각도의 병마(兵馬) 점검대책(1413년)
- 왜적을 방어 할 대책(1414년)
- 원주, 척주(陟州)의 선군(船軍)들을 여러 부대로 나누어 수(戍)자리를 서게 하는 제도(1424년)
- 경상좌도병수사(慶尙左道兵水使) 혁파, 첨절제사(僉節制使)와 도만호(都萬戶) 설치대책(1426년)
- 각 지방 성(城), 보(堡)의 수축(修築) 방책(1428년)
- 가산성(架山城)의 수어(守禦)대책(1428년)
- 황해도의 해방(海防)에 대한 대책(1429년)
- 군자고(軍資庫)의 신축(1430년)

---

106) 이성무, 『방촌 황희 평전』, 229쪽, 451쪽.

- 제도(諸道)의 열병(閱兵)하는 제도(1432년)
- 서부야인(西部野人)의 방어대책(1433년)
- 변방(邊方) 방어대책(1433년)
- 화포(火砲) 시용법(試用法)(1433년)
- 파저강(婆猪江) 야인 정벌대책(1433년)
- 파저강 다리 가설(1433년)
- 야인 정벌 대책(1433년)
- 강계 방어대책(1433년)
- 변방 방어 군사훈련(1433년)
- 경원(慶源)에서 성을 쌓는 군사들의 도망을 방지하는 대책(1433년)
- 화포의 감독과 관장(1434년)
- 만포(滿浦)에 성을 쌓는 일(1434년)
- 야인 방어 대책(1435년)
- 성을 쌓는 것을 감독하고 군기(軍器)를 점검하는 대책(1435년)
- 충청도 면천(沔川), 서천(舒川)에 성을 쌓는 계획(1438년)
- 각도의 병기(兵器)를 점검하는 계책(1438년)
- 각도 연변(沿邊)으로 하여금 미리 왜적을 막는 계책 준비(1439년)
- 각도로 하여금 군기(軍機)를 엄정히 하여 왜변(倭變)을 막는 대책 (1439년)
- 해도찰방(海道察訪)을 보내 국방을 규찰(糾察)함(1439년)
- 시위군사의 갑옷 입는 제도 개선(1440년)
- 변경에 성을 쌓는 대책(1440년)
- 화포시위군(火砲侍衛軍)을 설치하는 대책(1445년)
- 국경을 엿보는 야인 수색 대책(1446년)
- 선군(船軍)의 쇄신책(1447년)
- 평안도에 군수(軍需) 보충 대책(1447년)

- 안주(安州)의 성 수축(修築) 대책(1447년)
- 군기(軍機)의 중대한 일 외에는 군마(軍馬)를 함부로 사용해 이문(移文)하지 말도록 할 것(1448년)

3. 외교정책

대명(對明) 외교의 중심에 서다.

조선은 지리적으로 복잡한 외교문제에 봉착해 있었다. 중국에는 명나라가 사대의 외교적 예를 강요하고 있고, 북쪽에는 야인의 침략이, 동쪽에는 왜구의 출몰이 조선을 괴롭혔다. 이러한 와중에서 황희는 외교의 측면에서도 중요한 역할을 수행하였고, 많은 대책들을 임금에게 건의하고 추진하였다.

황희는 "식견이 깊고 국량이 커서 바라다보면 마치 태산과 같고 황하와 같아서 일찍이 중국사신이 공을 보고 자기도 모르게 탄복하여 극진한 예의로 대하였다"고 한다.[107] 그리하여 명나라 사신 황엄(黃儼), 창성(昌盛) 등을 영접하는 책임을 맡아 외교적 경험이 풍부하였고, 중국어에도 밝아 외교적인 대책 수립에 많은 노력을 경주하였다. 그가 임금에게 올린 정책들을 검토해 보면, 명나라 사신에게 응대하는 대책, 명나라에 파견할 사신을 간택하는 문제, 명나라에 보낼 예물의 공헌(貢獻)문제, 명나라에 가는 사신들에게 보호병을 파견하는 문제, 명나라에 대한 사례 대책, 명사(明使) 창성(昌盛)과 수응(酬應)할 대책 등이 논의되었다.

---

107) 신숙주, 황희 「신도비명」.

징벌과 포용으로 야인을 대하다.

　북쪽 야인과의 문제는 한편 군사적 사안이기도 했고 한편 외교적 사안이기도 했다. 1433년(세종 15년) 5월 11일 황희는 영의정 부사로 올린 계에서, 1410년(태종 10년) 동북면에서 사로잡은 올량합(兀良哈)을 즉시 방환하자고 건의하였고, 파저강(婆猪江)에서 잡은 포로들 가운데 늙은 사람 한 두 명을 미리 돌려보내서 조선이 그들을 정벌한 이유를 자세히 깨우쳐 알게 하고, 또한 그들이 성심으로 귀순하게 되면 그들의 처자도 돌려보내주고, 전일과 똑같이 대우하여 저들의 마음을 시험해 보는 것이 좋겠다고 건의하여 임금의 허락을 받았다.[108]

　1437년(세종 19년) 5월 16일 황희가 영의정 부사로 올린 세에서는, 여진의 대추장으로 조선을 괴롭혔던 이만주(李滿住)를 토벌할 계책에 대해서 언급하였고,[109] 1433년(세종 15년) 2월 28일 영의정으로 올린 의(議)에서는 야인 토벌에 대한 방책을 다음과 같이 개진하였다.

　저 야인들의 정상이 어떻다는 것과 또 산천의 형세가 어떻다는 것을 자세히 들었습니다. 오늘날 아무리 저들을 돌보아 편히 살도록 하더라도 나중 정토(征討)하는 날을 당해 무슨 사변이 생겼다는 소문만 들으면 산으로 올라가 도망칠 수도 얼마든지 있답니다. 지금 신의 생각에는 저들을 아무리 토벌한다 하더라도 얻는 것이 잃는 것보다 못할 것이고, 또 수고롭기만 하고 아무 공을 거두지 못하게 되면 저들에게 비웃음만 당할 듯 합니다. 오직 전하께서는 신이 전일에 여쭌 계책에 따라 도

---

108) 『방촌선생문집』, 원집, 하, 계, 「포로한 야인을 방환하도록 한 계」, 102쪽.
109) 『방촌선생문집』, 원집, 하, 계, 「이만주를 토벌할 방책을 개진한 계」, 113쪽.

절제사(都節制使)로 하여금 저들에게 사로잡힌 우리 인구(人口)와 우마(牛馬)와 가재(家財)만 빨리 돌려보내라고 꾸짖도록 해야 할 것입니다. 만약 저들이 그대로 순응하지 않는다면 당장 토벌한다고 선언하여 두렵게 여기도록 해야 할 것입니다. 그리고 저들로 하여금 변경(邊境)에서 마음놓고 농사할 수 없게 하여, 멀리 도망 치도록 해야만 우리의 명분도 바르고 대답할 말도 순조로울 것입니다. 만일 어쩔 수없는 경우에 이르게 된다면 강물이 얼게 될 겨울철을 기다려 토벌하는 것이 어 떻겠습니까?[110]

이와 같이 황희는 야인들을 무모하게 토벌하는 것은 득보다 실이 많 다고 경계하고, 도절제사로 하여금 저들에게 포획당한 사람과 소나 말, 그리고 가재도구만 빨리 돌려보내 달라고 꾸짖는 것이 좋겠다고 개진 하였다. 만약 저들이 순응하지 않는다면 당장 토벌하겠다고 경고를 하 고, 또 마음 놓고 국경지대에서 농사를 지을 수 없도록 하여 멀리 도망 치도록 하는 것이 좋겠다고 개진하였다. 만약 부득이 토벌을 해야 한다 면 강물이 얼어붙은 겨울철에 토벌하는 것이 좋겠다는 의견을 개진하 였다. 여기서 우리는 황희가 야인에 대해 당근과 채찍으로 설득력 있게 외교력을 발휘하고 있음을 잘 알 수 있다.

그밖에도 1435년(세종 17년) 5월 8일에 올린 「야인 동화응합(童和 應哈) 등을 받아들이지 말도록 한 의」[111], 또 이 해 7월 24일에 올린 「야인 만피생가(萬皮生哥) 등을 돌려보낼 때 두 번째 개진한 의」[112],

---

110) 『방촌선생문집』, 원집, 하, 의, 「야인을 토벌할 방책을 개진한 의」, 133쪽.
111) 『방촌선생문집』, 원집, 하, 의, 158쪽.
112) 『방촌선생문집』, 원집, 하, 의, 159쪽.

1436년(세종 18년) 11월 24일에 올린 「야인 이만주의 사자(使者)에 대한 접대책을 개진한 의」[113], 1438년(세종 20년) 3월 3일에 올린 「야인에게 양곡을 지급하는 방책을 아뢴 장계」[114]를 통해 황희의 외교적 노력과 역할을 짐작할 수 있다.

왜의 침략에 대비하며 포용하다

　황희는 왜에 대한 대책에서도 한편 군사적 징벌과 다른 한편 외교적 포용책으로 대응하였다. 1434년(세종 16년) 8월 5일 영의정부사로 올린 의(議)에서는, 내이포(乃而浦)에 들어와 살고 있는 왜인들에 대한 처우에 대해 논하고 있다. 이미 그들이 내이포에 산지가 오래 되었으니 각도에 나누어 살게 하는 것은 무리라 하고, 그대로 살게 하는 수밖에 없다 하였다. 그리고 김해읍에 먼저 성을 쌓은 다음 내이포에도 성을 쌓아 만약 왜변(倭變)이 생길 경우 우리 백성들을 성 안으로 이주시켜 환란을 막도록 해야 한다 하였다.[115]

　그밖에도 대장경을 일본 호자전(呼子殿)에 허급(許給)하는 문제를 논의하였고, 왜와의 무역에 대한 대책도 여러 번 논의되었다. 또 1443년(세종 25년) 10월 22일에 올린 「일본에 사신으로 보낼 때 개진한 의」[116], 1434년(세종 16년) 4월 22일에 올린 「왜인 도성(道性) 등에게

---

113) 『방촌선생문집』, 원집, 하, 의, 165쪽.
114) 『방촌선생문집』, 별집, 2, 계, 350쪽.
115) 『방촌선생문집』, 원집, 하, 의, 「내이포에 들어와 사는 왜인에 대한 처치책을 개진한 의」, 149쪽.
116) 『방촌선생문집』, 원집, 하, 의, 180쪽.

상 주기를 청하는 장계」[117], 1437년(세종 19년) 3월 1일에 올린 「굶주린 왜인의 구휼을 청하는 장계」[118], 1438년(세종 20년) 8월 5일에 올린 「왜인이 공물을 운수할 방책을 아뢴 장계」[119] 등을 통해 황희의 왜인에 대한 외교적 여러 대책과 역할을 볼 수 있다.

그밖에도 유구국(流球國, 오키나와) 사신의 하례(賀禮) 참여문제와 유구국 사람에게 아내를 맞이하도록 허락하는 문제에 대해서도 논의한 바 있다.

<외교분야 연보 자료>

- 명나라 사신에게 응대하는 대책(1429년)
- 명나라에 보낼 사신의 선택(1429년)
- 명나라에 보낼 예물 공헌(1429년)
- 명나라에 가는 사신의 보호병 파견(1429년)
- 명나라 사례 대책(1430년)
- 유구 사신의 하례 참여(1430년)
- 야인 처치 대책(1432년)
- 이만주 일당의 노략질에 대한 힐문(詰問)(1433년)
- 사로 잡아온 야인을 돌려보내는 대책(1433년)
- 노획해 온 야인의 재산과 인구를 돌려보낼 대책(1433년)
- 야인 가시파(家時波)의 응징 대책(1433년)
- 당재(唐材)의 무역에 관한 일(1433년)

---

117) 『방촌선생문집』, 별집, 1, 계, 273쪽.
118) 『방촌선생문집』, 별집, 1, 계, 314쪽.
119) 『방촌선생문집』, 별집, 2, 계, 357쪽.

- 유구국 사람에게 아내를 맞이하도록 허락하는 문제(1433년)
- 야인과 수응(酬應)하는 대책(1433년)
- 야인 왕반거(王半車) 등과 수응할 대책(1433년)
- 명나라 사신 창성(昌盛)과 수응할 대책(1433년)
- 야인 장지하(張支河)를 돌려보내는 대책(1434년)
- 획득한 야인의 우마(牛馬) 재산을 뒤돌려주는 대책(1434년)
- 굶주린 왜인의 구휼 대책(1437년)
- 야인 이만주 토벌 대책(1437년)
- 명나라에 가는 사신에게 윤봉(尹鳳)을 만나지 말라는 계책(1438년)
- 각포 만호(萬戶)로 하여금 바다 밖의 도적을 끝까지 쫓지 말 것(1438년)
- 왜인을 명나라에 압송하는 대책(1444년)
- 대장경을 일본 호자전(呼子殿)에 허급(許給)하는 문제(1445년)
- 왜인과 무역하는 대책(1447년)

4. 교육, 문화정책

음률(音律)에 정통하여 악률(樂律)의 제정에 힘쓰다.

세종시대는 교육, 문화, 과학기술의 측면에서도 황금시대를 맞이하였는데, 여기서도 조정자로서의 황희의 역할을 간과해서는 안 된다. 황희는 악률(樂律)에도 능했다. 당시 박연(朴堧)이 음률에 정통하여 의례상정소(儀禮祥定所)를 설치했는데, 임금이 영의정 황희, 우의정 맹사성, 좌찬성 허조, 총제 정초(鄭招) 등 음악에 밝은 사람들에게 명하기를, 박연과 함께 제조(提調)가 되어 악률을 제정하도록 하였다.

그의 연보에 보면, 향악(鄕樂)의 사용에 대해서도 건의하였고, 아악(雅樂)제도의 개선, 대성악(大晟樂)제도의 개선에 대해서도 논의하고 있는 것이 보인다. 또 문무(文舞)와 무무(武舞)에 관한 풍악(風樂)제도에 대해서도 논의하였고, 당하악(堂下樂)의 결점에 대해서도 검토 한 바 있으며, 역대 음악제도에 관해서도 진지하게 논의한 흔적이 보인다.

이렇게 볼 때, 황희는 행정이나 민생문제 뿐만 아니라, 문화융성에도 깊은 관심을 가져 음악제도의 발전에 많은 노력을 기울였던 것이다.

출판문화의 진흥에 힘쓰다.

황희의 연보를 보면, 그는 『고려실록(高麗實錄)』의 개수(改修)를 요청하였고, 왕실 족보인 『선원록(璿源錄)』을 편수(編修)하였으며, 조준(趙浚)의 『방언육전(方言六典)』을 선택해 쓰기도 했다. 아울러 『태종실록(太宗實錄)』을 감수(監修)하였고, 『경제속육전(經濟續六典)』을 인쇄해 배포하기도 했다. 이처럼 황희는 『실록』이나 『경제속육전』 같은 국가의 중요한 서적의 간행에 깊이 관여해 기여했던 것이다.

또한 황희는 1423년(세종 5) 예조판서로서 "『노걸대(老乞大)』, 『박통사(朴通事)』, 『전후한직해(前後漢直解)』, 『효경(孝經)』 등 서적은 판본이 없기 때문에 독자가 서사(書寫)하여 송습(誦習)하오니, 청컨대 주자소(鑄字所)로 하여금 인출(印出)하게 하시옵소서"[120] 라고 하였다.

이는 황희가 인쇄문화의 장려를 언급한 것으로 꼭 필요한 서적에 대해 주자소로 하여금 인쇄하도록 하여 백성들이 편리하게 읽도록 해야 한다는 것이었다. 책은 백성들의 지식과 교양을 넓히는 중요한 수단이라는 점에서 황희가 출판문화의 진흥을 위해 힘쓴 것 또한 애민정신의 발로였다 할 것이다.

훌륭한 인재, 아름다운 풍속은 오직 학교에서

황희는 1439년(세종 21년) 2월 2일 영의정부사로 올린 글에서 다음과 같이 교육진흥책을 말하고 있다.

어진 인재의 양성은 모두 학교에 말미암고, 학교의 진흥은 스승의 선택에 달려있는 것이니, 바른 스승을 얻으면 어려서부터 바른 길로 들어 풍속이 아름다울 것이요, 바른 스승을 얻지 못하면 어려서부터 부정을 배워 풍속이 완악(頑惡)할 것입

---

120) 『방촌선생문집』, 별집, 1, 계, 「주자로서 서적의 인출을 청하는 장계」, 234쪽.

니다. 사람의 어질고 어리석은 것과 풍속이 아름답고 완악한 것이 모두 이에 달렸으니, 그런 즉 스승의 책임이 소중하지 않다고 할 수 없는 것입니다. 근래의 유생(儒生)은 오로지 제술(製述)을 숭상하고 경학(經學)을 등한히 여겨 훈고(訓詁)에도 오히려 밝지 못하므로 스승될 만한 자를 얻기 어려운 것입니다. 사부학관(四部學官)과 외방(外方)의 교관(敎官)은 인원의 수효만 갖춘 자가 많으니, 이와 같이 하고 어진 인재를 얻어 풍속을 바로 잡으려 한다면 또한 어려운 일입니다. 청컨대 6조와 대간(臺諫)과 집현전(集賢殿)과 예문관(藝文館)과 춘추관(春秋館)과 성균관(成均館)으로 하여금 수령(守令) 및 개월(箇月)과 아문(衙門)에 구애할 것 없이 경전에 밝고 행검(行檢)이 단아(端雅)하여 사표(師表)가 될 만 한 자를 구하여 각기 이조(吏曹)에 올릴 것이요, 이조에서는 본부와 함께 인재를 선택하여 이름을 기록하고 성지(聖旨)를 받들어 학관(學官)에 임명하여 인재를 양성하며 풍속을 순후(醇厚)한데로 인도하게 할 것입니다.[121]

황희는 당시 사부학당의 교육체제에 문제점을 지적하고, 성공적인 교육을 위해서는 훌륭한 학관이 필요한데 이를 위해 조정의 모든 기관에서 경전에 밝고 행실이 단아하여 사표가 될 만한 자를 추천하여 교관으로 선발해야 한다고 건의하였다. 예나 지금이나 교육의 성패는 교사의 질에 있다고 볼 때 황희의 이러한 지적은 매우 적의한 것이라 할 수 있다.

이처럼 교육에 많은 관심을 가졌던 황희는, "현명한 인재의 배출은 모두가 학교에서 말미암는 것이고, 학교를 일으키는 데에는 스승을 선택하는 것보다 앞서는 것이 없다고 하였다. 스승이 될 만한 사람을 얻게 되면 어린이의 교양이 바루어져서 풍속이 아름다울 것이요, 스승이

---

121) 『방촌선생문집』, 별집, 2, 계, 「경전에 밝고 행검이 단아한 자를 선택하여 학교를 진흥토록 청하는 장계」, 385쪽.

될 만한 사람을 얻지 못하면 어린이의 교양이 바르지 못하여 풍속이 불미할 것이니, 인재의 현부(賢否)와 풍속의 미악(美惡)은 모두 이에서 관계되는 것이라" 하였다.[122] 즉 인재의 배출은 학교를 통해 가능한 것이고, 학교는 또 스승을 어떻게 뽑느냐에 성패가 달려 있다 하여 훌륭한 교사의 선발을 중시하였다. 나아가 사회의 풍속이 아름답고 못한 것도 학교에 달려있다고 하여 교육의 중요성을 강조하였다.

그리고 집현전을 열어 유현(儒賢)을 선발하고, 그 액원(額員)을 보충하여 경사(經史)를 강론하게 하라 하였고,[123] 1438년(세종 20년) 8월 3일 영의정부사로 올린 글에서는 한성 사부학당(四部學堂)의 교관수(教官數)가 부족하여 생도들이 학업을 폐지할 지경이니, 사부(四部)에 훈도(訓導) 각 1원을 증설하고 성균관 학관으로서 차정(差定)하게 하라고 건의하여 임금의 허락을 받았다.[124]

또한 황희는 또 함길도에 새로 설치된 회령(會寧), 종성(種城), 공성(孔城) 등 고을에 학교를 설치하지 않은 것은 참으로 옳지 않은 일이라 지적하고, 종성과 공성에는 우선 도내에 학문 있는 자를 택하여 학장을 차정(差定)할 것이요, 회령부는 큰 고을이니, 경원부의 예에 의하여 교도(教導)를 차정하는 것이 좋겠다고 건의하였다.[125] 당시 교육문화의 불모지였던 접경지역에 대해 학교를 설치하고 교사를 임용하여 정상적

---

122) 『세종실록』, 권84, 「21년 기미, 2」.
123) 『방촌선생문집』, 별집, 1, 소, 「승도를 고찰할 것과 아울러 집현전을 열 것을 청하는 소」, 208쪽.
124) 『방촌선생문집』, 별집, 2, 계, 「사부훈도의 증원을 청하는 장계」, 356쪽.
125) 『방촌선생문집』, 권4, 별집 2, 「함길도의 신설 각 군에 학교의 설치를 청하는 장계」, 328~329쪽.

인 교육의 진흥에 힘쓸 것을 건의하였던 것이다.

성균관의 육성에 힘쓰다.

황희는 성균관(成均館)의 동서재(東西齋)는 너무 협착하여 학도들이 거처를 마음대로 할 수 없어 못마땅하게 여기는 자가 많다 하고, 조금 고쳐서 넓히고 또 식당도 만들도록 하라고 건의하여 임금의 허락을 받았다.[126] 이는 황희가 성균관 시설의 확충을 건의하여 실행한 것을 말한다.

또한 1439년(세종 21년) 영의정부사로 올린 글에서는 "국학생(國學生)의 평상시에 양성하는 수효가 2백인 이었는데, 지난 정사년(丁巳年, 세종 19년)에 흉년으로 인하여 경비를 줄여 다만 1백인을 양성하여 서재(書齋)에 기숙하게 하고, 나머지는 국학(國學)에 머물러 있는 것을 허락하지 않았습니다. 그 후부터 생원진사(生員進士)의 서재를 기숙하는 자가 항상 1백인이 차지 아니하여 국학이 허술하오니, 청컨대 서재에 기숙 하는 자 50인을 더 증원하게 하시옵소서." 하니, 임금께서 이를 따랐다.[127] 여기서 황희는 흉년으로 인해 성균관의 학생 수를 줄인 것을 다시 증원하여 성균관의 진흥을 도모할 것을 건의하여 관철시켰던 것이다. 이와 같이 황희는 조선조 유교교육의 최고 요람이요 인재의 산실이었던 성균관의 육성을 위해 노력하였다.

---

126) 『방촌선생문집』, 원집, 하, 「학궁을 개수하도록 한 계」, 78~79쪽.
127) 『방촌선생문집』, 별집, 2, 계, 「국학생의 증설을 청하는 장계」, 392쪽.

외국어 교육의 발전에 힘쓰다.

황희는 외국어 교육의 중요성을 인식하고 외국어 교육의 진흥을 강조하였다. 황희는 그자신이 중국어에 능통했고, 수차례 외국 사신을 영접하는 등 여러 외교활동에 종사했던 것으로 전해진다. 그는 1438년 (세종 25년) 영의정부사로 올린 글에서 다음과 같이 외국어 교육의 진흥책을 말하고 있다.

> 오늘날의 강습관(講習官)은 일찍이 영선(榮選)을 지낸 사람들로서, 역학관(譯學官)을 보기를 외국인이나 변방사람 처럼 여겨 마음속으로 실로 비천하게 여길 것입니다. 그러니 어찌 그 스승의 가르침을 마음껏 본받아 재주를 제대로 성취하기를 바라겠습니까?....훈도관(訓導官)으로 하여금 일상적으로 쓰는 한담(閑談)까지 모두 화어(華語)로 가르치게 하소서.
>
> 여진의 문자를 배우는 생도 12인 가운데 6인을 선택하여 항상 서울에 머물게 하고, 원래 정한 체아직(遞兒職) 4원(四員) 가운데 3원(三員)을 채용하고 돌려가며 균평하게 차정(差定)하여 권장하게 할 것입니다. 또 북청(北靑) 이북의 한 곳에 여진문자(女眞文字)에 익숙한 자 1인을 교훈(敎訓)으로 정하고, 연소하며 총명한 자 10인을 선택하여 날마다 수업하게 할 것이며, 서울에 머물러 있는 자 6인 가운데 결원이 생기면 감사로 하여금 재주를 시험하여 서울로 보내어 결원을 보충하게 할 것입니다.[128]

여기서 황희는 당시 통역관을 경시하는 풍조를 비판하고, 훈도관의

---

128) 『방촌선생문집』, 권4, 별집 2, 계, 「여진문자의 학업을 권장하기를 청하는 장계」, 375~376쪽.

경우 일상적인 대화에서도 화어(華語)를 사용하도록 해야 한다 하였다. 그리고 여진어를 전공하는 역관의 양성을 위해 북청 이북지방에 한 곳을 선택하여 여진문자에 능통한 한 사람을 교사로 삼고, 총명한 어린이 10여명을 선발해 날마다 수업하게 하여 여진어에 능통한 인재를 육성해야 한다 하였다.

또한 젊은 자제들을 요동에 유학시키는 문제를 논의하였고, 승문원 (承文院)의 이문생도(吏文生徒)들을 요동에 보내 한음(漢音)을 전습 (傳習)하게 할 것을 주장하기도 하였다. 이는 학생들을 중국에 유학시켜 글로벌 인재로 육성하는 것으로 중요한 의미가 있다.

아울러 몽고학(蒙古學)과 왜학(倭學)을 하는 학생들의 시취법(試取法)에 관해서도 1441년(세종 23년) 영의정부사로 올린 글에서 "몽고학 (蒙古學)과 왜학(倭學)의 생도를 역과시취(譯科試取)할 때에는 사서 (四書)를 아울러 강하게 하여 그 학업을 전수하게 하고, 왜학(倭學)한 사람은 시험을 보일 때마다 한 사람 이상을 뽑지 말게 하소서."[129] 라고 하였다.

이와 같이 황희는 중국어, 여진어, 왜어, 몽고어를 비롯한 외국어의 중요성을 인식하고 이에 대한 전문적인 인재를 양성할 것을 강조하고, 그 진흥책에 대해서도 구체적인 방안을 제시하였다.

18세기 북학파 실학자였던 박제가(朴齊家, 1750~1805)는 외국과의 통상을 도모하고 청나라의 발전된 문물을 배우고 받아들이려면 언어 소통이 자유로워야 한다는 입장에서 사대부들에게 중국어, 일본어,

---

129) 『방촌선생문집』, 별집, 3, 계, 「몽고학과 왜학을 하는 학생들의 시취법에 대한 계」, 459쪽.

만주어, 몽고어 등을 가르쳐야 한다고 주장한 바 있다. 오늘날 21세기 글로벌시대에 외국어의 중요성은 더 말할 나위가 없다. 이러한 관점에서 보면 15세기 황희가 이미 외국어의 중요성을 인식하고 역관에 대한 대우와 역관 양성을 위한 구체적인 방안까지도 제시한 것은 매우 선구적인 것이라 아니할 수 없다.

실용학문의 육성에 힘쓰다.

황희는 유학 외 잡학에 대해 많은 관심을 갖고 이에 대한 대책을 말하고 있다. 제학(諸學)을 취재(取才)하는 경서(經書)와 제예(諸藝)의 수목(數目)에 관하어 언급하고 있는데, 예를 들면 유학(儒學)은 오경(五經)과 사서(四書)와 통감(通鑑)과 송감(宋鑑)이요, 무학(武學)은 무경칠서(武經七書)와 진도(陳圖)와 장감박의(將鑑博議)와 태일산(太一算)이며,...한이학(漢吏學), 자학(字學), 역학(譯學), 몽훈(蒙訓), 왜훈(倭訓), 음양학(陰陽學), 성명복과(星命卜課), 의학(醫學), 약학(樂學), 산학(算學)의 과목에 대해서도 각기 시험에 필요한 과목을 제시하고 있다.[130]

유교입국을 표방한 조선에서 황희가 이와 같이 성리학 외에 체육학, 문자학, 번역학, 몽고어, 왜어, 음양학, 천문학, 의학, 음악, 수학 등 다양한 시험과목을 거론하고 있는 것이다. 황희의 이러한 경향은 유교 순일주의에 기울었던 성리학자들과는 구별되는 것으로, 황희의 실용을 중

---

130) 『방촌선생문집』, 별집, 1, 계, 「제학시재의 표준서적을 진달한 장계」, 251~252쪽.

시하는 실학적인 태도가 잘 반영된 것이라고 생각된다.

<교육, 문화 분야 연보 자료>

- 향악(鄕樂)의 사용(1409년)
- 집현전을 열 것(1410년)
- 고려실록의 개수(改修) 요청(1413년)
- 학궁(學宮)의 개수(改修)(1413년)
- 주자(鑄字)로써 노걸대(老乞大) 등 서적을 인쇄할 것(1423년)
- 학문을 권장하고 인재를 취하는 방법(1429년)
- 선원록(璿源錄)의 편수(1429년)
- 방언육전(方言六典)의 택용(擇用)(1430년)
- 태종실록의 감수(監修)(1430년)
- 아악(雅樂)제도(1431년)
- 대성악(大晟樂)제도(1432년)
- 문무(文舞)와 무무(武舞)에 관한 풍악(風樂)의 제도(1432년)
- 경제속육전(經濟續六典)의 인쇄(1433년)
- 당하악(堂下樂)의 결점에 대하여(1433년)
- 역대 음악제도의 상고(1433년)
- 젊은 자제들을 요동에 보내어 입학하는 일(1433년)
- 사역원(司譯院) 학생의 학업을 배우는 제도(1433년)
- 사치풍속의 폐단 시정(1426년)
- 신석견(辛石堅), 남수문(南秀文), 김예몽(金禮蒙)의 화어(華語)학습 허락의 건(1434년)
- 함길도에 신설한 각 군에 학교 설립(1437년)
- 흥학(興學)의 계책(1437년)
- 성균관의 녹관(祿官)을 가설(加設)하여 생도를 가르칠 것(1437년)

- 지리학(地理學)을 풍수학(風水學)으로 개칭(1438년)
- 문자학(文字學)을 권장(1438년)
- 경서에 밝고 행실이 닦여진 선비를 택하여 학교를 흥기(興起)시킬 것 (1439년)
- 국학생도를 증원할 것(1439년)
- 권학취재(勸學取才)하는 계책(1439년)
- 승문원(承文院)의 이문생도(吏文生徒)를 요동에 보내 한음(漢音)을 전습(傳習)하게 할 것(1439년)
- 교도(敎導)를 시취(試取)하는 법(1440년)
- 몽(蒙), 왜학(倭學) 생도의 시취법(試取法) 개선(1440년)
- 6조 약방의원(藥房醫員)의 성적을 심사하여 포폄(褒貶)하는 대책 (1437년)
- 전의(典醫), 혜민(惠民), 제생(濟生) 등 각사(各司) 의원(醫員)들의 성적을 심사하여 포폄(褒貶)할 것(1437년)

5. 예제, 법제의 수립

의례상정소의 책임자로 예제정립에 나서다.

황희가 남원 유배에서 풀려나 세종의 부름을 받고 조정에 들어와 본
격적으로 활약한 때가 1422년이었으니 조선이 건국한지 불과 30여년
밖에 되지 않았다. 불교국가 고려가 유교국가 조선으로 바뀌어 정치체
제가 만들어지고 교육제도가 확립되고 군사, 사법행정이 자리를 잡는
데 많은 시간이 필요하였다. 더욱이 유교국가의 신민(臣民)으로 살아가
기 위해서는 새로운 질서, 규범이 만들어지고 이를 실천해 생활화하는
일이 시급한 과제였다. 특히 유교는 불교와는 달리 관혼상제(冠婚喪
祭)의 의례가 하나의 문화로 강조되었고, 이것은 제왕으로부터 신하 그
리고 만백성에게 이르기까지 모두가 준행(遵行)해야 할 의무요 사회적
규범이었다. 이러한 시대적 요청에 의해 황희의 시대는 유교적 질서를
만들고 유교적 예의를 만드는 일이 매우 중요한 과제였다.

유교는 본래 인간의 본성으로 인(仁)을 말하지만, 그 인(仁)을 실천
하는 사회적 규범으로 예(禮)를 강조하였다. 예는 유교경전의 중핵을
이루었고, 개인의 작은 규범으로부터 크게는 국가의 전례(典禮)까지
모두가 예에 속했다. 즉 법제와 예제가 하나로 이해되는 그러한 시대였
다고 볼 수 있다. 황희는 예제 정비를 위해 만들어진 의례상정소(儀禮
詳定所)의 제조(提調)로 참여하여 1427년(세종 9년)부터 1432년(세
종 14년)까지 참여하였고, 1435년(세종 17년) 다시 이 일에 참여하였
다. 그리하여 오례(五禮)의 정비는 물론 경제속육전(『經濟續六典』)을

찬진(撰進)하였다. 이와 같이 황희는 조선의 예제가 만들어지는 과정에서 중요한 역할을 했던 것이니, 이는 그의 연보에 나타나는 예에 관한 그의 건의가 무려 70여건에 해당하는 데에서도 분명해진다.[131]

왕실제사의 개혁 소선(素膳)제도를 만들다.

황희는 당시 막대한 비용으로 백성들의 부담을 가중시키는 왕실제사의 사치함을 개선해 민생을 돕고자 소선(素膳)제도를 주장해 관철시켰다. 황희가 남원에서 돌아와 영의정이 된 후 백관을 거느리고 여러 달을 대궐 뜰에 서서 극력 간청하여, 문소전(文昭殿)과 광효전(廣孝殿)은 초하루와 보름에만 육선(肉膳)으로 하고 다른 날은 소선(素膳)으로 하도록 하였으며, 왕릉은 모두 소선으로 제사를 올리게 하였다. 황희는 왕실제사에 드는 경비와 공물을 줄여 백성들의 민생을 도와야 한다고 생각하였다.[132] 오늘날 관점에서는 사소한 문제라고 보기 쉬우나 그 당시로는 왕실제사에 드는 비용과 부담이 민생에 미치는 비중이 매우 컸던 것이다. 이러한 주장의 이면에는 왕실제사보다 백성들의 삶이 더욱 중요하다는 민본의식이 내재해 있는 것이다. 그리고 제사의 허례를 알맞게 고쳐야 한다는 황희의 합리적이고 실용적인 생각도 반영된 것이라고 할 수 있다.

---

131) 한기범, 「방촌 황희의 예인식과 현대사회」, 『방촌 황희와 서원』, 책미래, 2020, 120쪽.
132) 오기수, 「경세가 방촌 황희 -백성을 위한 왕실제사의 소선-」, 『백성의 신 황희와 그 후예들』, 책미래, 2018 참조.

국가 전례(典禮)를 만들고 고치다.

황희는 『경제육전(經濟六典)』의 제정을 건의하였고, 『육전(六典)』의 등록(謄錄)을 지어 올렸다. 또 종친(宗親)과 대신의 상사(喪事)에 친임(親臨)하는 의주(儀註)를 제정하였고, 「월령도(月令圖)」의 개수(改修)와 관리 임명의 제도를 건의하였다.

또한 녹패(祿牌)제도를 개정하고 원묘(原廟)의 칭호를 개정하였으며, 신문고(申聞鼓)를 치는 규례를 만들었다. 백성들이 억울한 일이 있을 때 이를 호소하는 신문고 제도의 운영 규례를 만들어 이를 제도화한 것이다. 아울러 오늘날 우리가 역사적 인물에서 볼 수 있는 시법(諡法)과 시호(諡號)의 제정 절차를 만든 것도 황희였다. 또 효자 순손(順孫)의 포상제도에 관해 논의하였고, 효자와 열부(烈婦)의 문을 정표(旌表)하는 건에 대해서도 진언하였다. 이는 황희가 효자, 열녀 같은 조선조 사회의 윤리적 모범을 장려하는 표창제도의 정립에 일정한 역할을 했다는 것을 의미한다.

특히 황희는 건국시조인 단군(檀君)과 기자(箕子), 그리고 고려 태조 왕건의 제사를 받드는 전례에 관해 논의하였고, 기자묘(箕子墓)의 신위제호(神位題號), 기자묘 앞에 비석을 건립하지 말 것을 주장하였다. 이처럼 황희가 단군과 기자의 제사문제를 거론하고 이들의 숭모에 앞장선 것은 주목할 만한 일이다.

또 마신(馬神)의 제전(祭典)을 개정하는 일, 문소전(文昭殿)의 별제(別祭)를 거행하는 일, 전례의 의례와 적전(籍田)을 새로 일구는 의례, 그리고 광효전(廣孝殿)에 제사지내는 제도 등에 관해 깊은 관심을 갖고 논의한 것은 모두가 나라와 왕실의 전례에 대한 문제였다. 아울러 전문(箋文)을 모시고 예악(禮樂)을 마련하는 법, 종묘(宗廟)에 작헌례(酌獻禮)를 올리는 의주(儀註)를 올리고, 제사에 착용하는 공복(公服)의 제도, 종자(宗子) 및 서자(庶子)의 사당을 세우는 의례, 동궁비(東宮妃)가 사친(私親)의 상사(喪事)에 분상(奔喪)하는 전례 등을 건의하기도 하였다. 그밖에도 아악(雅樂)과 사전(祀典)의 제도, 사직신패(社稷神牌)의 제도, 원묘(原廟)에 영정 봉안 금지, 원묘에 사용할 풍악제도, 출정할 때 사직과 종묘의 각산 대천에 고하는 제도, 사직에 기고(祈告)하는 의주(儀註)를 찬진(撰進), 세자빈의 상제례(喪祭禮), 태묘(太廟)에 제향(祭享)을 올리는 의례 등 나라의 크고 작은 전례에 관해 많은 의견을 제출하였다.

또한 제사에 관한 제도의 정비에도 많은 노력을 기울였다. 제사제도의 개정에 관해 건의하였고, 산천의 여러 사전(祀典)을 개정하고, 산천제사의 단유(壇遺)와 재소(齋所)를 건축하고, 산천의 제사는 봄, 가을의 중월(仲月)에 거행할 것을 건의하였다. 또 왕세자, 유사(有司)가 주현(州縣)에서 석전(釋奠)을 드리는 의식에 관해 논하였고, 상중(喪中)기복(起復)의 불가 상소를 여러 차례 올렸으며, 능소(陵所)에서 사사로운 제사를 금지할 것, 사당을 세우는 예절, 사냥한 날짐승으로 교사(郊社)에 제사를 지낼 것, 사냥한 날짐승으로 종묘(宗廟)에 천신할 것 등을 논의하였다.

각종 의례제도와 생활예절에 힘쓰다.

황희는 각종 의례제도와 여러 가지 생활예절에 관해서도 진지한 논의를 하였다. 심상(心喪)중인 사람에게는 벼슬을 임명해서는 안 된다고 건의하였고, 사대부(士大夫)가 서로 만나는 예절, 조회에서 국궁(鞠躬)하는 예절, 사신과 외방(外方) 수령(守令)의 접견 예절, 친영(親迎)의 전례에 관해서도 논의하였다.

또 웃 사람을 능멸하는 악습의 금지법을 만들었고, 졸곡(卒哭)뒤에 상복을 정제(停除)할 것, 종친과 교관(敎官)의 행례(行禮)하는 제도에 관해서도 건의하였다. 아울러 향리(鄕吏)들이 쓰는 절입(折笠)제도, 종친으로서 태학(太學)에 들어간 자의 관복(冠服)제도, 악공(樂工)의 의복제도, 악공의 복색(服色), 부녀(婦女)의 복식(服飾)제도, 흉배(胸背)사용 금지 등 각종 복식의례에 관해서도 많은 노력을 기울였다. 수많은 황희의 건의가 거의 대부분 임금의 허락을 받아 시행되었다는 점에서 그가 조선 초기 예제, 법제의 정립과 정비에 끼친 공헌은 매우 크다고 할 것이다.

<법제, 예제관련 연보 자료>

- 경제육전(經濟六典)의 제정 건의(1412년)
- 제사의 제도 개정(1413년)
- 산천의 여러 사전(祀典) 개정(1413년)
- 산천 제사의 단유(壇遺)와 재소(齋所) 건축(1413년)
- 사대부의 상접(相接) 예절(1413년)
- 단군, 기자(箕子)와 고려 태조의 제사 받드는 전례(典禮)(1413년)
- 마신(馬神)의 제전(祭典) 개정(1413년)
- 조회에 국궁(鞠躬)하는 예절(1413년)

- 문소전(文昭殿)의 별제(別祭) 거행(1413년)
- 왕세자 및 유사가 주현에서 석전(釋奠)을 드리는 의식(1414년)
- 산천 사전(祀典)의 제도(1414년)
- 종친과 대신의 상사에 친임하는 의주(儀註) 제정(1414년)
- 사전(祀典)의 의례(1414년)
- 월령도(月令圖)의 개수(改修)(1414년)
- 사냥한 날짐승으로 교사(郊社)에 제사 지낼 것(1414년)
- 사냥한 날짐승으로 종묘(宗廟)에 천신할 것(1414년)
- 적전(籍田)을 새로 일구는 의례(1414년)
- 전문(箋文)을 모시고 예악(禮樂)을 마련하는 법(1414년)
- 복제의 양식(1415년)
- 친영(親迎)의 전례(1415년)
- 종묘에 작헌례(酌獻禮)를 드리는 의주(儀註)를 올림(1415년)
- 여러 사전(祀典)에 관한 의례를 올림(1415년)
- 산천의 제사는 다만 춘추의 중월(仲月)에 거행할 것을 청함(1415년)
- 향리(鄕吏)들이 쓰는 절입(折笠)의 제도를 상정(1415년)
- 상중 기복(起復) 불가 상소(1423년)
- 광효전(廣孝殿)에 제사지내는 제도(1423년)
- 제사에 착용하는 공복(公服)의 제도(1423년)
- 관리 임명의 제도(1426년)
- 능소(陵所)에 사사로이 제사지내는 것을 금지(1427년)
- 기자묘(箕子墓) 앞에 비를 세움이 옳지 않음을 건의(1428년)
- 동궁비(東宮妃)가 사친(私親)의 상사(喪事)에 분상(奔喪)하는 전례(1428년)
- 종자(宗子) 및 서자(庶子)의 사당을 세우는 의례(1428년)
- 육전(六典) 및 등록(謄錄)을 지어 올림(1428년)
- 웃 사람을 능멸하는 악습을 엄금하는 법(1429년)
- 아악(雅樂)과 사전(祀典)의 제도(1430년)

- 기자묘의 신위제호(神位題號)(1430년)
- 종친으로서 태학(太學)에 들어간 자의 관복(冠服)제도(1430년)
- 사당을 세우는 예절(1430년)
- 사직신패(社稷神牌)의 제도(1431년)
- 원묘(原廟)에 영정 봉안 금지(1432년)
- 사신과 외방 수령의 접견예절(1432년)
- 심상(心喪)을 지키는 자는 벼슬에 임명하지 않는 법(1432년)
- 악공(樂工)의 의복제도(1432년)
- 녹패(祿牌)제도 개정(1432년)
- 악공의 복색(服色)(1432년)
- 원묘의 칭호 개정(1432년)
- 원묘에 사용할 풍악제도(1432년)
- 종친과 교관(敎官)의 행례(行禮)하는 제도(1433년)
- 신문고를 치는 규례(1433년)
- 출정할 때 사직과 종묘와 각산대천에 고하는 제도(1433년)
- 사직에 기고(祈告)하는 의주(儀註) 찬진(撰進)(1434년)
- 세자빈의 상제례(喪祭禮)(1440년)
- 시법(諡法)(1440년)
- 시호(諡號) 제정 철차(1440년)
- 효자 순손(順孫)을 포상하는 제도(1440년)
- 부녀(婦女)의 복식제도(1440년)
- 종실(宗室) 이인(李仁)과 궁인(宮人) 장미(薔薇)의 불륜사건(1444년)
- 효자와 열부(烈婦)의 문을 정표(旌表)할 것(1444년)
- 흉배(胸背) 사용 금지(1446년)
- 졸곡(卒哭) 뒤에 상복을 정제(停除)할 것(1446년)
- 태묘(太廟)에 제향(祭享)을 올리는 의례(1429년)

6. 사법행정과 인권정책

죄인도 보호 받아야 한다.

황희는 사법행정의 개혁을 통해 죄수들의 생명과 인권을 보호하는 데 깊은 관심을 갖고 많은 노력을 경주하였다. 죄를 지은 사람은 일단 약자가 되어 그들의 생명과 신체는 보호받기 어려웠다. 더구나 15세기 조선은 혹독한 고문이 수사의 중요한 수단으로 일반화되어 죄수들의 생명과 신체의 안전은 매우 위태로웠다. 황희는 이러한 고문행위로 인한 죄수들의 인권과 생명의 안전을 지키기 위해 법과 제도의 개선을 강력히 추진하였다.

"공(황희)이 장계하되, 서울에서는 옥에 갇힌 죄수들이 사망하는 자가 적은데, 외지의 죄수들은 혹 배꼽아래가 붓거나 가슴과 배가 답답하여 옥중에서 죽는 자가 잇따르니, 이것은 수령들이 죄상을 적발하는데 급급하여, 혹은 법에 없는 형벌을 쓰거나 또는 고문을 혹독히 했기 때문에 독기(毒氣)가 장부(臟部)에 들어가 부종(浮腫)이 나서 죽은 것입니다. 옛 제도를 상고하건데, 『전한형법지(前漢刑法誌)』에는 태형(笞刑)에 해당한 자는 볼기를 치는데 치는 사람을 바꾸지 말라 하였고, 『당률소의(唐律疏議)』에는 태형에 해당한 자는 볼기를 허벅다리에 나누어 받게 하고, 장형(杖刑)에 해당한 자는 등과 허벅다리와 볼기에 나누어 받게 하며, 여러 차례 고문하는 자도 또한 같습니다. 그리고 태형 이하는 등과 허벅다리에 나누어 받기를 원하는 자는 들어준다고 하였습니다....혹은 죄수의 두 귀를 잡고 끌어당겨 상처를 입게 하며, 혹은 양쪽 구레 나루를 나무 틈에 끼어 잡아당기니 피부가 붓고 찢어지는 일도 있다 합니다. 그리고 형장(刑杖) 30도를 치고서도 오히려 부족하여 형장 끝으로 상처를 찌르는 등의 혹독하고 잔인한 자도 있다고 하니, 청컨대 이런 일을 일체 엄금하게 하옵소서" 하였다. 왕께서 이에 따랐다.[133]

이와 같이 황희는 혹독한 고문으로 죽어가는 피의자들의 억울함을 해결하기 위해 고문제도를 고치고 태형, 장형에 있어서도 때리는 부위를 조절해 신체가 상하는 것을 가능한 한 막아야 하고 혹독한 고문의 폐단을 시정해야 한다고 주장하였다. 오늘날에도 피의자의 인권문제가 제기되는 상황이지만, 15세기 조선의 현실에서 죄인들의 생명과 인권은 거의 보호받지 못했다.

황희는 또 70세 이상의 노인이나 15세 이하의 어린 사람이 가벼운 죄를 저질렀을 때는 옥에 가두지 못하도록 하였다. 또 80세가 넘은 노인과 10세 이하의 어린 사람이 비록 사형에 처할만한 죄를 저질렀다 하더라도 옥에 가두는 것을 금하도록 하였다.[134] 이는 노인이나 어린이의 경우에는 죄를 지었다 해도 특별히 옥에 가두는 것을 금지한 것이다.

사법행정의 개선으로 인권보호에 힘쓰다.

황희의 연보를 보면 사법행정 내지 교도행정의 개선을 통해 죄인들의 생명과 인권을 보호하려는 노력이 잘 나타나 있다. 옥송(獄訟)을 지체시킴으로 죄수들이 오랫동안 감옥에서 불편을 겪는 폐단을 없애기 위해 직무 태만하는 법관을 처벌해야 한다 하였고, 죄를 지은 수령을 파

---

133) 『세종실록』, 세종 21년 2월 2일 조.
134) 오병무, 「조선조의 명재상 방촌 황희의 생애와 사상」, 『방촌황희의 학문과 사상』, 책미래, 2017, 77쪽.

직시켜야 한다 하였다. 그리고 신문(訊問)하고 때려서 형벌하는 제도의 개선책을 강구하고, 속전(續典)을 고쳐 관리나 백성들의 원통한 사연을 호소할 수 있도록 해야 한다 하였다. 이러한 일련의 조치들이 모두 불쌍한 백성들의 생명과 인권을 보호하려는 애민의식의 발로였다.

또한 송사(訟事)의 판결하는 법에 대해 논의하였고, 양인(良人), 천인(賤人)의 소송을 수리(受理)하는 방책, 도관(都官)의 판결을 신중히 다룰 것, 강도에 대한 장물의 추징법, 음란한 자의 징계법 등을 논의하였다.

천인도 높은 관리가 될 수 있다.

황희는 당시 극심한 차별을 받고 인권의 사각지대에 놓여있던 천민, 노비, 서얼들에 대해 깊은 관심을 갖고 이들의 인권 보호를 위한 노력에 앞장섰다. 그의 연보에 나타난 노력을 보면 천첩(賤妾)의 소생이 천역(賤役)에서 면제하는 법에 대해 논의하였고, 심온(沈溫)의 아내 안씨(安氏)의 면천(免賤)을 건의해 허락을 받기도 했다. 억울하게 연좌(連坐)된 죄인의 석방을 건의하였고, 황해도 관노(官奴)의 번(番)에 오르는 제도의 개선을 건의하였다.

또한 홍인부(洪仁富)의 아내가 그 아들의 속량(贖良)을 청하는데 대해 논의하였고, 각도와 각 고을의 노비 혁파에 대해서도 논의하였다. 아울러 백성들의 원통한 사정을 호소하는 법을 제안하였고, 양첩(良妾)의 아들이 승중(承重)하는 일, 죄인을 추고(推考)할 때 시골의 상스런 말로 초사(招辭)를 받는 것을 금지할 것을 건의하였다. 또 공천(公賤), 사천(私賤)의 자식은 역사(役事)시키지 말 것, 감옥의 죄수를 불쌓히 여기지 않아 죽게 만든 법관의 죄를 엄하게 징계할 것, 중외의 관리가 죄수를 죽게 한데 대해 처벌할 것, 가뭄으로 인해 감옥에 갇혀있는 죄수들을 사면할 것 등을 건의하였다.

그밖에도 황희는 또 노비의 공(貢)을 거두는 일, 비첩(婢妾)의 소생을 군인에 편입시키는 법, 풍문으로 수령을 추핵(推劾)하고 관리들을 고신(考訊)하지 말 것을 건의하였다. 이와 같이 황희는 당시 인권과 복지 등 여러 분야에서 차별대우를 받던 노비, 천민, 서얼들에 대해 뜨거운 관심을 갖고 제도적 개산을 통해 이를 해결하고자 노력하였다.

그러므로 황희는 "진실로 어질고 능력이 있다면 비록 뇌물죄나 횡령죄를 범한 관리의 자손이더라도 등용해야 한다"고 말하는 등 능력 위주의 인재쓰기를 주장하였고,[135] "그 사람이 어질다면 비록 사립문과 개구멍에 사는 천인이라도 고위 관료가 될 수 있다"[136]고 하여 신분이 아니라 능력에 따른 인사의 개혁을 주장하였다.

이렇게 볼 때, 황희는 아직 근대의 여명이 밝아 오기 전 백성들의 생명과 재산 그리고 인권이 위태로 왔던 시대적 상황에서 죄인들의 생명과 인권을 보호하고, 노비, 천민, 서얼들의 인권 신장을 위해 법을 만들고 제도를 고치는 일에 전력을 다했다. 이는 그가 인간의 존귀함을 늘 인식하고 '노비도 하늘의 자식'이라는 신념을 가진데서 가능했던 것이며 투철한 애민의식의 발로였다고 할 것이다.

---

135) 『세종실록』, 14/5/14
136) 『세종실록』, 14/08/02

<사법행정, 인권 관련 연보 자료>

- 천첩(賤妾)의 소생이 천역(賤役)에서 면제하는 법(1414년)
- 옥송(獄訟)을 연체(延遞)시키는 법관의 처벌(1426년)
- 심온(沈溫)의 아내 안씨(安氏)의 면천(免賤) 건의(1426년)
- 연좌(連坐)된 억울한 죄인의 석방(1427년)
- 황해도 관노(官奴)의 번(番)에 오르는 제도 건의(1428년)
- 홍인부(洪仁富)의 아내가 그 아들의 속량(贖良)을 청함(1432년)
- 범죄(犯罪)한 수령의 파출하는 법(1432년)
- 각도와 각 고을의 노비 혁파(1432년)
- 송사(訟事)의 판결하는 법(1432년)
- 상전(賞典) 시행대책(1433년)
- 강도에 대한 장물(贓物)의 추징법(1433년)
- 백성들의 원통한 사정을 호소하는 법(1433년)
- 음란한 자의 징계법(1433년)
- 양첩(良妾)의 아들이 승중(承重)하는 일(1434년)
- 죄인을 추고(推考)할 때 향언(鄕言) 이어(俚語)로 초사(招辭)를 받는 것을 금지(1434년)
- 공사천구(公私賤口)의 자식은 역사(役使)시키지 말 것(1436년)
- 육전(六典) 봉화(烽火)의 법(1437년)
- 옥수(獄囚)를 불쌍히 여기지 않아 죽게 만든 법관의 죄를 엄하게 징계할 것(1438년)
- 양인(良人), 천인(賤人)의 소송을 수리(受理)하는 방책(1436년)
- 신장(訊杖)하는 제도의 개선책(1439년)
- 가뭄으로 인해 옥수(獄囚)를 사면할 것(1440년)
- 중외의 관리가 죄수를 죽게 한데 대한 처벌(1442년)
- 도관(都官)의 판결을 신중히 다룰 것(1443년)

- 노비에게 공(貢)을 거두는 일(1446년)
- 속전(續典)을 고쳐 이민(吏民)들의 원통한 사연을 호소할 수 있게 함
  (1447년)
- 비첩(婢妾)의 소생을 군인에 편입시키는 법(1449년)
- 풍문으로 수령을 추핵(推劾)하고 인리(人吏)를 고신(考訊)하지 말 것
  (1449년)

7. 행정개혁

정치나 행정에서 '인사는 곧 만사'라고 흔히 말한다. 그것은 정치나 행정의 궁극적인 주체는 사람이기 때문이다. 그러므로 어떤 사람을 어떤 자리에 앉히느냐 하는 것은 정치나 행정의 성패를 좌우한다. 황희는 나라와 백성을 위해 효율적인 행정이 필요하다고 보았다. 일찍이 6조의 판서를 두루 거쳐 풍부한 행정경험을 가졌던 황희였기에 국정 전반에 대한 행정개혁을 건의하고 추진하였다.

쓸데없는 관원을 없애고 줄여야 한다.

먼저 인사행정의 측면에서 용관(冗官)의 제거와 각 관서의 쓸데없는 관원을 과감히 줄일 것을 건의하였다. 용관이란 쓸데없는 관직으로 할 일없이 봉급만 축내는 것을 말한다.

황희는 말하기를, 개국할 초기에는 온갖 일이 많았어도 대신이나 중신(重臣)의 수효가 채 40명도 못되었는데, 그 후에 와서 70명에 이르게 되었다고 한다. 대개 대신이나 중신이란 자리는 맡은 직무가 큼에 따라 해야 할 책임도 무거우니 많이 둘 필요가 없고, 또 녹봉도 그 범위가 넓어짐에 따라 폐단이 적지 않다. 그러므로 태종 초기의 제도에 따라 각 사(各司)에 없어도 될 만한 관원들은 모두 없애고 한 40명만 두어도 넉넉히 일할 수 있을 것이라 하였다.[137] 이는 효율적인 행정을 통해 관리의

---

137) 『방촌선생문집』, 원집, 하, 계, 「쓸데없는 관리를 없애도록 한 계」, 84쪽.

수를 줄이고 인건비의 부담을 줄여 나라와 백성에게 이로움을 주자는 것이다. 현대적으로 보면 행정의 효율성을 높이기 위해 행정의 시스템을 고치고 적재적소에 인력을 배치하여 행정의 낭비를 막자는 것이다. 황희의 이러한 제안은 다음 글을 통해서 구체적으로 증명된다.

"그 일을 하는 자가 그 봉록(俸祿)을 먹는 것이 원리원칙이옵니다. 이제 검교(檢校)의 각품관(品官)들은 그 하는 일 없이 가만히 앉아 봉록만을 먹고 있는데, 이는 합당치 않은 일이니 청컨대 혁파(革罷)하시옵소서. 그리고 종1품 판돈령부사(判敦寧府事) 일과(一窠)와 정2품 삼군도총제(三軍都摠制) 각 일과를 가설(加設)하고 6조참의(六曹叅議) 각 일과를 혁파할 것이요, 종2품질(從二品秩)인 육조참판(六曹叅判) 각 일과를 설치하여, 그 하는 일이 없이 봉록만 소모하는 폐단을 근절 시키옵소서" 하니, 임금께서 이를 따랐다.[138]

황희는 당시 검교의 각 품관들이 하는 일 없이 봉급만 받는 불합리를 지적하고 이를 개혁해야 한다 하였다. 구체적으로 직제의 통합과 개편을 통해 인력을 줄여 낭비적인 행정을 개선해야 한다고 보았다.

중국인 기생 아들, 과학기술 영재 장영실을 쓰다.

그의 연보에 의하면 황희는 인사의 중요성을 인식하고 다양한 형태의 인사 쇄신책을 제안하였다. 예를 들면 도감(都監)과 별좌(別坐)를 서용(敍用)하는 법, 이과(吏科)의 취재(取才)하는 법, 사복시(司僕寺)

---

138) 『방촌선생문집』, 별집, 1, 계, 「용관의 제거를 청하는 장계」, 226쪽.

관원을 증원할 것, 음관(蔭官)의 벼슬에 종사하는 법, 인재를 취하는 법, 과거로 선비를 뽑는 법 등이 진언되었고, 또 제학(諸學)의 시재(試才)에 사용할 표준서적을 지정하고 정랑(正郎)과 좌랑(左郎)의 구임법(久任法)이라든가 각도 역(驛) 찰방(察訪)을 경직(京職)으로 임명하고 구임(久任)하는 법, 함길도의 무재(武才) 시취(試取)에 관한 대책 등이 논의되었다.

문종이 내린 제문에 의하면, 황희는 '아홉 번이나 시관(試官)을 맡았으나 번번이 인재를 얻었다는 칭찬을 받았다'고 평가받고 있다. 나라의 인재를 뽑는 데 황희가 아홉 번이나 이를 주관하여 성공적인 인재 발굴을 했다는 역사적인 평가라고 할 수 있다. 황희의 인사 능력을 보여 주는 실례라 하겠다.

장영실(蔣英實)은 본래 원나라 소주, 항주 사람이고 어미는 기생이었는데, 솜씨가 매우 뛰어나 태종이 보호하고 세종이 아껴 인재로 쓰고자 하니, 이조판서 허조(許稠), 병조판서 조말생(趙末生) 등이 반대를 했다. 그러자 다시 황희, 맹사성에게 의논을 하였더니 이들이 기꺼이 찬성하였다. 황희는 과학기술의 장인 장영실의 등용을 적극 주장하였다. 중국인에 기생의 아들이라는 미천한 신분에도 불구하고 장영실의 천부적인 장인(匠人)의 능력을 알고 이를 인재로 발탁해 쓰고자 한 태종이나 세종의 안목은 참으로 훌륭하다. 또 유교사회의 두터운 신분 차별의 벽을 넘어 장영실의 인재 발탁에 적극적으로 찬성한 황희 또한 훌륭하다 하겠다.

그밖에도 황희는 천문풍수학(天文風水學)의 거관(去官)하는 법, 녹사(錄事)를 자주 교체하지 말 것, 무사(武士)를 시취(試取)하는 법, 임관(任官), 체관(遞官)의 계책에 관해서도 논의하였다.

조선의 소방서 '금화도감(禁火都監)'을 창설하다.

황희는 백성들의 삶을 보다 편안하게 하고 안전하게 하는 일에도 관심이 많았다. 정치란 결국 안민(安民)이고 편민(便民)이라고 할 때 황희의 이러한 발상은 당연한 것이기도 하다. 그는 화재가 났을 때 신속히 효율적으로 진압하기 위해 정부의 소방기구 창설을 제안하여 허락을 받았다.

도성내(都城內)에 금화(禁火)를 독찰(督察)하는 법이 없으므로 여항(閭巷)의 무식한 무리들이 삼가 유의하지 못하고 간간이 화재를 일으켜 가옥을 불사르고 재산을 탕진하는 일이 있으니, 민생의 정경(情景)이 참으로 가긍(可矜)하옵니다. 이에 별달리 금화도감(禁火都監)을 설치하고 제조(提調) 7명, 사(使) 5명, 부사(副使)와 판관(判官) 각 6명을 둘 것입니다.[139]

이와 같이 황희는 화재로 인한 인명의 살상과 재산의 손실을 막기 위하여 소방 전담기구로서의 금화도감 창설을 제안하고, 이에 필요한 인력의 지원까지 허락을 받았다. 15세기에 이미 소방서의 필요성을 절감하고 이를 추진한 황희의 선견에 주목할 필요가 있다.

---

139) 『방촌선생문집』, 별집, 1, 계, 「금화도감의 창설을 청하는 장계」, 239쪽.

물시계로 백성들에게 시간을 알려주다.

황희는 1437년(세종 19년) 6월 28일에 올린 글에서 자격루를 설치하여 백성들에게 시간을 통보해 줄 것을 건의하여 임금의 허락을 받았다.

"우리나라 초두(初頭)에 종로 네거리에 종각(鐘閣)을 설치하고 의금부의 금루(禁漏, 물시계)를 맡은 자로 하여금 시각을 살펴 저녁과 새벽에 종을 울려 장안만호(長安萬戶)의 기동 (起動)과 휴식(休息)의 신호를 삼게 하였습니다. 그러나 금루(禁漏)의 고장과 맡아보는 자의 착오로 인하여 공사(公私)의 출입할 즈음에 빠르고 늦을 때가 매우 많았으니, 심히 불편을 느꼈던 것입니다. 청컨대 병조(兵曹)의 담장문과 월차소(月差所)의 행랑과 수진방(壽進坊) 동구(洞口) 병문(屛門)에 쟁과 북을 설치하여, 금루의 울리는 소리를 듣고 쟁과 북을 울리며, 의금부에 이르는 것으로서 길이 항식(恒式)을 삼게 하시옵소서." 하니, 임금께서 이를 따랐다.[140]

당시 한양에는 종로 네거리에 종각을 설치하고 의금부의 물시계를 담당하는 자가 저녁과 새벽에 종을 울려 백성들에게 시간을 알려주는 제도가 있었다. 그러나 물시계가 자주 고장이 나고 또 이를 담당하는 자의 착오로 인하여 규칙적으로 시간을 제때에 알려주지 못하는 문제점이 있었던 것이다. 이에 황희는 병조의 담장 문, 월차소의 행랑, 수진방 동구 병문에 쟁과 북을 설치하여 물시계가 울리는 소리를 듣고 쟁과 북을 울려 정기적으로 시간을 백성들에게 알려주어야 한다고 건의

---

140) 『방촌선생문집』, 별집, 1, 계, 「자격루를 각처에 설치하여 장안만호를 일깨우게 하기를 청하는 장계」, 326쪽.

하여 임금의 허락을 받았다. 오늘날은 누구나 시계를 휴대하고 있지만, 15세기 조선조 현실에서 백성들에게 시간을 정확히 알려 준다는 것은 생활 편의를 제공한다는 점에서 매우 중요한 의미를 갖는다. 기상시간, 취침시간, 관청의 근무시간, 농부들의 근로시간, 회의시간 등 일상생활에서 시간의 중요성은 더 할 나위가 없다. 백성들을 위해 정확한 시간을 규칙적으로 알려줌으로써 생활의 편리를 도모하고자 하였으니 역시 백성을 위한 정책의 하나였던 것이다.

행정개혁을 통한 민생에 힘을 쓰다.

그밖에도 황희는 행정개혁을 통해 민생의 안정을 도모하는데 많은 노력을 경주하였다. 예를 들면 도둑을 방어하는 대책이라든가 신백정(新白丁)의 통치책, 그리고 수령을 차사(差使)하지 말아서 민폐(民弊)를 구제하는 방안에 대해 많은 노력을 하였다. 또 관리에게 휴가를 주어 성묘하는 제도를 개선한다든지 삼의사(三醫司)의 관제(官制) 개혁 방안, 수령에게 휴가 주는 법, 봉수(烽燧)를 장려 시행하는 법, 거자(擧子)가 이름을 등록할 때 돈을 받는 것을 금지할 것 등 다양한 민생 대책들이 논의되고 추진되었다.

또한 조세행정 내지 재무행정에 관한 대책들을 살펴보면 공물 수송의 방책에 대해 제언한 바 있고, 창고의 쌀을 깨끗이 하여 분급(分給)하게 할 것, 과전(科田)의 조세 거두는 제도를 건의하고, 공법의 개정과 과전을 균일하게 지급하는 법 등을 논의하고 추진하였다. 이러한 모든 것들이 나라를 위하고 백성들의 편익을 위한 민본, 민편의 입장에서 추진되었던 것이다.

행정의 기강을 세워라.

끝으로 황희는 행정의 기강을 확립하기 위한 대책도 논의하였다. 즉 감사, 수령을 능욕하는 자를 엄중히 징계하는 문제, 감사로 하여금 정사에 태만한 수령을 엄중히 징계하는 문제, 의창미(義倉米)를 거둬들이지 못하는 수령을 엄중히 징계하는 문제, 산직(山直)을 증원하여 소나무 남벌을 엄금하는 문제 등을 다루었다. 이상의 행정개혁에 관한 여러 시책들도 황희의 아이디어로 제안되고 추진되었는데, 대부분이 임금의 허락을 받아 추진되었다는데 그 의미가 크다.

<행정개혁 관련 연보 자료>

- 용관(冗官)의 제거 요청(1416년)
- 도감(都監)과 별좌(別坐)의 서용(敍用)하는 법(1416년)
- 고을의 칭호 개정(1416년)
- 평양의 사관(士官) 혁파(1416년)
- 공물 수송의 방책(1423년)
- 금화도감(禁火都監)의 제도 창설(1426년)
- 역승(驛丞)에게 감목관(監牧官)을 겸임케 함(1426년)
- 이과(吏科)의 취재(取才)하는 법(1426년)
- 사복시(司僕寺) 관원의 증원(1426년)
- 음관(蔭官)의 벼슬에 종사하는 법(1426년)
- 각사(各司) 노복(奴僕)의 삭감(1426년)
- 창고의 쌀을 깨끗이 하여 분급(分給)하게 할 것(1426년)

- 과전(科田)의 조세 거두는 제도 건의 (1428년)
- 도둑을 방어하는 대책(1429년)
- 인재를 취하는 법(1429년)
- 제학(諸學)의 시재(試才)에 사용할 표준서적의 지정(1430년)
- 공법(貢法) 개정
- 과전(科田)을 균일하게 지급하는 법(1430년)
- 정랑(正郞)과 좌랑(左郞)의 구임법(久任法)(1431년)
- 의주(義州) 사관(士官)의 설치(1432년)
- 각도 역(驛) 찰방(察訪)을 경직(京職)으로 임명하고 구임(久任)하는 법(1432년)
- 함길도의 무재(武才) 시취(試取)에 관한 대책(1423년)
- 장영실(蔣英實)에게 벼슬을 주는 일(1433년)
- 영북진(寧北鎭)을 간목하(幹木河)로 옮기고 경원부(慶源府)를 소다로(蘇多老)로 옮기는 문제(1433년)
- 신백정(新白丁)의 통치책(1435년)
- 천문풍수학(天文風水學)의 거관(去官)하는 법(1436년)
- 각 서(署)의 쓸데없는 관원을 혁제(革除)할 것(1437년)
- 감사, 수령을 능욕하는 자를 엄중히 징계할 것(1439년)
- 녹사(錄事)를 자주 교체하지 말 것(1440년)
- 감사로 하여금 정사(政事)에 태만한 수령 엄중 징계(1440년)
- 하삼도(下三道)의 백성 1600호를 함길도에 옮기는 문제(1440년)
- 함길도 이민 대책(1440년)
- 무사(武士)를 시취(試取)하는 법(1440년)
- 수령을 차사(差使)하지 말아서 민폐(民弊)를 구제할 것(1440년)
- 의창미(義倉米)를 거둬들이지 못한 수령을 엄중 징계할 것(1440년)
- 산직(山直)을 증원하여 소나무 남벌을 엄금할 것(1440년)

- 임관(任官), 체관(遞官)의 계책(1440년)
- 각도의 백성 3000호를 뽑아 평안도로 이주시키는 대책(1442년)
- 과거로 선비를 뽑는 법(1444년)
- 관리에게 휴가를 주어 성묘하는 제도 개선(1445년)
- 삼의사(三醫司)의 관제(官制) 개혁(1446년)
- 수령에게 휴가 주는 법(1446년)
- 봉수(烽燧)를 장려 시행하는 법(1446년)
- 거자(擧子)가 이름을 등록할 때 돈을 받는 것을 금지할 것(1447년)
- 도적을 막는 법(1447년)
- 평안도 관로역승(館路驛丞)의 혁파(1447년)
- 자격루(自擊漏)를 각처에 설치하여 백성들에게 시간을 알려줌(1437년)

황희의 역사적 위상

파주 반구정 방촌 기념관

제4장 황희의 역사적 위상

1. 임금과 신하의 협치(協治), 그 모범이 되다.

정치는 임금 혼자서 할 수 없다. 아무리 유능한 군주라도 복잡한 국
정을 홀로 감당하기는 어려운 것이다. 역사적으로 보면 시대에 따라 군
권(君權)이 강했던 때가 있었고, 신권(臣權)이 활발하게 작동한 때도
있었다. 조선 초 이방원과 정도전의 갈등도 군권과 신권의 갈등구조에
서 나타난 정치현상이었다. 유교에서는 임금 홀로 복잡한 국정을 담당
할 수 없으므로 신하의 조력이 필요하다고 본다. 따라서 정치란 결국
인재를 어떻게 발탁해서 잘 운용하느냐에 달려 있다. 유교는 인사의 중
요성을 매우 강조한다. 그런데 인사의 원리는 '현자재위 능자재직(賢者
在位 能者在職)'[141]에 있다. 즉 어진 사람이 그 지위에 있어야 하고, 능
력 있는 사람이 그 직책을 맡아야 한다는 말이다. 전자는 도덕적 역량
을 의미하고, 후자는 실무적 능력을 일컫는 말이다. 이 두 가지 조건을
잘 헤아려 인재를 등용해야 정치의 실효를 거둘 수 있다.

그런데 임금이 신하를 잘 만나는 것도 어렵고, 또 신하가 훌륭한 임
금을 만나는 것도 결코 쉬운 일이 아니다. 또한 여기서 중요한 것은 아
무리 훌륭한 임금과 유능한 신하가 만났더라도 함께 일하는 기간이 짧
으면 정치의 실효를 기대하기 어렵다. 그래서 역사상 '그 임금에 그 신

---

141) 『孟子』, 「公孫丑上」.

하'로 만나 정치의 성공을 거둔 실례는 그리 흔치 않다. 이런 점에서 세종과 황희의 만남은 아마도 가장 대표적인 군신공치(君臣共治), 군신협치(君臣協治)의 사례에 해당한다.

조선조 역사를 보면 종종 임금과 신하의 궁합이 잘 맞는 경우가 있기는 하다. 예컨대 태조 이성계와 정도전(鄭道傳, 1337~1398), 수양대군과 한명회(韓明澮, 1415~1487), 중종과 조광조(趙光祖, 1482~1519), 정조와 홍국영(洪國榮, 1748~1781)의 경우가 그렇다. 그러나 이들 모두가 성공적인 협치의 길을 걷지 못했다. 그만큼 군신공치, 군신협치의 성공은 어려운 것이다. 그 이유는 먼저 임금과 신하의 정치관이 어느 정도 같아야 한다는 점이다. 임금과 신하의 정치철학이 너무 다르면 협치는 불가능하다. 정치의 목표가 같고 길이 같고 생각이 비슷해야 한다. 또한 임금과 신하의 상호 존경과 신뢰가 전제되어야 한다. 임금이 신하를 못 믿고 신하가 임금을 못 믿고 존경하지 못하면 협치는 어렵다. 여기서 임금도 성군(聖君)의 자질이 있어야 하고, 신하도 현상(賢相)의 자질을 갖추어야 한다. 그래야 서로 믿고 존경할 수 있다. 아울러 신하의 보임 기간이 보장되어야 정치나 행정의 실효를 기대할 수 있다. 정치나 행정이 백성에게 미쳐 나타나는 공효는 결코 단기간에 드러날 수 없기 때문이다. 어떤 경우는 지속적인 정책추진이 필요하기도 하고, 일관성 있는 정책 추진이 필요하기 때문이다. 여기서 임금의 신하에 대한 신뢰가 반드시 필요하다. 오늘날 현대 한국정치에서 보면 장관의 수명이 고작 몇 개월이나 1년 남짓한 현실에서 무슨 개혁을 하고 어떻게 행정의 실효를 기대할 수 있겠는가?

이와 같이 훌륭한 임금과 훌륭한 신하의 만남을 통해 이루어지는 군신공치, 군신협치의 길은 매우 어려운 것이고, 역사상 그 유례를 찾아 보기 어려운 것이다. 그런데 세종과 황희의 만남은 그 대표적인 사례에 속한다고 볼 수 있다.

허목(許穆, 1595~1682)은 『미수기언(眉叟記言)』에서 "황상국(黃相國, 황희)은 태종과 세종을 도와 서정(庶政)이 모두 확장되고 백성이 생업에 안락(安樂)하여 사방에 걱정이 없었다. 태평을 이룩한 어진 보필이라 하여 지금까지 황상국과 병칭하고 있는 것은 이만한 까닭에서이다."[142] 라고 적고 있다. 또 이목(李穆, 1471~1498)은 「평사소기(評事所記)」에서 "세종은 진정 동방의 순(舜)이며 탕(湯)이다. 그러나 30년 동안의 태평을 이룬 것은 어진 재상을 얻었기 때문이다. 황희와 같이 대체(大體)를 아는 이와 허조(許稠, 1369~1439)와 같이 징대(正大)한 이가 나와서 재상이 되었으니, 그 당시의 인재의 융성함을 이루다 말할 수 없다."[143]고 하였다. 이처럼 세종은 성군(聖君)으로써 동방의 순임금이나 탕임금이었고, 황희, 허조와 같은 현신(賢臣)이 있었기에 30여 년 동안 태평성대로서의 세종시대가 가능했다는 말이다.

세종은 1419년 태종으로부터 왕위를 이어받아 1450년 세상을 떠날 때까지 32년간 재임하였는데, 황희는 1422년(세종 4년) 2월 남원 귀양에서 풀려나와 10월에 경시서제조(京市署提調)에 임명되었다가 15일 후 의정부참찬에 임명되었다. 그 이후 재상으로 24년, 영의정만 18년을 재임하면서 세종이 세상을 떠나기 전 해인 1449년(세종 31년) 10월

---

142) 『방촌황희선생문집』, 부록 상, 野史節抄, 「眉叟記言」, 1450쪽.
143) 『방촌황희선생문집』, 부록 상, 野史節抄, 「評事所記」, 1448쪽.

87세로 관직에서 은퇴를 허락받았다. 다시 말하면 황희는 세종의 치세 기간 32년 중 27년을 함께 했으며, 거의 대부분을 국정의 2인자 내지 재상으로 활동했던 것이다. 그리고 결론적으로 세종의 시대를 역사상 가장 성공한 정치로 본다면 그 중심에 황희가 있다는 것은 부인할 수 없는 사실이다.[144]

이와 같은 배경에서 성군 세종과 현상 황희의 협치에 관해 고찰해 보고 그 의의에 대해서도 검토해 보고자 한다. 먼저 성군 세종에 관해 살피지 않을 수 없다. 우리나라 역사를 통틀어 가장 성공한 치세를 손꼽자면 세종시대를 일컫게 되고, 그것은 세종이라는 위대한 군주의 학문과 덕망 그리고 리더십을 말하지 않을 수 없다. 그는 유교적 학문에 풍부한 식견을 가지고 있었고, 봉건 왕조시대임에도 불구하고 백성의 인권과 행복을 소중하게 여겼던 지도자였다. 즉 유교의 정치문화로 보면 왕도정치를 구현하고자 노력한 임금이었고, 무엇보다 백성의 생명과 삶을 중시하는 민생정치를 구현하는가 하면, 다른 한편으로는 백성들의 교육과 교양에 힘썼던 지도자였다. 그러므로 외치(外治)로서 명나라와의 관계를 회복하고 여진족이나 만주족, 그리고 왜에 대해서는 군사적, 외교적 대책으로 안보에 힘썼다. 아울러 농업을 장려하고 과학기술의 개발을 장려하여 실용적인 정책을 추진하였다.

또한 백성들이 우리 글자가 없어 겪는 고통과 불편을 아파하여 훈민정음(訓民正音)을 창제하였다. 수천 년 한자문화에 길들여지고 중국

144) 이민정, 「조선 세종대 정치문화와 재상 황희의 역할」, 『방촌 황희의 학문과 사상』, 책미래, 2017, 187쪽.

의 눈치를 봐야했던 당시의 현실에서 세종이 훈민정음을 만들어 반포하고 우리 고유의 문자 체계를 정립한 것은 우리 민족사에 가장 빛나는 업적이요 공헌이라 해도 지나치지 않는다. 세종은 백성들과 소통하고 신하들과 격의없이 소통하였으며, 인재등용에도 신분과 지역, 파벌을 초월하여 등용함으로써 황희, 맹사성, 허조, 박연, 정초, 장영실, 최윤덕, 김종서, 신숙주, 정인지 같은 인재들이 국가발전에 크게 기여하였다. 더욱이 집현전은 나라의 동량을 기르는 인물의 저수지 역할을 하였으며, 세종의 민주적 리더십은 소외된 반대파의 존재를 무색케 만들었다. 세종이 얼마나 민주적인 리더십을 발휘했는가 하는 것은 오기수 교수의 연구에서 보듯이,[145] 공법 제정 과정에서 황희의 반대에 부딪치자 황희와 협력하여 조정의 공론을 모으고 심지어는 여론조사까지 하여 17년 만에 공법을 제정하였다. 임금이 하는 일에 반대하는 신하를 용납하는 세종, 황희를 내좇는 것이 아니라 도리어 공법제정의 책임자로 만들어 추진하는 세종에게서 우리는 위대한 세종의 인품과 리더십을 보게 된다. 오늘날 21세기 민주정치가 개화된 이 시대에도 대통령의 정책을 반대한다면 과연 용납되겠는가? 세종은 자신의 정책을 반대하는 황희를 용납하면서 17년간 그를 설득하고 그를 이용해 새로운 공법을 만들었던 것이다. 오늘날 수시로 만들어지는 부동산법, 조변석개로 바뀌는 각종 법안들을 보면서 세종의 입법사례가 주는 교훈은 매우 크다. 그리고 세종은 비록 봉건 왕조시대로서 자신의 권력을 맘껏 휘두

---

145) 오기수, 「조세의 중립과 공평을 추구한 황희의 위민사상」, 『방촌 황희의 학문과 사상』, 책미래, 2017, 243쪽.

를 수 있었지만 그 스스로 권력을 결코 남용하지 않았다. 아무리 좋은 법과 제도가 만들어져도 그것을 운용하는 임금이 악한 의지를 가지고 사용하면 그 법은 악법이 되고 백성에게 큰 폐가 되어 돌아온다. 반대로 부족한 법과 제도라도 그것을 사용하는 임금이 악용하지 않으면 그 법도 백성을 위해 도움이 된다. 여기서 지도자의 인품과 교양, 그리고 지도자의 자질과 리더십이 매우 중요하다. 세종은 이런 점에서 역사상 모범적인 군주, 훌륭한 임금으로 일컬어지진다. 황희가 아무리 훌륭한 신하라도 세종 같은 임금을 만나지 못했다면 세종시대는 불가능하다. 그리고 세종 같은 임금을 만나지 못했더라면 황희의 역사적인 업적과 평가는 달라질 것이다.

그러면 세종이 황희를 얼마나 믿고 사랑하고 존경했는지 살펴보기로 하자. 세종의 황희에 대한 존경과 신뢰는 어디에서 비롯된 것일까?

첫째는 풍부한 행정경험에 대한 믿음이었다. 태종에게 양녕대군의 폐 세자를 반대하다가 결국 남원으로 유배되었던 황희였고, 이것은 곧 충녕대군(세종)을 반대한 것이 되고 말았다. 세종의 입장에서는 자신을 반대한 이가 황희였음에도 불구하고 그를 평생 신뢰하고 중용하였으니 기이한 일이 아닐 수 없다. 세종은 처음 아버지 태종의 추천으로 귀양 가 있었던 황희를 불러 관직에 임명했지만 아직 그의 능력을 관찰하는 정도였다. 그러나 당시 강원도에 극심한 기근이 들어 민생이 위기에 처하자 구원투수로 황희를 강원도관찰사에 임명하였다. 그 결과 황희는 정성을 다하고 지혜를 다해 이 위기를 극복하는 성과를 올리자 이때부터 세종의 신임은 매우 두터워졌다. 이후 조정의 중책을 맡기며 재상으로서 중용되는데 그것은 황희의 풍부한 행정경험에 대한 신뢰였다. 황희는 이미 아버지 태종에 의해 길들여진 유능한 관료였다. 이조, 호조, 병조, 예조, 공조, 형조판서를 두루 다 거쳤고, 지신사(知申事)에 평양부윤까지 행정경험을 닦은 노련한 행정가였다. 세종이 24년간 재상으로 그를 쓰고 또 18년 동안 영의정으로 그를 보임한 것은 황희의 탁월한 행정경험을 높이 평가했기 때문이다.

둘째로 황희의 조정자 내지 해결사로서의 역할을 매우 높이 평가하였다. 태종대에 왕권의 강화를 목적으로 실시된 6조직계제(6曹直階制)는 세종대에도 기본적으로 이어졌으나, 의정부의 서무를 나누어 6조에 분속시키고, 중요한 국정 사안은 의정부와 6조, 대간, 승정원 등 주요 관서가 같이 의논하는 방식은 국정운영의 전문성과 안정성을 지향하였다. 6조직계제로부터 세종대의 의정부서사제(議政府署事制)로의 변화는 정치 주체들 간의 권력관계를 변화시키기 위한 일련의 조처로 이해되기 보다는 태종대의 '국왕-의정부-6조-각사'의 행정운영 기본체제가 수정을 통해 보완된 것으로 이해하는 것이 타당할 것이다. 의정부서사제로 인하여 의정부 재상의 '총괄하고' 국왕과 '상의하는' 업무 성격이 강조됨으로써 영의정 이하 재상들의 역할이 강조되었다.[146]

이러한 배경에서 세종대 황희의 역할은 매우 중요하였고, 그의 너그러운 인품과 오랜 행정 경험은 복잡한 정무적 갈등을 해결하는데 적격이었기 때문이다. 재상으로 24년, 영의정으로 18년 동안 내치, 외치를 막론하고 그와 무관한 것은 없었다고 보아도 지나치지 않는다. 세종이

146) 이민정, 「조선 세종대 정치문화와 재상 황희의 역할」, 『방촌 황희의 학문과 사상』, 책미래, 2016, 179~183쪽.

즉위했던 해가 1419년이므로 조선이 건국한지 불과 27년밖에 되지 않았으니, 황희가 1422년부터 세종의 정부에서 일하게 된 이 때야 말로 조선 건국의 초기라고 할 수 있다. 정치, 경제, 행정, 군사, 교육, 외교, 문화, 예제 등 유교국가로서의 조선의 법제와 예제가 새롭게 만들어져 정비되는 시기였다. 따라서 6조나 의정부의 행정 수요는 매우 막중했다 할 것이다. 그리고 수많은 법제와 예제를 만들어 제도화하는 과정에서 관료간의 갈등과 또 국왕과의 견해 차를 좁혀 법제화 하는 작업은 매우 중요한 과제였다. 황희는 타고난 너그러운 인품으로 모든 관료들의 의견을 경청하고 존중하면서, 또 오랜 행정경험과 총명한 판단으로 매사 총괄, 종합, 조정의 역할을 탁월하게 수행하였다. 이는 실록에 근거하여 만들어진 황희의 문집 속에 연보를 보면 잘 알 수 있다. 즉 그의 연보에 의하면, 세종과 해당 관료들이 모여 앉아 수많은 국정의 과제들을 의논하다가 결국 세종은 '황희의 뜻대로 하라', 또는 '임금이 이에 따랐다'고 기술하고 있는 것이 거의 대부분이다. 이는 황희가 재상으로서, 영의정으로서 국정의 현안들을 의논하여 결정하는 과정에서 민주적 리더십을 보여주었다는 예증이며, 또한 세종은 이러한 황희의 정승 리더십에 대해 공감하고 오랜 기간 동안 그에게 중책을 맡겼던 것이다. 만약 황희가 매사 다른 관료들과 충돌하고 다투었다면 이러한 조정자의 역할을 하기 어려운 것이고, 또 그가 국정의 여러 현안들에 대해 전문적인 지식과 경험이 부족했다면 관료들을 설득하고 이해시키기도 어려웠을 것이다.

셋째로 황희는 국정의 대체(大體)를 보는 안목이 탁월하였다. 정치하는 사람이나 행정하는 사람은 거시적 안목과 미시적 안목을 아울러 가져야 한다. 지위가 높고 책임이 중할수록 전체를 볼 줄 알아야 한다. 미세한 분야는 아랫사람들의 몫이다. 황희는 6조 판서를 두루 경험하여 국정전반에 관해 전문적인 식견도 가지고 있었지만, 무엇보다 국정의 큰 목표, 큰 줄거리를 헤아리는 탁월한 안목을 지녔다. 신숙주(申叔舟, 1417~1475)가 쓴 황희의 「묘지명(墓誌銘)」에서는 '일을 사리에 따라 처리하되 그 규모가 원대(遠大)하여 그물의 벼릿줄만 들면 그물이 저절로 펼쳐지듯 모든 일이 다스려졌다'고 평가한다.

또 세종이 안숭선(安崇善, 1392~1452)과 나눈 대화에서는, 안숭선이 '나라의 일을 의논하는데 있어서 황희처럼 생각이 깊고 먼 앞날을 내다보는 통찰력을 갖춘 사람은 없습니다' 하니, 세종은 '과연 그대의 말이 옳다. 지금 대신 중에 황희 같은 사람은 많지 않다'고 대답하였다.

또한 『문종실록』에 실린 황희의 「졸기(卒記)」에서는 '일을 의논할 때는 정대(正大)해 대체(大體)를 보존하는 데 힘쓰고, 번거롭게 변경하는 것을 좋아하지 않았다'고 적고 있으며, 문종이 내린 「사제교서(賜祭敎書)」에서는 '삼대(三臺)의 지위에 이르러 엄연히 백관(百官)의 사표가 되어 큰일과 큰 의논을 결단하는 데는 진실로 길흉(吉凶)을 점치는 시초와 거북이와 같았고, 좋은 정책과 좋은 의견을 고하는 데는 언제나 병을 고치는 약석(藥石)보다 나았도다' 라고 평하고 있다.

이렇게 볼 때, 황희는 정치의 본질과 행정의 본의가 무엇인가를 잘 이해하고 있었으며, 정책마다 그것의 본말을 정확히 파악하여 국정의 큰 줄기와 맥락을 분명하게 통찰하는 능력이 있었던 것이다. 이것이 큰 지도자의 역할이며 재상의 리더십이라고 할 수 있으니, 이 점에서 황희는 세종의 기대에 부응하여 절대적인 신임을 받았다고 할 수 있다.

    넷째로 사심(私心)없이 오로지 나라와 백성만을 위한 처세로 장기
간의 근무가 가능했다. 황희가 세종시대 24년의 재상을 역임하고 18
년간 영의정을 역임했다는 것은 그 자체만으로도 기록에 가까운 일이
다. 여기서 우리는 왜 이런 일이 가능했을까 생각해 보아야 한다. 그 당
시 인물이 없는 것도 아닌데 세종은 왜 황희를 자신의 치세 전 기간에
걸쳐 중용하였으며, 아니 죽기 얼마 전 까지 그를 곁에 두고 싶어 했는
가? 생각해 보면 이 과정에서 황희에 대한 비난, 중상모략, 시기, 질투가
왜 없었겠는가? 또 실제로 황희의 인간적인 실수도 몇 번 있었다. 특히
황희 자신의 문제보다도 자식, 사위 등 가족들의 문제로 시비가 되기도
했다. 황희는 이 과정에서 다음과 같이 17번이나 사직 상소를 올렸지
만, 한 번도 수용되지 않았다.

- <起復就職을 사양한 글>,1427년(세종 9년), 5월 28일
- <起復就職을 사양한 箋>, 1427년(세종 9년), 10월 8일
- <두 번째 起復就職을 사양한 箋>, 1427년(세종 9년), 10월 8일
- <起復就職을 사양한 箋>, 1427년(세종 9년), 11월 12일
- <좌의정을 사양한 疏>, 1427년(세종 9년), 6월 17일
- <좌의정을 사양한 疏>, 1428년(세종 10년), 6월 25일
- <영의정을 사양한 글>, 1431년(세종 13년), 9월 10일
- <영의정을 사양한 疏>, 1432년(세종 14년), 4월 20일
- <영의정을 사양한 疏>, 1432년(세종 14년), 12월 7일
- <영의정부사를 사양한 箋>, 1435년(세종 17년), 3월 19일
- <영의정을 사양한 疏>, 1436년(세종 18년), 6월 3일
- <영의정부사를 사양한 疏>, 1438년(세종 20년), 2월 15일

- <영의정부사를 사양한 箋>, 1438년(세종 20년), 4월 14일
- <영의정부사를 사양한 疏>, 1438년(세종 20년), 11월 19일
- <영의정을 사양한 글>, 1443년(세종 25년), 11월 4일
- <영의정을 사양한 글>, 1440년(세종 22년), 12월 21일
- <旱災로 인해 영의정을 사양한 글>, 1449년(세종 31년), 5월 27일

이와 같이 황희는 세종에게 꼭 필요한 사람이었고, 세종의 그에 대한 신뢰는 거의 절대적이었다. 그것은 그의 덕망과 능력에 대한 존경도 있었지만 사심 없이 오로지 나라와 백성만을 바라다보고 묵묵히 일하는데 있었다. 황희는 비교적 권력욕이 별로 없었던 것으로 전해진다. 그가 만약 세종의 총애를 믿고 자기 세력을 형성하고 군림하려 했다면 세종의 그 두터운 신임을 받을 수 없었을 것이다. 적어도 세종에게는 오로지 나라와 백성만을 생각하고 성실히 일하는 모범적인 재상으로 인식되었다. 우리는 역사에서 권력의 맛에 중독되어 권력을 남용하다 비참한 최후를 맞는 경우를 많이 보아왔다. 황희는 그 오랜 기간 2인자의 위치에 있었으면서도 파당을 만들고 권세를 전횡하는 우를 범하지 않았다. 이와 같이 사심 없이 공직에 봉사하는 데에서 세종의 신임이 지극하였고, 그 결과 군신공치의 성공을 통해 위대한 세종시대를 창조하였다고 볼 수 있다.

그러면 세종이 황희를 얼마나 믿고 존경하였는지 검토해 보기로 하자. 세종은 1431년(세종 13년) 69세의 황희를 영의정으로 임명하였다.[147] 그 이후 황희는 나이가 많다는 것을 이유로 여러 차례 사직을 원

---

147) 『세종실록』, 권53, 세종 13년 9월 갑자조.

하였지만, 세종은 이를 허락하지 않았다. 황희가 83세가 되던 1445년 (세종 27년) 6월에는 매일 출근하지 않고서도 일을 처리하도록 허용할 정도였다.[148] 오늘날 재택근무의 특혜를 받은 셈이다. 그리고 그가 물러나도 좋다는 허락을 받은 것은 세종이 승하하기 불과 몇 달 전인 1449년(세종 31년) 10월이었으며,[149] 이때 황희의 나이는 87세였다. 이렇게 볼 때, 황희는 세종의 전 치세기간을 왕과 더불어 나라를 이끌어 갔던 것이다. 조선시대에 황희처럼 오랜 기간 동안 국가의 최고 지위라 할 수 있는 의정부의 대신 직을 역임한 사람은 거의 없었다.[150]

왕의 신임이 두텁고 그의 지위가 너무나 높았기 때문에 황희에 대하여 질시하는 사람이 없을 수 없었다. 그러므로 황희는 대간(臺諫)에 의해 여러 차례 탄핵을 당하기도 하였다. 그러나 세종은 그때마다 "태종도 황희의 재능을 지극히 아꼈는데, 내가 어찌 연소한 대간의 말에 따라 그를 등용치 않을 수가 있겠느냐"고 하며, 그러한 비난을 모두 일축하였다. 그만큼 세종은 황희를 믿고 의지하였다. 세종이 대간들의 탄핵이나 주위의 비난에도 불구하고 황희를 내치지 않고 계속 오랫동안 자신의 곁에 둔 것은 태종이나 세종의 인사원칙이 있었기 때문이다. 그것은 작은 실수나 흠결보다 훌륭한 자질과 큰 능력을 더 중요하게 여겼기 때문이다. 황희도 인간인지라 인격적 흠결이 없지 않았고, 집무 중 실수와 잘못도 없지 않았다. 그러나 세종은 작은 흠결 때문에 큰 일꾼을 버릴 수 없었던 것이다. 사실 이런 문제는 오늘날 우리 정치현장에서

---

148) 『세종실록』, 권108, 세종 27년 6월 경신조.
149) 『세종실록』, 권126, 세종 31년 10월 임자조.
150) 정두희, 「조선 초기 황희의 정치적 역할」, 『방촌 황희의 학문과 사상』, 책미래, 2017, 29쪽.

도 참고할 만한 교훈이다. 대통령이나 장관의 경우 도덕적 자질과 실무적 능력 사이에서 고민하게 된다. 오늘날 우리는 실무적인 능력에서 탁월한 사람도 작은 흠결로 상처를 주고 소외시키는 일이 허다하다. 이는 인재의 낭비로서 잘못된 일이다. 사람이 어찌 완벽할 수 있는가? 세종은 황희의 작은 허물을 덮어주고 나라와 백성을 위해 마음껏 일 할 수 있도록 보장해 주었다.

1432년 4월 20일 황희가 영의정을 사직하고자 하자 세종은 이를 허락하지 않고 다음과 같이 비답하였다. 위에서 여러 번 중복되었지만 다시 소개하기로 한다.

생각하건대 경은 덕과 그릇은 크고 두터우며, 지식과 국량(局量)은 침착히고 깊어 큰일을 잘 결단하며 헌장(憲章)을 밝게 익혔도다. 마침 국운(國運)이 창성한 시기에 재회하였으며, 밝으신 우리 선고(先考, 태종)에게 신임을 받아 일찍 후설(喉舌, 承旨)의 직에 복무하였고, 곧이어 가장 신임하는 중신(重臣)의 위치에 두어졌도다. 아름다운 문채는 국가의 빛이 되었으며, 삼가 삼사(三事)를 밝히니 진실로 나라를 다스릴만한 그릇으로써 모든 관원을 마땅하게 바로 잡았다.

내가 보잘 것 없는 몸으로 왕업(王業)을 이어 받들게 되매, 깊은 못가에 선 것 같고 얕은 얼음을 밟는 것처럼 두려워하며 밤낮으로 오직 삼가니, 마땅히 오로지 대신들에게 맡겨서 전대(前代)의 끼치신 공업(功業)을 두텁게 하기를 바랄 뿐이다. 돌아보건대 그렇게 많던 대신들이 점점 새벽하늘의 별처럼 드물어지고, 오직 한 사람의 늙은 재상이 의젓이 높은 산처럼 우뚝 솟아 서서 시정을 모아 잡을 만큼 우러러 볼만한 사람이 공을 버리고 그 누구이겠는가? 이에 삼공(三公)의 우두머리에 위치하여 신하와 백성들의 사표(師表)가 되게 하였도다. 아름다운 계책으로 임금에게 헌책(獻策)하여 바야흐로 보살피고 의지하는 정이 깊더니, 몸을 보전하라는데 명철(明哲)하여 갑자기 물러가 한가롭게 지내기를 청하는가?

더군다나 경은 나이가 아직 80, 90에 이르지는 않았으며, 병도 치료할 수 없을 만큼 고결 (固結)함에 이르지는 않았으니, 기운과 힘이 오히려 굳세어서 서정을 균평하게 하는 임무를 담당할 수 있겠노라.[151]

세종은 황희의 덕과 그릇은 크고 두터우며, 지식과 도량은 침착하고 깊어 큰일을 잘 결단하며 나라의 법규에 대해 밝게 이해하고 있다고 하였다. 마침 태종의 신임을 받아 일찍이 승지의 직책을 맡으며 가장 신임하는 중신(重臣)이 되었다고 평가하였다. 그의 아름다운 문장은 국가의 빛이 되었으며, 정덕(正德), 이용(利用), 후생(厚生)의 삼사(三事)를 밝히니 진실로 나라를 다스릴만한 그릇으로써 모든 관원을 마땅하게 바로 잡았다고 평가하였다.

세종은 자신이 보잘 것 없는 몸으로 왕업(王業)을 이어 받들게 되매, 깊은 못가에 선 것 같고 얇은 얼음을 밟는 것처럼 두려워하며 밤낮으로 삼가하여, 오로지 대신들에게 맡겨 전대(前代)에 부끄럽지 않기를 바랄 뿐이라 하였다.

그런데 그렇게 많던 대신들이 점점 새벽하늘의 별처럼 가버리고, 오직 한 사람의 늙은 재상 황희만이 의젓이 높은 산처럼 우뚝 솟아 서서 시정을 모아 잡을 만큼 우러러 볼만한 사람으로 삼공(三公)의 우두머리에 위치하여 신하와 백성들의 사표(師表)가 되었다고 평가하였다. 여기서 세종의 황희에 대한 신망과 기대가 얼마나 큰 것인가를 짐작할 수 있다.

---

151) 『세종실록』, 권56, 세종 14년, 4월 20일, 무신.

또한 그 해 4월 25일 세종은 사직하려는 황희에게 오히려 궤장(几杖)을 하사하며 다음과 같은 교서를 내렸다. 그 내용을 보면 세종의 황희에 대한 사랑과 존경이 어떠한지 알 수 있다.

정승인 신하가 이미 나이가 많고 학문과 덕행이 높으니, 군주는 마땅히 우대하는 은총을 내려야 하는 것이다. 이에 좋은 은전(恩典)은 사사로운 은혜는 아니다. 경은 세상을 도운 큰 재목이며, 나라를 다스리는 큰 그릇이다. 지혜는 일만 가지 정무를 통괄하기에 넉넉하고, 덕은 모든 관료를 진정시키기에 넉넉하도다. 우뚝 높은 지위와 명망, 의젓한 전형(典型)은 예스럽다. 몸소 4대의 임금을 섬겨 충의(忠義)는 더욱 두텁고, 수(壽)는 70에 이르러 영달(榮達)함과 존귀(尊貴)함이 갖추었으니, 진실로 국가의 주춧돌이며 과인(寡人)의 고굉(股肱: 다리와 팔)이로다. 의지하고 의뢰함이 깊음에 어찌 노성(老成)의 아름다움을 정표(旌表)하지 않을 수 있겠는가? 궤장(几杖)을 내려 일어서고 앉는 것을 온편(穩便)하게 하고자 함이니, 경은 기체(氣體)를 보전해 화기(和氣)를 기르고, 심력(心力)을 다해 정치를 보살피라![152]

세종은 황희를 가리켜 '세상을 도운 큰 재목', '나라를 다스리는 큰 그릇'이라 했다. 그리고 그의 지혜는 온갖 정무를 통괄하기에 넉넉하고, 덕은 모든 관료를 진정시키기에 넉넉하다고 했다. 그러기에 그의 모습은 우뚝 높은 지위와 명망, 의젓한 전형(典型)이 예스럽다고 묘사하였다. 또한 4대 임금을 섬겨 충의(忠義)가 두텁고 나이는 70에 이르러 영달함과 존귀함을 다 갖추어 진실로 '국가의 주춧돌'이며 '과인의 팔

---

152) 『세종실록』, 권56, 세종 14년, 4월 25일, 계축.

다리' 라고 하였다. 영의정을 사직하는 황희에게 오히려 궤장을 하사하며 내린 세종의 이 말은 더 이상 설명이 필요 없는 최상의 예우요 칭찬이다. 세종은 사의를 표명한 황희에게 다음과 같이 나무란다.

> 묘당(廟堂)에 무슨 의문이 생기면 경이라야만 처결할 수 있고, 정형(政刑)에 무슨 의논이 있을 때도 경(卿)이라야만 꼭 알맞게 해낼 수 있다. 모든 시위(施爲)에 있어서도 모두 경만 쳐다보고 있는 참인데, 왜 풍문(風聞)에 따라 탄핵받았다는 이유를 내세우고 갑자기 대신의 책임을 사면하려 하느냐. 내가 벌써 거기에 대한 사실은 환히 알도록 했는데 경은 무엇 때문에 아직껏 마음속에 끼고 있느냐?[153]

여기서 세종의 황희에 대한 신망은 극에 달한다. 마치 어린 아이가 엄마에게 매달려 의지하듯이 세종은 국정의 달인으로서 황희의 역량과 인품을 신뢰하고 존경한다. 그 임금에 그 신하라는 말이 어울리는 경우다. 우리 역사상 어느 임금이 이렇게 신하를 믿고 사랑하고, 어느 신하가 임금을 믿고 존경하며 충성을 다하였는가?

황희에 대한 신망과 역사적 평가는 역대 임금들이 내린 「사제문(賜祭文)」에서도 마찬가지다. 정조는 "뛰어난 익성(翼成)이여! 고요(皐陶)와 기(夔)만이 짝할 수 있도다." 라고 찬탄하였다. 고요와 기는 순임금의 신하인데, 마치 세종과 황희의 경우를 순임금과 고요, 기에 비유해 찬탄한 것이다.

또 순조는 "우리나라의 명상으로 익성(翼成)이 으뜸이었다. 한(漢)의

---

153) 『방촌황희선생문집』, 「좌의정을 사양한 상소」, 방촌황희선생문집간행위원회, 2001, 31쪽

소하(蕭何), 조참(曹叅)과 송(宋)의 한기(韓琦), 부필(富弼)로 영릉(英陵)이 대위(大位)에 계실 때 예악(禮樂)을 제정한 것은 사실 경의 보필이었으며, 백성은 지금까지 그 덕을 기리고 있소." 라고 찬탄하였다. 여기서 황희는 한나라의 소하, 조참, 송나라의 한기, 부필과 같이 조선의 예악을 제정한 인물로 평가되고 있다. 예악의 제정은 유교국가에 있어서는 가장 근본적인 제도의 구축이라는 면에서 황희의 유교적 업적을 간과해서는 안 될 것이다.

마찬가지로 순조는 "하늘이 나라를 창건하는 데는 반드시 어진 보필을 내는 법, 한의 소하(蕭何), 당(唐)의 방현령(房玄齡) 만이 경의 짝이 될 수 있네."[154] 라고 칭송하였다. 여기서 황희는 한나라의 소하나 당나라의 방현령에 비유해 일컬어지고 있다.

그의 「묘지명」에서는 "연세 90이 되어서도 총명이 감소되지 않아, 조정의 법도와 경(經), 사(史), 자(子), 서(書)들을 촛불처럼 환히 기억하였고, 더욱이 산수에 있어서는 제아무리 젊은이라도 감히 공을 따를 수 없었으므로, 평론하는 이가 현상(賢相)을 칭할 때 으레 공을 우두머리로 쳤고, 그 훈업(勳業)과 덕량(德量)을 송(宋)의 왕문정(王文正) 탄(旦)과 한충헌(韓忠獻) 기(琦)에 비하였다."[155]고 적고 있다. 여기서 황희는 현상(賢相)의 으뜸으로 칭송되고 있고, 송나라의 왕탄, 한기에 비유되어 일컬어지고 있다.

이상의 여러 자료를 통해서 볼 때, 황희는 위대한 세종시대의 주역

---

154) 『방촌황희선생문집』, 부록 상, 「순조조 사제문」, 1354쪽.
155) 『방촌황희선생문집』, 부록 상, 「묘지명」, 1361~1362쪽.

으로 성군 세종을 도와 역사상 가장 훌륭한 유교적 이상 정치를 실현하는데 중심적 위치에 있었다. 우리나라 역사상 성군현상(聖君賢相)의 가장 모범적인 사례가 바로 이 경우라 하겠고, 실제로 27년의 오랜 기간 동안 임금과 신하가 뜻을 같이하여 군신공치(君臣共治)의 실적을 남긴 것도 처음이라 할 것이다.

2. 2인자로 위대한 세종시대를 열다.

유교에서는 요순(堯舜)시대를 정치의 이상으로 삼는다. 공자, 맹자
도 늘 요순을 일컬어 유교의 이상을 설명했는데, 이는 유교의 여러 경
전에 잘 나타나 있다. 조선조 역사에서 가장 성공한 시대를 말한다면
우리는 서슴없이 세종시대를 일컫고, 조선조 전 역사에서 훌륭한 성군
(聖君)을 꼽는다면 역시 세종을 일컫는다. 이러한 평가는 거의 일반화
되어 있고 또 역사적 평가에서도 객관성을 갖는다. 실록에 전하는 세종
의 행장에서는 다음과 같이 세종시대를 서술하고 있다.

> 문무(文武)의 정치가 모두 잘 드러났고, 예악(禮樂)의 문화가 함께 흥기(興起)되
> 었으니, 종률(鐘律)과 역상(曆象)의 방법은 동방에서는 전에 알지도 못한 것인데
> 모두 임금께서 발명하셨다. 모든 친족들과 화목하였고 두 형님께 우애하니, 사람
> 들이 이간하는 말을 못했다. 신하를 부림에는 예의로써 하고 간언(諫言)을 따라
> 어기지 않았으며, 성(誠)으로써 사대(事大)하고 신의로써 이웃나라와 사귀었으며,
> 인륜을 밝히고 모든 사물에 자상하니, 남북이 복종하고 사방 국경이 평안하여, 백
> 성들이 살아가기를 즐긴 지 무릇 삼십 여년이 되었다. 성스런 덕이 높고 높아 무어
> 라 이를 수 없어 이때에 '해동(海東)의 요순(堯舜)'이라 칭송하였다.[156]

여기서 볼 수 있듯이 세종시대는 '해동의 요순시대'로 불리고 있다.
왜 세종시대가 위대한가? 그것은 문무의 정치가 잘 조화를 이루고 예
악의 문화가 융성하게 꽃피웠다. 성(誠)으로써 명나라를 섬기고 신의

---

156) 『세종실록』, 32년, 2월 17일, 임진.

로써 이웃나라와 사귀게 되어 국제관계가 원만하게 이루어졌다. 북쪽 야인과 남쪽 왜를 잘 다스려 사방 국경이 평안하였으니, 튼튼한 안보를 바탕으로 백성들이 편안하게 잘 살 수 있었던 것이다.

세종은 성리학을 나라의 근본이념으로 하면서도 실용에 힘써 나라의 부강과 백성의 민생을 위해 많은 노력을 경주하였다. 장영실 같은 과학영재를 발탁해 과학기술 개발에 앞장서고, 농업의 진흥에 앞장서 과학적인 영농법을 농민들에게 가르쳤다. 백성들이 문자를 몰라 겪는 불편을 해소하기 위해 비밀리에 훈민정음 창제에 나서 독창적인 우리 글자를 창조하였으니 불후의 빛나는 업적이 아닐 수 없다. 또 세종은 음악에도 조예가 깊어 음악의 발전에 많은 노력을 기울였으며, 천문과학의 진흥에도 힘썼다. 왕실이 화목하고 형제들과 우애를 지키고 신하들과 원만하게 지냈으니 재임 중 불미스런 사건이 일어나지 않았다. 임금 스스로 학문을 좋아하고 자기관리에 충실하여 성군으로 존경을 받았다. 세종은 유능한 인재를 발굴하고 아꼈으며, 어진 품성으로 백성들의 아픔과 불편을 어루만져주었다. 내치와 외치에 성공하고 문무가 조화를 이루고 예악이 어우러지고 실용과 인륜이 함께 이루어졌으니 가히 태평성대라 할 만하고 동방의 요순시대라 일컬을 만 하였다.

이렇게 위대한 세종시대는 물론 성군 세종의 리더십이 이룩한 성과이기도 하고, 또 세종이 임금으로써 주도적인 역할을 한 것은 분명하다. 그러나 이러한 세종시대는 그를 보필했던 수많은 문무백관의 협력 없이는 불가능했다. 인사가 곧 만사라고 하듯이, 세종시대의 성공에도 훌륭한 인재들을 발탁해 각 분야에 등용한 것이 주효했다. 황희(黃喜, 1363~1452), 맹사성(孟思誠, 1360~1438), 허조(許稠, 1369~1439),

최윤덕(崔閏德, 1376~1445), 김종서(金宗瑞, 1390~1453), 이종무(李從茂, 1360~1425), 장영실(蔣英實), 정인지(鄭麟趾, 1396~1478), 신숙주(申叔舟, 1417~1475), 박연(朴堧, 1378~1458), 성삼문(成三問, 1418~1456), 박팽년(朴彭年, 1417~1456), 이직(李稷, 1362~1431), 정초(鄭招, ?~1434) 등 각 분야의 유능한 인재들이 세종시대를 만드는데 크게 기여했다. 그 가운데 황희의 역할은 더더욱 중요했다. 이제 위대한 세종시대의 전개에 황희의 역할에 관해 검토해 보기로 하자.

황희는 태종의 총애를 받아 이미 그때 6조 판서를 두루 역임했으니 국정전반에 관한 행정경험이 풍부하였다. 그리고 남원유배에서 풀려나 세종의 부름을 받고 세종의 정부에 참여한 것이 1422년(세종 4년)으로 황희의 나이 60세였다. 그 후 황희는 세종의 절대적인 총애와 신임을 받아 24년간 재상으로 근무하였고, 그 가운데 영의정으로 18년을 역임하였다. 1450년(세종 32년) 세종이 별세하기 1년 전인 1449년(세종 31년) 87세로 관직에서 물러났다. 그리고 세종이 별세한지 2년 후 1452년(문종 2년) 90세로 세상을 마쳤다.

이렇게 볼 때, 황희는 세종의 전 치세기간에 걸쳐 거의 봉직한 셈이며, 세종과 황희는 27년 동안 임금과 재상으로 함께 봉직한 것이다. 그러므로 세종시대의 대명외교, 야인정벌과 회유책, 왜구정벌과 포용, 4군 6진의 개척, 민생의 안정, 농업의 발전, 과학기술 개발, 예악의 정립, 서적의 발간, 집현전의 인재 양성, 훈민정음 창제 등 모든 시책들이 황희의 손을 거치지 않은 것이 없다고 보아도 지나치지 않는다.

특히 황희는 세종의 절대적인 신임을 받았고 총애를 받았다. 때로는 존경을 받기까지 하였다.

1432년 4월 20일 황희가 영의정을 사직하고자 하니 세종은 이를 허락하지 않고 다음과 같은 글을 남겼다.

생각하건대 경은 덕과 그릇이 크고 두터우며, 지식과 국량(局量)은 침착하고 깊어 큰일을 잘 결단하며, 헌장(憲章)을 밝게 익혔도다. 마침 국운(國運)이 창성(昌盛)한 시기에 재회(再會)하였으며, 밝으신 우리 선고(先考, 태종)에게 신임을 받아 일찍 후설(喉舌, 承旨)의 직에 복무하였고, 곧이어 가장 신임하는 중신(重臣)의 위치에 두어졌도다. 아름다운 문채는 국가의 빛이 되었으며, 삼가 삼사(三事)를 밝히니 진실로 나라를 다스릴만한 그릇으로써 모든 관원을 마땅하게 바로 잡았다.

내가 보잘 것 없는 몸으로 왕업을 이어 받들게 되매, 깊은 못가에 선 것 같고 얇은 얼음을 밟는 것처럼 두려워하며 밤낮으로 오직 삼가니, 마땅히 오로지 대신들에게 맡겨서 전대의 끼치신 공업을 두텁게 하기를 바랄뿐이다.

돌아보건대, 그렇게 많던 대신들이 점점 새벽하늘의 별처럼 드물어지고, 오직 한 사람의 늙은 재상이 의젓이 높은 산처럼 우뚝 솟아 서서 시정(施政)을 모아 잡을 만한 인망(人望)이 공을 버리고 그 누구이겠는가? 이에 삼공(三公)의 우두머리에 위치하여 신하와 백성들의 사표(師表)가 되게 하였도다. 아름다운 계책으로 임금에게 헌책(獻策)하여 바야흐로 보살피고 의지하는 정이 깊더니, 몸을 보전하라는 데 명철(明哲)하여 갑자기 물러나 한가롭게 지내기를 청하는가? 더군다나 경은 나이가 아직 80, 90에 이르지는 않았으며, 병도 치료할 수 없을 만큼 고결(固結)함에 이르지는 않았으니, 기운과 힘이 오히려 굳세어 서정(庶政)을 균평(均平)하게 하는 임무를 담당할 수 있겠노라.[157]

세종의 황희에 대한 신뢰와 존경은 참으로 지극하였다. 그의 덕과

---

157) 『세종실록』, 권56, 세종 14년, 4월 20일, 무신.

그릇은 크고 두터우며 지식과 도량은 침착하고 깊어 큰일을 잘 결단하고 나라의 법규에 대해 매우 밝았다 한다. 문장이 아름다워 나라를 빛내고 정덕(正德), 이용(利用), 후생(厚生)의 삼사(三事)를 잘 밝히니, 진실로 나라를 다스릴 만한 그릇으로써 모든 관리들을 바른 길로 잘 통솔하였다 한다.

세종은 겸양이지만 자신이 임금이 되니 마치 깊은 못가에 선 것 같이 두렵고 얇은 얼음을 밟는 것처럼 두려워 밤낮으로 삼가 한다고 고백하였다. 그리고 오직 훌륭한 대신들에게 일을 맡겨 아버지 태종이 이룩한 공업을 더욱 두텁게 해주기를 바랄 뿐이라 하였다.

그런데 뒤돌아보니 그렇게 많던 대신들이 하나 둘씩 세상을 떠나 마치 새벽 하늘의 별처럼 드물어지고, 오직 황희 한 사람 늙은 새상만이 의젓이 높은 산처럼 우뚝 솟아 국정을 통솔하고 있다고 술회하였다. 황희는 삼공(三公)의 우두머리가 되어 신하와 백성들의 사표가 된다고 칭찬하고 있으며, 훌륭한 계책을 임금에게 진언하여 그에게 의지하는 정이 더욱 깊다 하였다. 사직하려는 황희를 만류하는 세종의 신하에 대한 충정과 신뢰를 잘 볼 수 있다. 이것만 보아도 세종이 황희를 국정의 동반자로서 얼마나 믿고 의지했는가를 잘 알 수 있다.

그 해 4월 25일 세종은 사직하려는 황희에게 도리어 궤장을 하사하며 또 다시 다음과 같은 교서를 내렸다.

정승인 신하가 이미 나이가 많고 덕행이 높으니, 군주는 마땅히 우대하는 은총을 내려야 하는 것이다. 이에 좋은 은전(恩典)은 사사로운 은혜는 아니다. 경은 세상을 도운 큰 재목이며, 나라를 다스리는 큰 그릇이다. 지혜는 일만 가지 정무를 통괄하기에 넉넉하고, 덕은 모든 관료를 진정시키기에 넉넉하도다. 우뚝 높은 지위와 명망(名望), 의젓한 전형(典型)은 예스럽다. 몸소 4대의 임금을 섬겨 충의(忠義)는 더욱 두텁고, 나이는 70에 이르러 영달함과 존귀함이 갖추었으니, 진실로 국가의 주춧돌이며 과인(寡人)의 팔다리로다. 의지하고 의뢰함이 깊음에 어찌 노성(老成)의 아름다움을 정표(旌表)하지 않을 수 있겠는가? 궤장(几杖)을 내려 일어서고 앉는 것을 온편(穩便)하게 하고자 함이니, 경은 기체(氣體)를 보전해 화기(和氣)를 기르고 심력(心力)을 다해 정치를 보살피라.[158]

세종은 사직하려는 황희에게 오히려 지팡이를 하사하며, 황희의 덕망과 능력에 대해 찬사를 아끼지 않는다. 세종은 황희를 가리켜 '나라를 다스리는 큰 그릇'이라 하고, 그의 지혜로움은 온갖 정무를 통괄하는데 넉넉하고, 덕망은 모든 관료들의 존경을 받아 그들의 심복을 받기에 넉넉하다고 말한다. 그래서 황희의 우뚝 높은 지위와 명망 그것은 옛날 성현의 모습처럼 예스럽다고 우러른다. 황희는 4대 임금을 섬겨 나라와 임금에 대한 충성과 의리가 더욱 두터워 진정 '국가의 주춧돌'이며 '세종 자신의 손과 발(股肱)'이라 하였다. 이러한 세종의 황희에 대한 믿음과 존경 그리고 사랑은 참으로 지극하다. 이보다 더한 찬사가 어디 있으랴.

여기서 우리는 세종이 왜 황희를 결코 놓아주지 않고 전 치세기간동안 자신의 곁에 두었는가를 이해하게 된다. 첫째는 신하로서, 관료로서의 능력을 신뢰했기 때문이다. 신하란 무엇보다 능력으로써 임금을 보필하는 것이다. 무능한 관료는 그 자리에 오래 머물 수 없다. 유능한 관

---

158) 『세종실록』, 권56, 세종 14년, 4월 25일, 계축.

료는 사랑을 받게 마련이고 오랫동안 임금의 곁에 두게 마련이다. 이미 태종시대에 6조 판서를 두로 경험한 황희는 적어도 관료로서는 매우 유능한 인재라는 것을 세종은 인정한 것이다.

특히 황희는 나라의 법규와 예에 매우 밝았다. 또 지혜가 총명해 늙어서도 판단력이 흐트러지지 않았다. 그러므로 황희는 여러 관료들의 시비와 토론 속에서 결론을 내는데 특히 유능하였다. 실록에 근거한 황희의 연보를 보면, 연대별로 다양한 정책들에 대한 토론과 협의 과정을 볼 수 있다. 국정의 전 분야에 걸친 논의가 이루어지면 세종의 결재가 있게 되는데, 주목할 것은 거의 대부분이 '황희의 말대로 하라'고 지시하였다. 세종이 국정의 현안들을 결정하는데 있어서 얼마나 황희의 의견을 존중하고 그에게 의지했는가를 보여주는 예증이다.

세종이 황희를 얼마나 믿고 의지했는가는 다음 글에서도 잘 알 수 있다.

임금께서 윤허하지 않고 비답하기를……묘당(廟堂)에 무슨 일이 생기면 경이라만 처결(處決)할 수 있고, 정형(政刑)에 무슨 의논이 있을 때는 경이라야만 꼭 알맞게 해낼 수 있다. 모든 시위(施爲)에 있어서도 모두 경만 쳐다보고 있는 참인데, 왜 풍문(風聞)에 따라 탄핵받았다는 이유를 내세우고 갑자기 대신의 책임을 사면하려 하느냐. 내가 벌써 거기에 관한 사실은 환히 알도록 했는데, 경은 무엇 때문에 아직껏 마음속에 끼고 있느냐.[159]

---

159) 『방촌황희선생문집』, 원집, 상, 소, 「좌의정을 사양한 상소」.

1428년(세종 10년) 6월 25일 황희가 좌의정을 사임하는 상소를 올렸는데, 이에 대한 세종의 비답 내용이다. 여기서도 조정에 무슨 일이 생기면 이것을 처결할 수 있는 이도 황희뿐이고, 또 사건이 발생해 이들의 형벌을 논하는데도 황희라야 알맞게 할 수 있다는 말이다. 조정의 모든 행사가 오직 황희만 쳐다보고 있는데 소문에 의해 탄핵받았다는 이유로 대신의 책임을 회피해서는 안 된다는 세종의 간곡한 책망이다. 여기서도 왜 황희가 조정에 필요한 사람인가를 세종의 말을 통해 잘 알 수 있다.

둘째, 황희는 능력만 있었던 것이 아니라 중후(重厚)한 덕망을 갖추었기 때문이다. 타고난 인품이 어질고 넉넉하여 남과 잘 소통하고, 입이 무겁고 감정을 함부로 표출하지 않으니, 남들이 감히 함부로 볼 수 없는 덕기(德器)를 지녔다.

셋째, 황희는 오직 나라와 백성만을 보고 묵묵히 일한 진정한 공직자였다는 점이다. 황희도 다소의 결점이 있고 실수도 있었다. 특히 일가친척의 문제로 곤경에 처한 적도 있고 그로 인해 17번이나 사직을 청하기도 했다. 주변의 시기 질투도 없지 않았다. 그럼에도 그가 태종, 세종의 총애를 받고 60여년을 공직에서 일하고, 더욱이 6조 판서를 두루 거치고 24년간 재상으로 일하고, 그 가운데 18년간 국정의 2인자인 영의정으로 봉직할 수 있었던 것은 무엇보다 그의 나라와 백성을 위한 충성심 때문이었다.

황희는 정치적 격동기에도 권력의 눈치를 보지 않았고, 요동치는 권세의 줄타기에도 관심이 없었다. 그러므로 황희는 자기 파벌을 조성하지 않았고 스스로 권력에 아첨해 관직을 탐하지도 않았다. 오히려 남들의 시비가 있고 스스로 잘못이 있다고 생각되면 서슴없이 사직을 청했다. 세종은 잠시 황희를 파직했다가도 또 다시 부르고 이렇게 하여 27년간 함께 국정의 동반자로 있었다.

필자는 황희가 위대한 세종시대의 주역이라고 확신한다. 그동안 황희는 '명재상', '청백리'라는 이름으로 세상에 회자되어 왔다. 물론 이러한 평판도 아름다운 것이지만 사실 황희에 대한 올바른 평가도 아니고 객관적인 평가로 보기에는 부족하다. 황희의 역사적 위상은 조선초 조선의 정초기에 4대 임금을 보필하며 이룩한 그의 업적이 제대로 평가받아야 할 것이다. 우리가 역사상 세종시대를 동방의 요순시대로 보고 가장 성공한 정치의 전형으로 삼는다면 그 중심에 황희가 있음을 결코 부인할 수 없다. 황희 없는 세종이 없고 세종 없는 황희가 없다고 보아야 한다. 세종을 보필했던 수많은 관료들이 있지만 황희만큼 세종의 전치세기간동안 근무한 관료가 없고, 또 황희만큼 중요한 위치에서 세종을 오랫동안 보필한 신하는 없는 것이다. 아울러 세종이 가장 믿고 의지했던 이가 황희이고, 세종의 정사에 가장 큰 영향을 미친 이도 황희라는 점에서 세종시대 황희의 역할과 위상은 분명하다 하겠다.

필자는 이미 제3장에서 세종시대 황희의 활약에 대해 구체적으로 소상히 검토한 바 있다. 튼튼한 안보환경에 정치적으로 안정을 이룩하고, 문화와 과학기술이 발전하고, 신하와 백성들이 인간적 대우를 받고, 유교적 윤리사회가 구현된 나라 그것이 바로 조선이고 세종의 나라인 것이다. 이 위대한 세종의 나라 건설에 있어서 황희의 역할은 매우 중요한 위치에 있었다.

3. 유교국가 '조선' 만들기에 앞장서다.

조선의 대표적인 유교경세가, 황희

황희는 유학자가 아니다. 그는 누구의 문인도 아니고 그의 제자도 없다. 또 그는 유교적 저술도 없고 논문 한편 없다. 그러나 분명 그는 유교국가 조선을 만드는데 중요한 역할을 한 분이다. 정도전이 유교국가 조선을 설계했다면, 황희는 세종을 도와 유교국가의 체제와 법제를 세우는데 주도적인 역할을 하였다. 역사적으로 볼 때 세종시대는 조선이 창업한 이후 안정적으로 유교국가의 참 모습을 보여준 시대임에 틀림없다. 세종이 즉위한 해가 1419년이므로 세종시대의 출범은 조선이 건국한지 불과 27년 밖에 되지 않았다. 태종이 세종시대를 대비해 준비한 정치적 성과를 감안하더라도 아직 유교국가 조선의 완성이란 먼 길이었다. 이러한 상황에서 세종과 황희의 협치를 통해 유교국가 조선의 모습이 드러났고 그것은 역사상 가장 성공한 시대였다고 평가된다. 이렇게 볼 때, 유교국가 조선 만들기에 있어서 황희의 역할과 업적은 결코 과소평가되어서는 안 된다.

필자의 이런 생각을 뒷받침하는 다음과 같은 근거들은 필자의 생각이 결코 틀리지 않았음을 설명해준다. 신숙주는 황희의 묘지명에서 "재상이 되어서는 세종은 그를 심복(心服)처럼 의지했고, 사림은 태산북두(泰山北斗)처럼 우러러보았다"고 적고 있는데, 사후 문종이 내린 사제교서에서도 마찬가지로 적고 있다. 여기서 사림들이 황희를 태산북두처럼 우러러보았다는 표현은 매우 중요한 언급으로, 당시 유교사회에서의 황희의 위상을 짐작케 하는 말이다.

또한 황희 자신도 1441년(세종 23년) 영의정으로서 임금에게 올린 상소에서 다음과 같이 사문(斯文)과 오도(吾道)를 언급하며 자신의 책임과 사명을 말하고 있다.

신은 보잘 것 없는 용렬한 사람으로서 지금 백관의 우두머리로 있고, 사문(斯文)의 책임을 맡게 되었습니다.……성상께서는 신의 간절한 마음을 보살피고 모든 여망을 따라 잘못된 이 일을 빨리 그만두도록 해야 장차 성덕(聖德)에도 누가 없고 오도(吾道)에도 다행할 것이며,사민(斯民)에 있어서도 크게 다행일 것입니다.[160]

황희는 자신이 백관의 우두머리이며 사문(斯文)의 책임을 맡았다고 자임(自任)하고 있다. 그리고 당시 문제가 되었던 흥천사 사리각에 대한 경찬(慶讚)을 중지해야 성덕(聖德)에도 누가 없고 오도(吾道)에도 다행하며 사민(斯民)에게도 다행일 것이라 말하고 있다. 이는 황희가 유교입국의 입장과 의지를 분명히 표명하면서 척불(斥佛)의 태도를 극명히 한 것이다.

그러므로 황희는 비록 유학자는 아니었지만 유교경세가로서 높이 평가되어, 비록 임금의 허락은 못 받았지만 문묘종사 운동이 몇 차례 전개되었던 것이며, 장수황씨 문중과 지역 유림들의 발의로 상주에 옥동서원, 남원에 풍계서원, 완주에 용진서원, 진안에 화산서원, 장수에 창계서원, 삼척에 산양서원이 세워져 그를 숭모했던 것이다. 이러한 관

---

160) 『방촌선생문집』, 원집, 상, 「흥천사 사리각에 대한 경찬을 그만 두도록 한 상소」, 46쪽.

점에서 유교적 입장에서 본 황희, 그리고 황희의 유교적 위상에 관해서
검토해 보고자 한다.

다시 말하거니와 황희는 조선조의 대표적인 유교경세가이다. 조
선조 역사상 경세의 대가라고 하면, 조선의 건국 과정에서 유교국가
의 디자인을 했던 삼봉 정도전(三峰 鄭道傳, 1337~1398)이 있고, 16
세기 조선의 개혁에 구체적 대안을 제시했던 율곡 이이(栗谷 李珥,
1536~1584)가 있다. 그리고 17세기 조선의 전면적인 개혁을 주장하며
그 청사진으로『반계수록(磻溪隨錄)』을 저술한 반계 유형원(磻溪 柳
馨遠, 1622~1673)이 있으며, 18세기 조선의 실학을 집대성한 다산 정
약용(茶山 丁若鏞, 1762~1836), 한말 개화사상가로서 근대적 유교경
세론을 편 혜강 최한기(惠崗 崔漢綺, 1803~1877)가 있다.

그런데 정도전, 이이, 유형원, 정약용, 최한기는 모두가 유학자이면서
경세가였지만, 오직 황희는 60여년의 생애를 공직에 종사한 직업적인
관료요 행정가였다. 이 점에서 황희는 구별된다.

황희는 어려서부터 총명하고 밤낮으로 책을 읽어 경사(經史)와 제자
백가(諸子百家)에 통달하였고, 특히『소학(小學)』,『가례(家禮)』, 성리
등서(性理等書)를 더욱 좋아하였다.[161] 여기서 우리는 황희의 학풍을
어느 정도 짐작해 볼 수 있다. 고려 말 안향에 의해 성리학이 전래된 이
후 새로운 학문으로서 성리학은 당시 지식인들의 관심대상이었다. 청
년 황희도 위 연보 내용을 고려해 볼 때 유교 경전과 역사공부 그리고

---

161)『厖村實記』, 上, 卷4, 年譜, 16年 癸亥, 先生21歲, "中生員試 經史百家之書 無不通曉
尤好小學家禮性理等書...."

제자서를 두루 공부했지만, 특히 『소학』, 『가례』, 성리서를 좋아했다고 하는데서 황희의 성리학풍이 분명해 보인다.

또한 황희는 자식들을 가르침에도 반드시 예학(禮學)과 성리학(性理學) 등의 책으로 가르쳤다고 한다.[162] 이렇게 볼 때, 황희도 분명 당시 여말선초 중국으로부터 소개된 성리학을 배우고 또 자식들에게도 성리학을 가르친 것으로 전해진다. 그리고 예학과 성리학을 중시한 것도 알 수 있다. 성리학은 인간의 내면적인 본성과 마음을 탐구하는 것이라면, 예학은 그 인간의 올바른 성품을 행위로 실천하는 학문인 것이다.

황희는 또 장계를 올려 왕세자에게 매일 『상서집주(尙書集註)』 10장을 세 번씩 읽을 것을 청하기도 하였다.[163] 27세에 문과에 급제하고 28세에 성균관 학관에 보직되었다. 태조는 경전에 밝고 조행(操行)이 단정한 황희를 세자우정자(世子右正字)를 삼았다.[164] 이런 기록으로 보면 분명히 황희는 다른 유학자들과 마찬가지로 유교의 경서 공부에 게으르지 않았고, 경전에 밝아 성균관 학관이나 세자를 보필하는 일을 맡았던 것으로 보인다.

황희는 학통이라 할 만한 것도 드러나 있지 않다. 자득(自得)의 학술적 이론도 없고, 저술도 없고, 문인 제자도 없다. 그렇다면 전문성 있는 유학자라고 하기 어렵다. 황희의 삶은 겸선(兼善)의 길이었다. 이 길은 모든 유자(儒者)의 꿈이다. 이 길은 본인의 선택만으로 가능한 것이

---

162) 『방촌실기』, 상, 연보, 선생 50세 조.
163) 『방촌황희선생문집』, 「연보1」, 10년, 무신, 선생 66세 조.
164) 『방촌황희선생문집』, 「연보1」, 조선태조개국원년, 임신, 선생 30세 조.

아니다. 우(遇) 불우(不遇)는 하늘의 소관 사항이라 한다. 황희는 유자로서 최고의 성취를 이룬 대신에 해당한다. 그는 성리학적 삶의 규범과 양식인 『주자가례(朱子家禮)』에 따른 삶을 살았다. 그는 불교에 대한 비판 또는 배척을 실행했고, 정책적으로 이를 관철하려 하였다.[165] 그는 대신의 덕목을 지니고 유교정치의 이상을 구현하려고 하였다.[166]

조선왕조의 기틀이 확고하게 자리 잡히던 태종과 세종대 50여 년간에 황희는 국가의 가장 중요한 직책을 맡고 있었다. 그러므로 그는 조선왕조의 역사상 가장 민감했던 시기에 정치적으로 매우 중요한 역할을 할 수 있는 위치에 있었다. 이처럼 황희는 이 시기에 나라의 가장 중요한 직책에서 가장 오랫동안 있었던 인물임에도 불구하고, 그가 청렴한 관리였다는 사실만이 야사처럼 전해질 뿐 국가경영에 미친 그의 정치적 역할은 거의 알려지지 않고 있다.[167]

황희는 고려가 망하고 조선이 건국되는 왕조교체기를 살았다. 특히 고려는 불교국가였고 조선은 유교국가였기 때문에 지식인의 처세는 매우 중요한 문제였다. 특히 조선은 유교국가로서 불사이군(不事二君)의 충절(忠節)을 중시하는데, 황희가 고려 유민으로 조선의 조정에서 높은 벼슬살이를 한 것은 비난의 대상이 된다. 「구연보(舊年譜)」와 「정건천문집(程巾川文集)」에는 방촌의 조선왕조 출사에 대한 전말이 이렇게 전해진다.

---

165) 곽신환, 「겸선의 유자 황희」, 『백성의 신 황희와 그 후예들』, 책미래, 2018, 143쪽.
166) 이영자, 「방촌 황희의 경세사상과 그 의의」, 『방촌 황희의 학문과 사상』, 책미래, 2017, 93쪽.
167) 정두희, 「조선 초기 황희의 정치적 역할」, 『방촌 황희의 학문과 사상』, 책미래, 2017, 9~10쪽.

선생이 평일에 이화정(梨花亭) 이공(李公)과 정의(情誼)가 친밀하였는데, 고려 말엽에 정사가 어지러우니, 이공이 금강산에 들어가 숨어버렸다. 고려가 멸망하고 조선이 들어섬에 미쳐 선생이 찾아가 함께 숨으려 하니, 이공이 듣지 않고 말하기를, "만약 그대가 나를 따른다면 저 동토(東土)의 억조창생(億兆蒼生)은 어이 하겠는가?" 라고 하였다 하고, 또 "혁명이 일어나던 날에 선생이 여조(麗朝)의 구신(舊臣) 72인과 함께 두문동(杜門洞)에 들어가니, 그들이 창생(蒼生)의 촉망(囑望)으로서 선생을 천거하여 부탁하거늘, 선생이 이에 벼슬길에 나갔다"고 하였다.[168]

　황희도 처음에는 두문동(杜門洞)에 들어가 일생을 마칠 뜻을 두었다. 태조 원년(1392년)에 경학(經學)이 밝고 수행이 단정한 선비를 채택할 때 그를 여러 번 불렀으나 응하지 않다가, 두문동 제현(諸賢)들이 구부(懼夫, 황희)가 나가지 않으면 창생(蒼生)이 어떻게 되겠느냐고 권하고, 또 소명(召命)이 계속되자 할 수 없이 하산하게 되었다. 정건천(程巾川)이 그의 부채에 "그대는 청운(靑雲)에 올라 떠나고, 나는 청산(靑山)을 향해 돌아섰네. 청운과 청산이 이로부터 떨어지니, 눈물이 벽라의(碧蘿衣)에 젖는 구려" 라는 당인(唐人)의 시를 적어주며 전송하였다.[169]

　황희가 조선의 건국을 맞이하여 두문동에 들어가 있었다는 일화는 정사(正史) 사료에는 확실한 근거가 있지 않다. 그러나 조선이 건국되고서 조정과 동료들의 요청으로 출사(出仕)한 것은 어느 정도 사실로

168) 『방촌황희선생문집』, 「연보1」, 조선태조개국원년, 임신, 선생 30세 조.
169) 『방촌황희선생문집』, 부록 상, 「程巾川文集」, 1465~1466쪽.

여겨진다.[170] 이와 같이 황희는 고려가 망하자 두문동에 들어가 은둔하고자 하였으나 제현들이 나라와 백성을 위해 방촌의 현실참여를 권장하여 부득이 출사하게 되었다고 전해진다.

유교는 수기(修己)와 치인(治人), 내성(內聖)과 외왕(外王)을 그 내용으로 삼는다. 즉 한편 자기수양을 통해 지도자의 자질을 함양해야 하고, 또한 자신의 역량을 나라와 백성을 위해 바쳐야 한다. 따라서 수기가 없는 치인이나 수기만 있고 치인이 없다면 이는 유학자로서 부족하다고 보게 된다. 반드시 수기와 치인, 내성과 외왕을 겸하는 것을 이상으로 삼는다. 이런 유교의 관점으로 보면 황희야 말로 이성무의 평대로 '위인'의 반열에 설 만큼 훌륭한 인품의 소유자였고,[171] 나아가 6조 판서를 두루 역임하고, 대사헌, 한성부윤을 역임하고, 재상만 24년, 영의정을 18년간 봉직하여 국정전반에 걸친 행정책임자로서의 역할을 수행했던 것이다. 즉 황희는 이론으로 수기치인을 얘기 한 것이 아니라 몸소 전 생애에 걸쳐 경세를 실천하였던 것이다.

황희는 상소문을 올리면서 "거의 죽게 된 신으로서는 더욱 마음이 아픕니다. 신은 보잘 것 없는 용렬한 사람으로서 지금 백관의 우두머리로 있고 사문(斯文)의 책임을 맡게 되었습니다. 신 자신만 현달(顯達)할 뿐 아니라 은총이 구족(九族)까지 미치게 되었어도 조금도 보답한 일이 없었습니다."[172]라고 하였다. 여기서 그는 자신을 가리켜 백관의 우두머리요 사문의 책임을 맡게 되었다고 자부하고 있다. 이는 황희

---

170) 소종, 「조선 태종대 방촌 황희의 정치적 활동」, 『방촌 황희의 학문과 사상』, 책미래, 2017, 124쪽.
171) 이성무, 『방촌 황희 평전』, 민음사, 2014, 7쪽.
172) 『방촌황희선생문집』, 「興天寺 舍利閣에 대한 慶讚을 그만두도록 한 상소」, 46쪽.

가 정부의 중요한 직책에 있지만 유교적 사명감에 충실함을 잘 보여주는 사례다.

황희는 학문적으로나 실천적 차원에서 성리학에 대해 상당한 소양을 갖추었음을 충분히 짐작할 수 있다. 황희는 1389년(고려 창왕 1년)에 과거에 급제하였는데, 당시 과거를 주관한 좌주(座主)는 이종학(李種學, 1361~1392)이었다. 이종학은 고려 말 성리학의 수용과 이해를 주도한 목은 이색(牧隱 李穡)의 아들로, 그가 주관한 과거에 합격한 황희의 학문적 지향 역시 이에서 크게 벗어나지 않았을 것으로 짐작된다.[173]

특히 중종 대 정암 조광조(靜庵 趙光祖, 1482~1519)가 재상의 지위에 있으면서 교화를 편 사람은 황희와 허조 뿐이라거나, 세종이 일세의 다스림을 이룰 수 있었던 것은 황희와 허조가 재상으로 있었기 때문이라고 지적했던 사실은 결코 간과되어서는 안 된다.[174]

황희는 당대의 기준에 비추어 보면 고제(古制)를 회복하여 일대의 제도를 수립하고 3대의 정치를 이루고자 하는 이상을 누구보다 적극적으로 추구한 인물이었다고 평가할 수 있다.[175] 이런 점에서 볼 때, 황희는 세종의 정치적 이상에 부합하는 적격의 인물이었던 것이다.

이렇게 볼 때, 황희는 여말교체기에 두문동에서 나와 이윤(伊尹)과 같은 사명감으로 사도(斯道)를 자임(自任)하였던 것이며, 유교 국가 건설의 주역으로 활약했던 것이다.

---

173) 이민우, 「세종대 공법제정에서 황희의 역할」, 『방촌 황희의 학문과 사상』, 책미래, 2017, 306쪽.
174) 『중종실록』, 권32, 중종 13년, 3월 25일, 갑자 조. 권35, 중종 14년, 3월 1일, 갑오 조.

175) 이민우, 「세종대 공법제정에서 황희의 역할」, 『방촌 황희의 학문과 사상』, 책미래, 2017, 308쪽.

황희는 자신이 물론 유교 이념에 충실했을 뿐만 아니라, 세종이라는 성군(聖君)을 만나 2인자로서 유교정치의 이상을 몸소 실현하고 구현하는데 최적의 환경에 있었던 것이다. 황희의 업적과 역사적 기여가 무엇이냐고 했을 때, 역대 임금의 사제문(賜祭文)이나 졸기(卒記), 신숙주가 쓴 신도비문, 세종이 황희에게 내린 여러 글들, 문묘종사 청원의 상소, 서원 향사의 글들을 종합해 볼 때, 하나는 조선의 건국 초기에 유교적 예악(禮樂)문물을 갖추는데 결정적 역할을 했다는 점이고, 또하나는 불교국가에서 유교국가로의 이행과정에서 유교입국의 방향과 의지를 분명히 하여 순정한 유교국가 건설에 기초를 세웠다는 점이다. 물론 훈민정음 창제를 비롯하여 세종시대의 내치, 외치의 자랑스런 업적들이 황희와 무관한 것은 드물다. 다만 여기에서는 황희가 조선의 유교 국가 건설에서 어떤 역할을 했고, 유교적 관점에서 어떻게 평가해야 하는가를 조명해 보았다.

이런 점에서 볼 때, 그는 유교적 정치 이상을 몸소 실천한 대표적인 인물임에 틀림없다. 토정 이지함(土亭 李之菡)이 비록 포천현감 1년, 아산현감 2개월을 했지만, 백성을 위한 행정을 어떻게 해야 하는가 하는 위대한 모범을 보였듯이, 황희는 조선의 2인자로서 건국 초기 유교국가 건설에 몸소 실천했던 진정한 유교경세가였다고 할 수 있다.

조선의 유관(儒冠)과 유복(儒服)을 입게 하고,
유행(儒行)과 유언(儒言)을 하게 하다.

유학은 본래 예(禮)와 악(樂)을 문화의 근간으로 삼는다. 주공(周公)

이 중국 유교문화에서 중요한 위상은 주나라의 문물제도를 갖추는데 크게 기여했다는 점이다. 예란 넓게 법까지 포함하는 질서의 개념이고, 악은 음악을 비롯한 예술문화의 총칭이다. 예는 백성에게 방정성(方正性)을 준다면, 악은 원융성(圓融性)을 준다. 예악(禮樂)의 조화야 말로 유교의 이상이다. 규범과 질서가 잘 지켜지면서도 인간의 따뜻하고 아름다운 정서가 잘 발휘될 수 있다면 그것이 곧 예악이 조화된 세상이다.

이성계가 혁명을 통해 조선을 세운 것이 황희 30세의 일이고, 황희가 세상을 떠난 것은 조선이 세워진지 60년이다. 따라서 황희의 시대는 건국 초기로서 유교 국가의 체제를 갖추는데 정치적 역량이 집중되었던 때이다. 유교적 법제와 유교적 예문화, 유교적 교육체제를 세우는데 많은 노력이 필요했다. 이 와중에서 중요한 위치에서 중요한 역할을 했던 이가 바로 황희다. 『문종실록』에 실린 황희의 「졸기」에는 그가 어머니가 죽었을 때 불사(佛事)를 일으키지 않고 일체 『가례(家禮)』를 따랐으며, 황희가 3년 상을 치르고자 하였으나 임금이 그를 기복(起復)시키고자 하여 여러 차례 사양했다는 기록이 보인다. 또한 그가 일찍이 유서(遺書)를 작성하여 자손들에게 보여주면서 자신이 죽은 뒤에 장례의 예는 일체 『가례』를 따르도록 했다는 일화가 전해진다.[176]

이 시기 주자(朱子)의 『가례』가 사대부 계층에서도 제대로 시행되지 않았으며, 설사 시행되었다 하더라도 그 내용과 의미를 완전히 이해하지 못하는 경우가 많았음을 고려하면,[177] 황희가 일찍부터 『가례』

176) 『문종실록』, 권12, 문종 2년, 2월 8일, 임신 조.
177) 고영진, 「15, 16세기 주자가례의 시행과 그 의의」, 『한국사론』, 21, 1989, 109쪽.

의 시행을 적극적으로 따랐을 뿐만 아니라 유서를 통해 자손들에게 이를 당부했다는 사실은 그가 주자의 학문적 경향을 따르는 데에 상당한 수준에 이르렀음을 보여준다. 그를 기복(起復)시키고자 하는 국왕의 의지에도 불구하고 3년 상을 온전히 치르고자 했다거나, 1397년(태조 6년) 정란(鄭蘭)을 기복시키는데 동의하지 않아 습유(拾遺) 직에서 파직되었던 일화[178] 역시 마찬가지 맥락에서 이해할 수 있다.[179]

아울러 황희는 태종 재위 후반 이래 줄곧 조정에서 몇 손가락 안에 꼽히는 예제와 법제의 전문가로 활약하였다. 황희는 1413년(태종 13년) 부터 1415년(태종 15년)까지 약 2년에 걸쳐 예조판서를 역임했는데, 태종대 6조의 판서를 두루 거친 그의 경력에서도 예조판서로 재임한 기간이 가장 긴 편에 속한다.[180] 세종대에 이르러서는 다시 관직에 복귀한지 1년 만인 1423년(세종 5년)에 다시 예조판서로 임명되기도 하였다.[181]

특히 그는 세종 9년 이후에는 이직(李稷), 허조(許稠), 변계량(卞季良), 신상(申商), 조계생(趙啓生), 정초(鄭招), 김효손(金孝孫) 등과 함께 세종 17년에 의례상정소(儀禮祥定所)가 혁파될 때 까지 의례상정소의 제조(提調) 직을 맡았다. 당시 의례상정소가 단순히 예조의 자문 기구를 넘어 법전 편찬과 의례 상정의 업무를 통합적으로 수행하던 기구였다는 점을 고려하면, 황희는 이직, 허조 등과 더불어 예제와 법제에 관한 소수의 전문가 그룹의 일원으로 인정받았던 것이다.[182]

---

178) 『태조실록』, 권12, 태조 6년, 11월 29일, 정축 조.
179) 황향주, 「고려 기복제와 14세기 말 기복논쟁」, 『한국사론』, 2011, 57쪽 참조.
180) 소종, 「조선 태종대 방촌 황희의 정치적 활동」, 『역사와 세계』, 47, 2015, 108~110쪽.
181) 『세종실록』, 권20, 세종 5년, 5월 27일, 병오 조.
182) 이민우, 「세종대 공법제정에서 황희의 역할」, 『방촌 황희의 학문과 사상』, 책미래, 2017, 308쪽.

황희의 유교적 언행은 아버지의 상과 어머니의 상 두 차례에 걸쳐 야기된 임금의 기복(起復) 조치에 대한 반대에서도 잘 나타난다. 황희가 어머니의 상을 당해 3년의 예를 갖추고자 하는데, 부득이 왕명으로 기복(起復)을 하게 되자 그 부당성을 다음과 같이 비판하고 있다.

옛날 성인이 부모상에 3년 복을 마련하여 온 천하 사람들에게 통용하도록 했다는 것입니다. 어진 이는 그대로 지키고 불초한 자도 그대로 꼭 따르도록 하였으니, 이 3년 상이란 제도는 고금을 막론하고 제왕의 대전(大典)입니다. 신은 지나간 태종 2년(임오, 1402년)에 부상(父喪)을 만났을 때 겨우 석 달 만에 기복(起復)하게 되어 3년 복을 제대로 입지 못했습니다. 그때는 몰아닥친 사세(事勢)가 끝내 피할 수 없어서 자식된 직분을 폐하게 되었으나, 생각할수록 슬픔과 느낌을 금할 수 없습니다. 지금 또 죄가 천지에 가득차자, 갑자기 화가 닥쳐서 어머님이 세상을 떠났습니다. 오직 정해진 상제(喪制)에 따라 망극한 마음을 펴려고 했는데, 또 겨우 석 달을 지나 기복하라는 교명(敎命)을 받게 되었으니, 하늘을 쳐다보아도 부끄럽고 땅을 내려다보아도 부끄러우며, 또 황공한 심정도 한량없습니다. 대개 친상(親喪) 중에 복을 입는 효심을 뺏고 기복하도록 하는 것은 본래 좋은 법이 아닙니다. 혹 병란(兵亂)이 일어나 국가가 위급할 무렵에 안위(安危)의 책임을 가진 자에게 하는 수 없이 권도(權道)에 따르도록 하는 것입니다. 지금은 국가에 아무 일도 없는데, 왜 하는 수 없이 권도로 시키는 이 제도를 못난 신에게 덮쳐씌워서, 고금에 통용하는 이 3년 상의 예제를 무너뜨리게합니까?[183]

이 글에서 보듯이 황희는 유교의 3년 상 제도의 의의를 분명히 인식

---

183) 『방촌황희선생문집』, 「起復就職을 사양한 편지」, 56쪽.

하고 있으며, 부친의 상 때에도 기복(起復)으로 인해 효의 예를 다하지 못했는데, 또 다시 모친의 상에도 기복을 적용해 나오라고 하니 부당하다는 견해를 밝히고 있다. 황희는 기복이란 제도가 일종의 권도(權道)로서 국가의 비상시에 부득이 적용해야 하는 것인데, 지금은 그렇지도 않은데 기복을 적용함은 온당치 못하다고 비판하였다.

또한 황희는 『가례』 뿐만 아니라 국가의 전례(典禮)에 있어서도 깊은 관심을 가졌다.[184] 그는 의정부 참찬 시절 제향(祭享)에 쓰이는 돼지는 거세한 것을 미리 기르도록 하자는 예조의 건의에 적극 동의하면서 이를 시행하도록 하였다.[185] 또한 국가의 백년대계를 위해 왕실제사의 소선(素膳)을 주장하여 마침내 관철시키기도 하였다.[186]

8도 유생들은 두 차례나 황희의 문묘종사를 조정에 청원하였는데, 그 이유는 황희가 『국조오례의(國朝五禮儀)』를 제정하여 문물제도의 기틀을 잡고, 이단을 배척하여 정학(正學)을 숭상하는 기풍을 굳건히 심어, 조선이 유관(儒冠)과 유복(儒服), 유행(儒行)과 유언(儒言)에 힘쓰게 했다고 하였다고 주장하였다.[187] 이 말은 조선이 진정으로 유교국가를 이루고 백성들이 유교문화를 생활로, 언행으로 실천하는데 그 규범을 확립시킨 이가 황희라고 본 것이다.

『국조오례의(國朝五禮儀)』의 제정은 『경국대전(經國大典)』의 완성에 짝하는 것이었다. 전자가 '예(禮)'를 대표하는 것이라면, 후자는 '법

---

184) 곽신환, 「兼善의 儒者 황희」, 『백성의 신 황희와 그 후예들』, 책미래, 2018, 147~149쪽 참조.
185) 『세종실록』, 6년, 8월 11일 조.
186) 오기수, 「경세가 방촌 황희 -백성을 위한 왕실제사의 소선-」, 『오늘의 한국과 방촌 황희』, 방촌황희선생사상연구회, 2018. 11. 9.
187) 『방촌황희선생문집』, 1581~1582쪽, 「請厖村先生陞廡疏」 참조.

(法)'을 대표하는 것이었다. 이로써 조선왕조의 문물제도는 사실상 완비된 것이다.[188] 황희의 연보나 실록 기사를 보면, 황희가 조선의 예제(禮制)를 만드는데 얼마나 기여했는지 잘 알 수 있다. 다음은 그 하나의 예라고 볼 수 있다.

"신 등은 이 『근사록(近思錄)』과 『문공가례(文公家禮)』 등 두 서적을 보니, 옛 사람은 제사지낼 때 영정을 쓰지 않았다는 것이 틀림없습니다. 더구나 우리 태종께서 맨 처음 광효전(廣孝殿)을 창건할 때 말씀 하시기를, '부인(婦人)은 화상(畵像)을 그리기 어려운 일이다' 하고 예관(禮官)에게 명하여 신주(神主)만 모시도록 했습니다. 이로 본다면 태종께서 하신 일이 선유(先儒)의 말과 꼭 부합되는 것입니다. 신 등도 이 원묘(原廟)에는 태종께서 결정 한 이 성헌(成憲)에 따라 신주만 모시도록 하는 것이 타당할 듯 합니다." 라고 하니, 임금께서 그대로 따랐다.[189]

황희는 고려와 중국의 국가 제사 제도를 상고해 조선 고유의 제도를 정착시키는데 주도적 역할을 했다.[190] 조선을 예치(禮治)주의 국가로 만들기 위해 예조(禮曹)는 집현전과 함께 독자적인 사례(四禮, 冠, 婚, 喪, 祭)와 오례(五禮, 吉禮, 嘉禮, 賓禮, 軍禮, 凶禮)를 개정하는데 주력하였다. 황희는 그 한 가운데 있었다.[191]

황희의 의례상정소 활동은 1427년(세종 9년)부터 시작하여 1432년

188) 최영성, 「황희, 그 역사적 평가와 위상에 대한 일 고찰」, 『백성의 신, 황희와 그 후예들』, 책미래, 2018, 223쪽.
189) 『방촌황희선생문집』, 「原廟에 영정을 설치하지 말도록 한 啓」, 95쪽.
190) 이성무, 『방촌 황희 평전』, 민음사, 2014, 111쪽.
191) 이성무, 『방촌 황희 평전』, 민음사, 2014, 112쪽.

(세종 14년)까지 한 해도 거르지 않고 계속되었으며, 세종 15~16년은 참여가 없다가 세종 17년 정월에 마지막으로 참여하였다. 이 해에 의례상정소는 폐지되고 집현전이 그 일을 계승하게 된다. 물론 이 기간 중에도 같은 해에 여러 번 단행된 제조(提調) 인사에서 황희가 빠진 경우도 나오지만, 거의 매년 상정소의 제조를 했다는 사실은 그가 상정소를 통하여 진행되는 예제 정비에 거의 빠지지 않고 참여한 셈이 된다. 실제로 실록과 문집 속에서 이때의 예제 정비과정에서 황희가 제기한 예론이 찾아지는 경우만 해도 약 70여건으로 이와 거의 비슷하다.[192]

이와 같이 그는 관혼상제는 물론 국가의 전례에 이르기까지 조선 초기 유교 예제의 확립에 있어서 중추적인 역할을 했다. 그는 또 유언에서 다음과 같이 유교 예법에 의한 장례를 자손들에게 당부하고 있다.

> 내가 죽은 후에 상제(喪制)에 대한 예절은 모두 가례에 따르되, 만약 우리나라에서 행하기 어려운 일은 반드시 억지로 따를 필요는 없는 것이다. 힘과 분수에 맞추고 가세유무(家 勢有無)에 맞추어 시행할 뿐이고 허례허식 하는 일은 일체 행하지 말며, 가례 중에 음식일체를 꼭 그대로 하면 병이 날까 두려우니, 이는 존장(尊長)의 명령을 기다리기 전에 억지로라도 죽은 먹어야 할 것이며, 이미 전해온 가법(家法)에 따라 행하고 불가에서 하는 짓은 전혀 하지 말라. 빈소에 7일 동안 요전(澆奠)하는 일은 가례에 없는 일인 바, 부처를 좋아하는 자들이 모두 사견(私見)에 하는 것이니, 이는 절대 행하지 말라.[193]

192) 한기범, 「방촌 황희의 예인식과 현대사회」, 『방촌 황희와 서원』, 책미래, 2020, 119~120쪽.
193) 『방촌황희선생문집』, 「자손에게 유언한 글」, 189~190쪽.

또한 황희는 예에 능하여 예제의 정립에 크게 기여했을 뿐만 아니라, 악을 만드는데도 중요한 역할을 했다. 이기(李墍)의 『송와잡기(松窩雜記)』에 의하면 "황익성(黃翼成)은 영릉(英陵)의 성대(聖代)를 만나 예(禮)를 제정하고 악(樂)을 만들며, 큰일을 의논하고 큰 의논을 결정하면서 날마다 임금의 덕을 도와 정치를 성취시키는데만 전념할 뿐, 가사의 크고 작은 것에는 일체 관심이 없었다."[194]고 하였다. 여기서 황희의 역할은 예뿐만 아니라 악의 정립에도 크게 기여했음을 짐작케 한다.

오병무 교수는 말하기를, "방촌은 악률(樂律)에도 능했다. 당시 박연(朴堧)이 음률(音律)에 정통하여 의례상정소(儀禮祥定所)를 설치했는데, 임금이 영의정 황희, 우의정 맹사성, 좌찬성 허조, 총제 정초 등 음악에 밝은 사람들에게 명하기를 박연과 함께 제조(提調)가 되어 악률(樂律)을 제정하도록 하였다."[195]고 평가하고 있다. 그러므로 1432년(세종 14년) 9월 18일에는 「회례(會禮)에서 사용하는 풍악(風樂)의 제도를 진달한 장계」를 올렸고, 1433년(세종 15년) 6월 27일에는 「역대음악의 제도를 논한 장계」를 올리기도 했던 것이다. 이와 같이 황희는 조선 초기 예와 악의 제도 정립에 있어서 매우 중요한 역할을 했음을 알 수 있다.

불교 배척과 유교 진흥에 앞장서다.

---

194) 『방촌황희선생문집』, 부록 상, 野史節抄, 「松窩雜記」, 1429쪽.
195) 오병무, 「조선조의 명재상 방촌 황희의 생애와 사상」, 『방촌 황희의 학문과 사상』, 2017, 책미래, 84쪽.

황희는 조선 초기 유교 입국의 과정에서 야기되는 불교신앙의 문제에 대해 단호한 척불(斥佛)의 태도를 견지하였다. 물론 조선이 유교 입국을 천명하고 왕실에서 만백성에 이르기까지 유교적 예제와 생활을 계도하고 강요했지만, 아직도 신앙으로서의 불교는 소멸된 것은 결코 아니었다. 더구나 왕실에서 조차 신앙의 차원에서는 불교가 용납되었고, 세종 역시 이에서 자유롭지 못했다. 이러한 상황 속에서 황희는 조선의 정체성을 유교에서 찾고자 했고, 이에 대한 확고한 신념으로 정책을 추진해 나아갔다.

저 불씨(佛氏)의 탄생에 대해서는 선유들이 다 변론하였고, 천하의 성학(聖學)으로서도 이 불교가 생민의 모적(蟊賊)이 된다는 것을 분명히 알고 계시니, 신이 무엇을 더 여쭐 것이 있겠습니까? 그러나 우리 성조(聖朝)이후 부터는 이 불씨를 여러 차례 도태시킨 결과 국가를 손상시키고 백성을 좀먹는 폐단이 십 분의 칠 쯤은 없어졌습니다. 신은 생각하기를 전하께서 그 근본을 뽑아 없애고 그 근원을 막아버려서 점차 제대로 다 없어지게 되도록 하면, 장차 옛날 2제 3왕(二帝 三王)의 지치(至治)를 다시 볼 수 있겠다 하고, 마음속으로 아주 경행(慶幸)스럽게 여겼던 것입니다. 왜 오늘날 새삼스럽게 경찬(慶讚)까지 베풀려 하십니까?....성상께서는 신의 간절한 이 마음을 보살피고 모든 여망을 따라 잘못된 이 일을 빨리 그만두도록 해야 장차 성덕(聖德)에도 누(累)가 없고 오도(吾道)에도 다행할 것이며, 사민(斯民)에 있어서도 크게 다행일 것입니다.[196)]

---

196) 『방촌황희선생문집』, 원집 상, 소, 「흥천사 사리각에 대한 경찬을 그만두도록 한 상소」, 45~46쪽.

여기서 황희는 불교를 생민의 모적이라 비판하고, 3할 정도 남은 불교 잔재를 없애버려 2제 3왕의 지치(至治)를 이룩하자고 말한다. 아울러 이렇게 해야 장차 성스런 임금의 덕에도 누가 없고 오도(吾道)에도 다행이고 우리 백성에게도 다행일 것이라 하였다. 황희가 유교적 자긍을 오도(吾道)로 표현하고 척불(斥佛)을 통해 삼대지치(三代至治)를 이루고자 한데서 그의 유교적 신념을 확인하게 된다. 또 황희는 불교의 폐해를 다음과 같이 비판한다.

대개 석씨(釋氏)의 학설이 백성만 괴롭히고 국가에도 아무 유익이 없다는 것은 성상께서도 벌써 밝게 아시는 바입니다. 늙은 신으로서 뭐 다시 여쭐 필요가 있겠습니까? 하지만 신의 생각에는 아무리 나라에 이익 되고 백성을 편케 할 수 있는 일이라 하더라도 사람마다 싫어하면 그대로 따라야 할 줄로 압니다. 지금 이 불우(佛宇)를 세운다는 것은 다만 국가의 재정을 모손시키고 백성의 마음을 해롭하는 것 뿐 입니다.....그런데 신은 예부터 불우(佛宇)를 세워 조상을 받들었다는 말은 듣지 못했습니다. 지금 전하께서 모든 여망에 따라 내리신 교명(敎命)을 다시 거두어들인다면, 조상을 받드는 정성이 옛날 성현에게도 어긋나지 않고, 간하는 말을 받아들이는 미덕도 길이 후세에 전해질 것입니다. 이 불우를 세우는 것은 전하께서도 이미 떳떳하지 못한 일인 줄 알고 폐지시킨 지가 벌써 오랜데, 왜 또다시 세워서 후세에 웃음거리를 남길 필요가 있겠습니까? 옛날 제왕은 아무리 조종조(祖宗朝)의 성헌(成憲)이었다 하더라도 혹 시의(時宜)에 알맞지 않으면 시대에 따라 줄이기도 보태기도 한 것이 많습니다. 전하께서는 왜 이 불당을 조종조에서 세웠다 하여 고치지 않으려고 합니까? 또 후세에서 전하를 어떻게 여기겠습니까?[197]

---

197) 『방촌황희선생문집』, 원집 상, 소, 「불당을 건축하지 말도록 한 상소」, 51~52쪽.

황희는 여기서도 불교를 '백성만 괴롭히고 나라에 해로운 것'으로 규정하고, 조상을 위해 불당을 세우려는 왕실의 처사에 대해 강력히 비판하는 것이다. 그는 또 사찰의 불상 조성에 있어서 생기는 문제점 즉 불상과 불경을 금은으로 채색하는 사치스러움에 대해서도 다음과 같이 비판하였다.

이제 우리나라 사찰의 수가 기천(幾千) 혹은 기만(幾萬)인지 헤아릴 수 없는데, 큰 사찰에는 불상이 수백에 이르고 암자에도 또한 불상이 이십, 삼십 개가 되지 않는 곳이 없습니다. 소상(塑像)은 순금으로 도금을 하고 화상(畵像)은 채색(彩色)을 써서 금은을 사용하지 않는불상이 없는데, 이 불상이 억만 개가 되는지 알지 못하고, 금자(金字)로 쓴 불경이 또한 몇만 질이 되는지 알지 못합니다. 그런즉 불가에서 소모하는 여러 가지 금은이 어찌 한량이 있겠습니까? 만약 중국 사람들이 와서 본다면 우리나라에 황금이 없다고 이르지는 못할 것이니, 이도 또한 염려되지 않을 수 없는 일입니다.[198]

황희는 말하기를, 지금 삭발한 승도(僧徒)들의 탐욕, 집착이 도리어 세속인보다도 더욱 심하다[199]고 하고, 승려들의 세속화 현상을 부정적으로 보아 비판하고 있다. 아울러 흥천사의 불사에 대해 비판하면서 다음과 같은 논리를 펴고 있다.

---

198) 『방촌황희선생문집』, 별집 1, 서, 「불교배척을 청하는 서」, 201쪽.
199) 『방촌황희선생문집』, 별집 1, 서, 「불교배척을 청하는 서」, 202쪽.

"전하는 학문의 성덕(聖德)이 광명정대(光明正大)하여 만고에 초월하였고, 정사(政事)의 법도를 제정하여 옛날 성인과 부합되지 않는 바가 없사옵니다. 그런데 어찌 홀로 아비도 없고 임금도 없어 인륜을 끊게 하는 교(敎)를 깨끗이 버리지 못하여 이치에 어긋난다는 기롱을 받으며, 무슨 까닭으로 무익(無益)한 일을 하여 여러 사람의 노여움을 자초(自招)하십니까? 전하를 위하여 깊이 애석한 바이오며, 애석하다 못하여 눈물을 흘리옵니다. 엎드려 바라옵건대, 흥천사(興天寺)의 모임을 속히 파하여 태평성대에 한 점의 하자(瑕疵)를 제거 하시옵소서" 하니, 임금께서 윤허하지 않았다.[200]

여기서 황희는 불교를 부모를 부정하고 임금을 부정하는 반윤리적인 가르침으로 규정하고, 흥천사의 불사를 중지할 것을 임금에게 힘써 권고하고 있다. 또 그는 승도(僧徒)의 도첩(度牒)을 고찰하여 도첩이 없는 자는 환속(還俗)하게 하라 하고, 집현전을 열어 유현(儒賢)을 선발하고, 그 액원(額員)을 보충하여 경사(經史)를 강론하게 하라 하였다.[201]

조선 초기 유교 입국의 정체성 확립을 위해 척불의 기치를 높이 들었던 황희는 그의 죽음에 임해서도 『가례』에 따른 상례를 후손들에게 당부했던 것이다. 죽은 후 상제(喪制) 대한 예절은 모두 『가례』에 따르되, 만약 우리나라에서 행하기 어려운 일은 반드시 억지로 따를 필요는 없다 하였다. 힘과 분수에 맞추고 가세유무(家勢有無)에 맞추어 시행할 뿐이고 허례허식 하는 일은 일체 행하지 말며, 『가례』 중에 음식일

200) 『방촌황희선생문집』, 별집 1, 서, 「불교배척을 청하는 서」, 204쪽.
201) 『방촌황희선생문집』, 별집 1, 소, 「僧徒를 考察할 것과 아울러 集賢殿을 열 것을 청하는 疏」, 208쪽.

체를 꼭 그대로 하면 병이 날까 두려우니, 존장(尊長)의 명령을 기다리기 전에 억지로라도 죽은 먹어야 할 것이며, 이미 전해온 가법에 따라 행하고 불가에서 하는 짓은 전혀 하지 말라고 하였다. 빈소에 7일 동안 요전(澆奠)하는 일은 『가례』에 없는 일이니, 부처를 좋아하는 자들이 모두 사견(私見)에 하는 것이니, 이는 절대 행하지 말라고 하였다.[202] 황희 자신의 상례에 대한 유언에서 『가례』에 입각한 유교식 의례를 철저하게 당부하고 있는 것이다.

그러므로 일찍이 남효온(南孝溫, 1454~1492)은 『추강냉화(秋江冷話)』에서 "불법이 횡행하던 시기를 만나 혼자 세속에서 벗어나 바른 도(道)만을 지키고 거기에 흔들리지 않은 이는 황익성(黃翼成) 한 사람뿐이었다."[203] 하였고, 한말 황희의 문묘종사를 청원했던 전국의 유생들도 그 청원의 이유로써 그의 척불 노력을 거론했던 것이다.

문묘종사(文廟從祀)의 청원과 전국적인 서원 향사(享祀)

전통적으로 유교에 있어서 문묘종사는 매우 중요한 의미를 갖는다. 그것은 유교가 요(堯), 순(舜), 우(禹), 탕(湯), 문(文), 무(武), 주공(周公), 공자(孔子)의 도통(道統)을 중시하듯이, 유교가 전승되어 내려온 학통(學統)과 도통(道統)을 아울러 중시하기 때문이다. 우리나라의 경우도 성균관을 비롯하여 각 향교에 유학자들을 봉향하는데, 이 종사

---

202) 『방촌황희선생문집』, 원집 하, 유서, 「자손에게 유언한 글」, 189~190쪽.
203) 『방촌황희선생문집』, 부록 상, 野史節抄, 「秋江冷話」, 1390쪽.

는 매우 엄격한 절차와 공론을 거쳐 시행되어 왔다. 그 결과 우리나라
의 경우 18분이 배향되어 있는데, 통일신라기의 설총(薛聰), 최치원(崔
致遠), 고려조의 안향(安珦), 정몽주(鄭夢周), 조선조의 김굉필(金宏
弼), 정여창(鄭汝昌), 조광조(趙光祖), 이언적(李彦迪), 이황(李滉), 김
인후(金麟厚), 이이(李珥), 성혼(成渾), 김장생(金長生), 조헌(趙憲), 김
집(金集), 송시열(宋時烈), 송준길(宋浚吉), 박세채(朴世采)가 있다. 비
록 황희가 문묘에 배향되지는 못했지만, 문중과 8도 유생들에 의해 문
묘 종사 청원운동이 활발하게 전개되었음을 알 수 있다.

　황희에 대한 문묘종사를 청하는 상소는 1점 남아있다. 공주 유학 송
지수(宋智修)를 소수(疏首)로 경상도와 전라도 유생 약 200여명이 연
명한 것이다. 이 상소가 현전(現傳)하는 것은 당시 올리지 못하였기 때
문으로 보인다. 실제로 황희의 문묘 종사운동은 19세기 들어 모두 네
차례가 있었다. 이들은 각기 다른 곳에서 진행된 것이었지만, 황희의
주향처(主享處)인 옥동서원(玉洞書院)이 주도하여 추진한 사실들도
여러 교원의 통문에서 확인이 된다.

　『고종실록』과 『승정원일기』에는 황희의 문묘종사와 관련된 상소가
네 차례 나타난다. 황희의 문묘 배향에 대하여 처음 거론한 것은 1883
년(고종 20년) 12월 22일 경기도에 사는 후손 황심현(黃心顯)의 상소
였다. 그는 황희의 업적과 선유들의 그에 대한 칭송을 제시하며 문묘에
배향해 줄 것을 요청했지만, 고종은 문묘에 배향하는 일은 중대한 예
법이며, 갑자기 시행할 수 없으니 다시 후일의 공론을 기다리라고 비답
하였다.

　이어 1884년 4월 4일에 8도 유생 이승조(李承璪) 등이 상소하여 유

림(儒林)의 공의(公議)로서 황희의 문묘종사를 청한다고 하였다. 그러나 고종의 비답은 마찬가지로 거절되었다. 1884년 6월 6일 이세하(李世夏)를 소수(疏首)로 해서 다시 황희의 문묘 배향을 요청하는 상소를 올렸지만 다시 윤허되지 않았다. 이후 한동안 승무소(陞廡疏)는 등장하지 않다가 5년 후인 1891년 6월 4일에 목은 이색(牧隱 李穡)과 황희(黃喜)를 함께 문묘에 배향할 것을 청하는 홍재형(洪在衡) 등의 상소가 있었다. 이에 다시 비답을 내려 황희가 헌장(憲章)을 제작한 것과 이색이 후학에게 사표가 된 것은 의당 그 공에 대해 의논이 있어야 하지만, 문묘에 배향하는 것은 지극히 신중하여 가볍게 논할 수 없으니 물러가라 하였다.

관찬 자료에는 남아 있지 않지만, 영양향교(英陽鄕校)에 남아있는 통문을 보면, 이승조(李承璪), 이세하(李世夏) 외에 5명이 연명하여 보낸 것으로, 1894년 2월 27일 황희의 승무소(陞廡疏)를 들고 한양에 입성하여 유림들의 의견을 전달하였고, 긍정적인 비답을 듣고 재차 상소를 올리기 위해 빚을 내어 체류하는 모습을 확인할 수 있다.[204] 이렇게 볼 때, 황희에 대한 문묘종사 운동은 비록 실패했지만, 상주뿐만 아니라 전국적으로 일어났었다는 점에서 황희의 유림사회에서의 위상을 짐작해 볼 수 있다.

황기인(黃夔仁)은 「방촌선생의 문묘배향을 청한 실사서(實事序)」에서 황희의 문묘 배향 이유를 이렇게 설명하고 있다.

---

204) 경상북도, 「상주 옥동서원 사적 지정 자료보고서」, 2014, 43~44쪽 참조.

우리 태조가 건국한 초기에 두문동의 제현은 모두 선생에게 세상을 제도(濟度)할 임무를 지우면서 나갈 것을 권유하였고, 선생은 그 임무를 스스로 지고 나왔으니, 그 마음은 이윤 (伊尹)이 탕(湯)에게 나아간 것과 같고, 그 의(義)는 기자(箕子)가 무왕(武王)에게 홍범(洪範) 을 전수한 것과 같다. 또한 세종조에 이르러 예(禮)를 제정하고 악(樂)을 만든 것은 주공(周公)의 규모요, 사(邪)를 배격하고 정(正)을 붙잡은 것은 맹자의 도통(道統)이며, 관혼상제 (冠婚喪祭)의 예가 문란하지 않고 효제충신(孝悌忠信)의 행(行)이 알지 못하는 가운데 실현 되었으니, 400여년 이래 유관(儒冠), 유복(儒服)과 유행(儒行), 유언(儒言)이 모두가 어찌 선생의 유택(遺澤)에서 나온 바가 아니겠는가? 위로는 포은(圃隱), 목은(牧隱)을 계승하고, 아래로는 회재(晦齋), 퇴계(退溪)에게 전수하여 원만히 우리 유도(儒道)의 종사(宗師)가 된 것이다. 이는 괜히 아첨하는 말이 아니라 부녀자와 어린애까지도 다 아는 사실이며, 더욱이 역대 왕조의 제문이 뚜렷하고 선배들의 공론이 정확함에랴……또한 남추강(南秋江) 효온(孝溫)은 '불법이 횡행하던 시기를 당하여 홀로 세속에서 벗어나 바른 도만을 지키고 거기에 흔들리지 않았다' 하였고, 조정암(趙靜庵)은 '경연(經筵)에서 자주 사기(士氣)를 배양시켰다 '고 칭찬하였으며, 선생실기(先生實記)에는 '어려서는 성리(性理)의 글을 배우고 장성하여서는 성명(聖明)한 임금을 만나 그 실천이 독실하고 효용이 뚜렷하다' 하였다.

이밖에도 여러 군데 산재(散在)되어 있는 좋은 언행들을 이루다 서술할 수 없지만, 만약 선생이 없었던들 포은(圃隱), 목은(牧隱)의 개발은 마치 꿰어놓지 않은 돈과 같고, 회재(晦齋), 퇴계(退溪)의 계승은 높은데 오를 때 사다리가 없는 것과 같았을 터이니, 그 덕을 어디서 상고하겠는가? 그 도학(道學)의 연원과 맥락(脈絡)이 이처럼 뚜렷한데도 선생만이 문묘의 배향을 받지 못하고 있으니, 어찌 국전(國典)의 흠결(欠缺)이며 사림(士林)의 억울함이 아니겠는가?[205]

---

205) 『방촌선생문집』, 잡록, 「방촌선생의 문묘배향을 청한 실사서」, 1579쪽~1581쪽.

또한 방촌의 문묘 배향을 청원한 상소에서는 다음과 같이 그 이유를 설명하고 있다.

엎드려 생각하건대, 고 영의정 익성공(翼成公) 황희(黃喜)의 나라를 경륜하는 전례(典禮)와 백성을 다스리는 헌장(憲章)을 보면 참으로 우리 동방의 진유(眞儒)이며 백세(百世)의 종사(宗師)입니다......대저 도학(道學)이란 사람의 생명이며 만물의 원칙입니다. 이는 천지를 다하고 만고를 통하여 변함이 없는 것으로, 2제 3왕(二帝 三王)과 공맹정주(孔孟程朱)로부터 우리 동방의 회헌(晦軒)선생 안유(安裕)와 포은(圃隱)선생 정몽주(鄭夢周)에까지 이르렀습니다. 익성(翼成)의 이것으로써 전수받고 또 이것으로써 전수해 준 사실이 국사에 뚜렷이 기재되어 낱낱이 상고할 수 있으며, 역대 성조(聖祖)에서 내린 제문(祭文)에도 융숭하고 장중하게 언급되어 있습니다.

또한 문정공(文貞公) 신(臣) 남효온(南孝溫)은 정도(正道)만을 지키고 사도(邪道)에 흔들리지 않은 이는 황익성(黃翼成) 한 사람이었다 하였고, 문정공(文正公) 신(臣) 조광조(趙光祖)는 경연에서 자주 사기를 배양시켰다고 칭찬하였습니다. 역대 성조(聖祖)의 영령을 위로한 바와 두 현인(賢人)의 공로를 추앙한 바로 보아 백세의 은전(恩典)과 다사(多士)의 본보기가 어떠하다는 것을 알 수 있습니다. 그런데도 지금까지 문묘에 배향되지 아니한 것은 참으로 사림(士林)의 억울한 일이며 국가의 흠결(欠缺)된 일입니다......지금 익성을 문묘에 배향하자는 주청(奏請)에 있어 정식으로 접수된 소는 두서너 장에 불과하지만, 사론(士論)에 발기(發起)된 지는 벌써 수 십년이 넘었습니다. 아! 우리 전하는 상성(上聖)의 자질로 중흥(中興)할 국운(國運)을 만나시고 동궁저하(東宮邸下)도 명철(明哲)한 계승이 마치 요(堯) 순 (舜)과 같으시니, 이는 바로 유풍(儒風)을 드러내고 사류(士類)를 앙양(仰揚)시켜야 할 기회입니다.

신 등이 외람됨을 불고하고 다시 정성을 드리오니, 엎드려 바라건대 전하는 깊은 생각을 돌리시고 대중의 바람에 따르시어, 익성공(翼成公) 신(臣) 황희(黃喜)를 문묘(文廟)에 종사 (從祀)시키라는 특명을 내려 주소서. 신 등은 그저 기원하면서 두근거리고 황공해하면서 기대가 간절할 뿐이옵니다.[206]

이러한 상소에 대해 임금은 문묘 배향은 결코 경솔히 할 수 없다 하고, 그대들은 물러가 학업에나 힘쓰라고 비답하였다. 이상의 문묘 배향 청원 상소의 내용을 종합해 보면, 400여년 이래 유관(儒冠), 유복(儒服)과 유행(儒行), 유언(儒言)이 모두 황희의 유택(遺澤)에 힘입은 바라고 평가하고 있고, 또한 불교를 배척하고 정도(正道)를 바로 세운 벽이단(闢異端)의 공로를 높이 평가하고 있다.

다음은 서원 향사(享祀)를 통한 황희의 유교적 위상에 대해 검토해 보기로 하자. 성균관과 향교에 배향하는 것은 조정의 공인 절차를 통한 것이었다면, 서원 향사문제는 지역 유림들의 공의가 중요한 역할을 하였다. 이런 점에서 황희의 서원 향사문제는 그의 유교적 위상을 살펴보는데 중요한 근거가 된다. 황희는 유학자가 아님에도 불구하고 충청, 전라, 경상, 강원도 등 전국적으로 서원에 향사되고 있다. 그 과정과 전말을 간단히 살펴보기로 하자.

1580년(선조 13년) 황희의 5세손 현감 돈(惇) 등이 백옥동영당(白玉洞影堂)을 상주 중모현(中牟縣) 수봉촌(壽峰村)에 세웠다. 이 마을은 곧 그의 중자(仲子) 소윤공(少尹公) 보신(保身)의 별업(別業)인데, 황희가 일찍이 이곳에 와서 소요(逍遙)하였다. 이 마을에 사는 후손이

---

206) 『방촌선생문집』, 잡록, 「방촌선생 문묘배향을 청한 소」, 1582쪽~1584쪽.

그 유촉(遺躅)을 사모하여 영당을 지어 유상(遺像)을 받들고 봄 가을로 향사(享祀)하였다.[207]

1693년(숙종 19년) 장수현감 민진숭(閔鎭崇)이 본 현의 사림과 더불어 창계서원(滄溪書院)을 현 북쪽 유령(杻嶺)아래 선창촌(仙倉村)에 세웠다. 방촌 황희를 주향으로 하고, 셋째 아들 열성공(烈成公) 수신(守身)과 유호인(兪好仁), 장응두(張應斗)를 함께 배향(配享)하였다. 1714년(숙종 40년) 상주사림이 백옥동영당(白玉堂影堂)을 승격시켜 서원으로 만들었다. 처음에는 충간공(忠簡公) 전식(全湜)을 배향하였다가, 1786년(병오)에 황희의 현손 이조참판 황효헌(黃孝獻)과 7세 손 지평 황뉴(黃杻)를 함께 배향하였다.

1788년(정조 12년) 남원 사림이 전북 남원 서쪽 풍산(楓山)아래 산수촌(山水村)에 풍계서원(楓溪書院)을 세우고 방촌의 유상(遺像)을 봉안(奉安)하였다. 여기에는 방촌 황희를 주향으로 하고, 오상덕(吳尙德)과 의병장 황위(黃暐)를 배향하였다. 1790년(정조 14년) 공주 사림이 기호서원(岐湖書院)에 배향하였고,[208] 1856년(철종 7년) 연기 사림이 태악서원(台嶽書院)을 현(縣) 서쪽 태산촌(台山村)에 세웠다.[209] 이 태악서원은 그동안 문헌이 부족해 그 실체를 알 수 없었는데, 최근 상주 박씨 문중(박창섭)이 보관해 오던 『율촌선생실기(栗村先生實記)』가 세상에 밝혀지면서 그 전모가 밝혀지게 되었다.

또한 1857년(철종 8년)에는 삼척 사림들이 산양서원(山陽書院)을

---

207) 『방촌황희선생문집』, 「연보4」, 1338쪽.
208) 『방촌황희선생문집』, 「연보4」, 1342쪽.
209) 『방촌황희선생문집』, 「연보4」, 1343쪽.

부(府) 남쪽 소공대(召公臺) 아래에 세웠고,[210] 1680년(숙종 6년) 전북 완주군 용진읍 구억리에 용진서원(龍進書院)을 건립하고, 방촌 황희를 주향으로 하고, 셋째 아들 황수신(黃守身), 김맹(金孟), 이익(李益), 강이온(姜利溫), 박금(朴嶔)을 배향하였다. 또 1922년(1932년?) 전북 진안군 안천면 백화리에 화산서원(華山書院)을 세우고 방촌 황희를 주향(主享)으로, 둘째 아들 황보신(黃保身)과 이 고장 입향조인 황징(黃澄)을 배향하였다.

사실 서원은 대체로 훌륭한 유학자를 주향자(主享者)로 하여 그 문인들에 의해 현창해 온 것이 일반적이다. 황희의 경우는 유학자도 아니고 문인도 없는 현실에서 전국 곳곳의 서원에서 향사의 영예를 갖게 된 것은 결코 우연이 아니며, 적어도 조선 초 건국의 과정에서 불교를 배척하고 유교를 정도로 세우고자 한 공로와 조선 초 예악의 제도화에 기여한 공로가 인정된 것으로 보인다.

---

210) 『방촌황희선생문집』, 「연보4」, 1344쪽.

21세기 황희의 교훈

파주 반구정 방촌 황희 동상

제5장 21세기 황희의 교훈

이제까지 황희의 생애와 업적 그리고 그의 인품과 위상에 대해 고찰해 보았다. 황희는 14세기 중엽에서 15세기 중엽까지 고려조와 조선조 양 시대를 살다간 인물이다. 그는 유교적 교양을 닦은 유교지식인이지만 학자는 아니다. 가장 대표적인 유교경세가라고 할 수 있다. 시대를 감안하면 그는 90세로 장수하였고, 60여년의 공직생활을 하였으며 87세까지 근무하였으니 가히 기록적이라 할만하다. 더욱이 6조 판서를 두루 다 역임하고, 재상만 24년, 영의정으로 18년을 봉직했다는 것도 역사상 전무후무한 기록이다. 특히 세종시대의 주역으로 세종 즉위부터 세종이 세상을 떠날 때 까지 함께 조정을 지켰다는 것도 보통일이 아니다. 이러한 황희의 90평생, 60여년의 공직생활을 뒤돌아보고, 그의 삶, 업적, 인품을 통해 오늘날 우리는 무엇을 배울 것인지 생각해 보기로 하자.

첫째, 오직 나라와 백성만을 위한 공직의 길을 배워야 한다. 오기수 교수는 황희를 가리켜 '백성의 신(臣) 황희' 라고 일컬었는데 이는 매우 타당하고 적의한 표현이다. 황희의 일생은 오로지 공직자의 길을 걸었다. 오늘날 우리는 길어야 40여년에 정년퇴직을 하지만, 황희는 60여년을 나라와 백성을 위해 봉직했다. 87세까지 관료로서 봉직한 경우도 거의 드물 것이다. 그가 그렇게 오래도록 조정에 머물러 일 할 수 있었던 것은 그의 너그럽고 인자한 인품, 총명한 지혜, 공명정대한 처신, 청렴하고 검소한 생활, 권력에 욕심이 없었기 때문이다. 아마도 그가 어느 특정 권력자의 편에 서서 일했다면 벌써 물러났을 것이요, 또 자신이 파벌을 조성하고 세력을 형성하고자 했다면 임금이 용납하지 않았을 것이다. 황희는 임금의 편을 들어 아부하고 아첨하는 간신이 아니었다. 임금의 생각이 그르고 임금의 정책이 옳지 못하면 반드시 간언하고 자신의 의견을 제시하였다. 태종이 양녕대군을 세자에서 폐위코자 했을 때 황희는 이를 일관되게 반대하였다. 그것은 양녕의 일탈은 사소한 것이지 큰 잘못은 아니라고 보았다. 이로 인해 한성판윤으로 쫓겨나고 파주 교하로 귀양갔다가 마침내 남원으로 이배되기에 이르렀다. 태종의 뜻대로 따르기만 해도 되는데 자신에게 닥쳐올 불이익, 유배를 무릅쓰고 소신을 지켰다.

세종이 조선의 현실에 맞는 공법을 만들고자 안을 냈을 때 황희는 백성의 불편과 나라의 재정을 고려해 반대하였다. 세종은 이러한 황희를 내치지 않고 포용하면서 17년간 대안을 수정하고 보완하고 여론조사까지 하면서 조선의 공법을 다시 만들었다. 여기서도 황희의 나라와 백성을 위한 신하로서의 모습은 잘 나타나 있다. 황희는 평생 공직생활에서 나라와 백성을 행정의 최고 가치로 삼고 봉직해 왔다.

오늘날 우리 현실을 보자. 공직자들이 권력자의 눈치를 보고, 한 정권의 편을 들기도 한다. 나라와 백성을 위한 공직자가 아니라 대통령의 수족이 되고 특정 정권의 하수인으로 전락하고 있는 것이다. 율곡은 "나라에 이로우면 옳은 것이고, 나라에 해로우면 그른 것이다"[211] 라고 하였다. 무엇이 옳고 그른 것인가? 그 척도는 나라의 백성의 편안함,

---

211) 『栗谷全書』, 卷10, 書2, 「答成浩原」.

나라와 백성의 이익에 있다는 것이다. 그러므로 정치와 행정은 나라와 백성을 위해 존재하는 것이다. 황희는 공직의 존재이유와 행정의 목적을 임금이 아닌 나라와 백성에 두었다. 그래서 태종도, 세종도 그를 존경하고 신임했던 것이다. 황희가 오늘 이 시대에 우리에게 가르쳐 주는 큰 교훈은 공직자의 올바른 길을 먼저 보여주었다는 점이다. 물론 그에게도 몇 가지 흠결은 있었지만, 60여년의 공직생활에 6조 판서를 두루 지내고, 24년의 재상, 18년간의 영의정을 지낸 이력에 비추어 보면 '인주(人主)의 팔다리', '나라의 동량(棟樑)', '세상을 도운 큰 재목', '나라를 다스리는 큰 그릇', '신하와 백성의 사표(師表)', '국가의 주춧돌', '어진 재상', '세종은 심복(心服)처럼 기대었고 사림은 태산북두(泰山北斗)처럼 우러러보았다', "국정을 잡은 지 16년 동안에 인재들이 그 뛰어난 안목에 발탁되었다", "수상으로 있은 지 24년 동안에 국사가 단단한 반석처럼 편안했다" 라는 평가가 결코 지나치지 않음을 알 수 있다. 임금의 신하가 아니라 나라와 백성을 위한 신하, 자신의 능력을 나라와 백성을 위해 바치고, 다른 한편으로는 간언(諫言)과 충직(忠直)으로 임금을 바른 길로 인도하는 신하의 길을 보여준 황희야 말로 이 시대 우리가 배워야 할 공직자의 본보기이다.

둘째, 황희와 세종의 군신공치(君臣共治), 군신협치(君臣協治)를 배워야 한다. 정치란 임금 홀로 할 수가 없다. 임금도 한 인간이므로 그 능력에 있어서 다양한 국정전반을 다 알 수도 없고 유능할 수도 없다. 그러므로 예로부터 신하의 조력을 받아 국정을 수행하게 되어 있다. 여기서 유능하고 훌륭한 신하를 발굴하여 등용하는 것은 정치의 성공에 관건이 된다. 그래서 우리는 인사가 곧 만사란 말을 하게 된다. 임금은 유능하고 훌륭한 신하를 잘 만나 그들을 잘 통솔하고 관리하기만 하면 된다. 또한 나라의 다양한 정책들은 임금 한 사람의 생각에서 나올 수 없다. 수많은 신하와 백성들의 아이디어가 필요한 것이다.

유교에서는 훌륭한 신하의 조건을 현(賢)과 능(能)으로 표현한다. 현이란 도덕적 수준을 말하는 것이고, 능이란 전문적인 식견과 능력을 말하는 것이다. 이 두 가지 조건을 잘 갖춘 이가 훌륭한 신하라고 할 수 있다.

그러므로 훌륭한 임금은 훌륭한 신하, 유능한 신하를 찾고 발굴하는데 부지런해야 한다. 심지어는 유비(劉備)에서 보듯이 삼고초려(三顧草廬)라도 해서 제갈량(諸葛亮)을 모셔 와야 하는 것이다. 정치나 행정이란 결국 사람이 하는 것이기 때문이다.

조선시대 유교정치에서도 훌륭한 임금과 유능한 신하의 만남은 종종 있어 왔지만 성공적인 사례는 매우 드물다. 태조 이성계와 정도전의 만남, 세조와 한명회의 만남, 중종과 조광조의 만남, 선조와 이이의 만남, 효종과 송시열의 만남, 정조와 홍국영의 만남 등이 그 대표적이다.

군신협치가 성공하려면 먼저 임금 자신의 마음이 열려있어야 하고 임금 자신의 인물됨이 어느정도 갖추어져야 한다. 그리고 신하의 경우도 유능하고 도덕적으로 훌륭해야 한다.

무엇보다 중요한 것은 임금과 신하의 존경과 신뢰다. 이것이 무너지면 군신협치는 성공하기 어렵다. 정도전, 조광조의 경우에서 잘 볼 수 있다.

이렇게 볼 때, 아마도 조선조 역사상 가장 대표적인 군신공치, 군신협치의 성공적인 사례가 세종과 황희의 경우일 것이다. 그것은 세종 즉위 초부터 황희를 불렀고, 그의 능력에 대한 신뢰, 그의 도덕적 품격에 대한 존경이 평생 지속되었다. 17번이나 사직 상소를 올렸지만 세종은 받아주지 않았다. 문제가 생겨 잠시 그만두게 하고 다시 또 부른다. 위에서도 언급했지만 자신의 공법안을 가장 앞서서 반대하는 황희를 용납하는 세종, 17년간 황희를 내치지 않고 오히려 공법 개정의 책임을 맡겨 추진하였다. 그리고 황희에 대한 온갖 비난과 시비를 간과해 버린다. 그것은 황희의 능력과 인품을 더 크게, 더 높게 평가하기 때문이다. 황희가 그렇게 오랫동안 재상을 하고 영의정을 하게 된 것은 세종의 특별한 총애 때문이다. 혹자는 이것이 세종의 잘못이라고 말할 수도 있을 것이다. 그러나 세종은 나라를 위해, 백성을 위해, 자신을 위해 황희는 꼭 필요한 사람이라고 본 것이다. 이 점에서 세종의 리더십은 남다른 바가 있다. 임금의 신하에 대한 믿음, 신하의 임금에 대한 존경 이것이 군신공치의 길이다. 이러한 세종과 황희의 경우를 두고 오늘의 현실에서 생각해 보자. 현대사회는 우선 장관이나 보좌관의 임기가 너무 짧다. 1년, 2년 동안에 어떻게 소신있는 행정을 하며 행정의 성과를 낼 수 있는가? 그저 이력이나 쌓아가는 데 길들여 있다. 정치의 성공을 위해서는 어느 정도 장기간의 임기 보장이 필요하다.

또한 대통령은 인재의 발굴에도 성의가 없다. 자기 편, 주변의 인물로 회전인사를 반복한다. 공직자들은 나라와 국민을 위해 일하는 것이 아니라 대통령의 손발이 되고 특정 정권의 하수인이 되고 만다. 이렇게 되면 공무원의 정치적 중립성도 지켜지기 어렵다. 나라와 국민을 위한 공직자의 가치관 확립이 중요하다.

세종과 황희에게서 보듯이 대통령은 장관이나 보좌진을 믿고 신뢰해야 하며, 그들의 좋은 헌책과 비판을 너그럽게 수용할 줄 알아야 한다.

그리고 공직자들은 자신의 능력을 힘껏 발휘하고 정당한 소신을 펼 수 있는 용기가 있어야 한다. 아울러 대통령의 실수나 잘못이 있을 때는 어떠한 어려움에도 불구하고 간언하고 비판하는 용기가 있어야 한다.

이런 점에서 세종과 황희의 군신협치는 오늘날 우리 정치가 가야 할 길을 잘 보여주고 있다. 진정한 군신유의(君臣有義)는 임금의 임금다움에 있고 신하의 신하다움에 있다. 존경받는 임금, 유능하고 훌륭한 신하의 만남에서 정치는 성공할 수 있고, 그 결과 나라는 편안하고 백성은 행복할 수 있는 것이다.

셋째, 인간 황희에게서 배울 점이 많다. 황희는 명재상, 어진 재상, 청백리로도 불리었지만, 한 인간으로서 높은 봉우리였다. 인간이 온전하기란 어려운 일이다. 유학에서는 바람직한 인간상을 군자(君子)라 하고 가장 이상적인 인간을 성인(聖人)이라 부른다. 공자는 『논어』에서 많은 제자들에게 '어진 사람(仁人)'이라는 칭찬을 쉽게 허용하지 않았다. 그 어진 사람이라는 말은 모든 덕을 두루 갖춘 온전한 사람이라는 의미였다. 황희는 여러 문헌에 의하면 다음과 같이 매우 다양한 인물평을 듣고 있는데 그 예를 들어보기로 하자.

관인(寬仁)하다, 관후(寬厚)하고 침중(沈重)하다,

덕과 그릇이 크고 두텁다, 덕은 모든 관료를 진정시키기에 넉넉하다,
국량(局量)이 크고 깊다,
자질이 크고 훌륭하다, 용납할 수 없는 아량
총명이 남보다 뛰어났다, 헌장(憲章)을 밝게 익혔다, 지혜는 일만 가지 정무

(政務)를 통괄하기에 넉넉하다, 지식과 국량이 침착하고 깊다, 좋은 정책과 좋은 의견을 고하는 데는 언제나 병을 고치는 약석(藥石)보다 나았도다,

학문이 정대(正大)하다, 정대한 학문은 너무도 높았다, 일을 의논할 때는 정대해 대체(大體)를 보존하는데 힘썼다, 큰일을 잘 결단한다, 생각이 깊고 먼 앞날을 내다보는 통찰력이 있다, 큰일과 큰 의논을 결단하는 데는 진실로 길흉(吉凶)을 점치는 시구(蓍龜)와 같았다,

기쁨과 노여움을 얼굴에 나타내지 않는다,
집을 다스림에 검소하였다,
진퇴(進退)가 도의(道義)에 부합하였다,
어려운 국사에 앞장서는 충성,

이상의 인물평을 종합해 보면, 황희의 능력과 사람됨을 짐작하기 어렵지 않다. 첫째, 너그럽고 인자한 성품이 그의 타고난 천성이다. 수많은 일화에서 보듯이 그는 남녀노유, 신분을 가리지 않고 사람을 대하였다. 특히 집안의 종들에 대해서도 차별하지 않고 너그럽게 대하였다. 어린 종 아이들의 재롱과 실수를 아무렇지 않게 다 수용하였다. 이렇게 어진 성품은 정치, 행정의 현장에서도 유감없이 발휘되어 '어진 재상'의 별명을 얻었다. 그리고 죄수들에 대한 인간적 처우와 배려, 고문의 방지, 장애인, 걸인들에 대한 뜨거운 관심으로 나타났다.

둘째, 타고난 인품의 그릇이 컸다는 것이다. 이러한 평가는 거의 공통적으로 보이고 있다. 지식과 국량이 침착하고 깊다, 좋은 정책과 좋

은 의견을 고하는 데는 언제나 병을 고치는 약석(藥石)보다 나았다는 평가는 황희의 타고난 자품(資稟)이 비범했다는 말이다. 그러므로 그는 일상에서나 조정에서나 사소한 것에 매이지 않고 멀리 크게 내다볼 수 있었다. 그리고 다양한 갈등 속에서 그것을 조정하고 해결하는 데 탁월한 역량을 발휘하였으며, 남들의 존경과 믿음 속에서 원만하게 국정을 이끌어갈 수 있었다.

셋째, 총명이 남보다 뛰어났고, 지식과 식견이 풍부했다 한다. 그는 유학의 경전에도 능통했고 제자학(諸子學)에도 조예가 깊었다. 그리고 무엇보다 나라의 법규와 예전(禮典)에 밝고 행정의 다양한 전문적 식견에 탁월했다. 87세에 공직에서 물러날 때까지도 백발을 흩날리며 총명을 잃지 않았다고 평하고 있다. 수리(數理)와 기억력도 밝아 젊은이들도 그를 당하지 못했다. 또한 타고난 총명과 풍부한 행정경험에서 나라와 백성을 위한 좋은 계책과 대책들이 나올 수 있었다.

넷째, 공명정대(公明正大)한 학문으로 통찰력이 탁월하고 큰일을 잘 결단했다 한다. 지도자는 통찰력이 있어야 하고 어려운 사건과 현안을 잘 결단하는 지혜가 있어야 한다. 황희는 공명정대한 학문을 지녔다. 이는 그의 학문이 단순히 지식의 축적이 아니라 현실을 판단하고 사태를 해결하는 공명정대한 지혜의 소유자였음을 말해준다. 지도자는 다양한 갈등과 복잡한 사안들을 올바르게 판단하고 결단하는 지혜와 용기가 있어야 한다. 황희는 이 점에서 매우 탁월하였다는 평가를 받는다. 그가 18년 동안 2인자로서 영의정을 하게 된 것도 임금을 도와 수많은 정책 현안들을 원만하게 해결하는 능력이 있었기 때문이다. 실록에 수많은 부분에서 '황희 의견대로 하라'는 세종의 말이 기록되어 있는 것이 이를 입증한다. 탁월한 통찰력과 결단성 이것이 황희의 큰 장점이었다.

다섯째, 그의 성실한 수행(修行)으로 이루어진 인격이다. 그는 무엇보다 청렴한 생애를 산 것으로 알려져 있고, 평소 집안의 살림도 매우 검소했던 것으로 알려져 있다. 또한 그는 희노애락의 감정을 얼굴에 잘 드러내지 않았다고 여러 곳에서 말하고 있다. 이는 보통 사람으로서는 어려운 경지로 황희의 수양의 경지를 잘 말해주는 것이다. 아울러 그는 진퇴가 도의에 부합했고, 나라의 어려운 일에 앞장서는 충성심이 있었다고 평하고 있다.

이렇게 볼 때, 황희는 성인은 아니지만 적어도 인간으로서는 높은 수준에 이른 위인(偉人)이었다고 평가된다. 이성무 교수는 황희의 평전에서 그를 종합적으로 평가하면서 '위인'으로 평가하였는데, 이는 매우 적절한 평가가 아닌가 생각된다. 물론 황희에게도 다소의 작은 흠집과 실수는 없지 않았지만, 전 생애를 통틀어 평가한다면 그래도 보기 드문 한국의 인물로 존경받고 기려야 할 것이다. 인물은 만들어 나가는 것이다. 오늘날 우리는 있는 인물도 흠집을 내고 죽여 버린다. 장점도 배우고 흠결도 배우는 것이 역사의 교훈이다. 부분적인 흠집으로 전체를 매도하는 어리석음을 범해서는 안 된다.

90평생을 나라와 백성을 위해 살다 간 황희, 세종을 도와 위대한 세종시대를 창출한 황희정승, 너그럽고 바르고 넉넉하고 총명한 품성으로 청렴하게 공명정대하게 살았던 위대한 거인, 방촌 황희를 기억하고 새롭게 배우자.

방촌 황희 연보

방촌 황희 연보

- 1363년(고려 공민왕12, 계묘) 2월 10일 개성(開城) 가조리(加助里)에서 태어나다.
- 1376년(우왕2, 선생 14세) 음직(蔭職)으로 복안궁녹사(福安宮錄事)에 제수되다.
- 1379년(우왕5, 선생 17세) 판사복시사(判司僕寺事) 최안(崔安)의 딸을 부인으로 맞아들이다.
- 1383년(우왕9, 선생 21세) 사마시(司馬試)에 합격하다. 천성이 학문을 좋아하여 밤낮으로 공부에 힘썼으니, 경사(經史)와 제자백가(諸子百家)의 글에 통달하지 않음이 없었다.
- 1385년(우왕11, 선생 23세) 진사시(進士試)에 합격하다.
- 1386년(우왕12. 선생 24세) 최씨 부인이 별세하다.
- 1388년(우왕14, 선생 26세) 청주양씨(淸州楊氏) 공조전서(工曹典書) 양진(楊震)의 딸을 부인으로 맞아들이다.
- 1389년(공양왕원년, 선생 27세) 문과에 급제하다.
- 1390년(공양왕2, 선생 28세) 성균관학관(成均館學官)에 보임되다.
- 1392년(태조원년, 선생 29세) 태조가 세자우정자(世子右正字)로 임명하다.
- 1395년(태조4, 선생 33세) 직예문관춘추관(直藝文館春秋館)으로서 사헌부감찰(司憲府監察) 우습유(右拾遺)로 전임되다.
- 1397년(태조6, 선생 35세) 장자 치신(致身)을 낳다. 11월 왕의 뜻을 거슬러 습유(拾遺)의 직에서 파면되다.
- 1398년(태조7, 선생 36세) 정자우습유(正字右拾遺)로서 상소를 올려 강은(姜隱)과 민안인(閔安仁)을 탄핵하다. 7월 5일 임금의 뜻을 거슬러 경원교수관(慶源敎授官)으로 좌천되다.

- 1399년(정종원년, 선생 37세) 습유(拾遺)로 다시 불러 올렸는데 직언을 하므로 파직되었다가 얼마 후에 우보궐(右補闕)에 임명되다. 9월 10일 보궐(補闕)에서 면직되다.
- 1400년(정종2, 선생 38세) 다시 기용되어 경기감사(京畿監司)를 보좌 했고 형조, 예조, 이조, 병조의 정랑(正郞)을 역임했으며, 병조의랑(兵曹議郞)에 이르러 집현전(集賢殿)직을 겸임했고, 도평의사(都評議司)의 도사(都事)와 경력(經歷)을 거쳤으니, 이르는 곳마다 유능하다는 평을 받았다.
- 1401년(태종원년, 선생 39세) 임금의 명에 의해 명나라 사신을 접대하다. 2남 보신(保身)을 낳다.
- 1402년(태종2, 선생 40세) 부친 의정공(議政公) 군서(君瑞)의 상을 당해 장단(長湍) 마근곡(麻根谷)에 장사를 지내다.
- 1404년(태종4, 선생 42세) 부친의 3년 복을 마치다. 우사간대부(右司諫大夫)에 승진하다.
- 1405년(태종5, 선생 43세) 우부대언(左副代言)에 임명되다. 승정원지신사(承政院知申事)로 승진하다.
- 1406년(태종6, 선생 44세) 해온정(解慍亭)의 이름을 정하다. 명나라 사신 황엄(黃儼)을 한강에서 전송하다. 5월 27일 임금이 궁궐 안에 불당(佛堂)을 세우려하자 이를 간언해 혁파할 것을 주장하다. 5월 28일 상소를 올려 동불(銅佛)의 전송(轉送)을 금지할 것을 청하자 임금이 좇았다. 6월 7일 태상왕(太上王)이 회엄사(檜巖寺)에 거동하려 하자 선생이 이를 간하여 중지하게 하였다. 8월 5일 장계(狀啓)를 올려 승도(僧徒)를 모집하여 풍저창(豊儲倉)과 광흥창(廣興倉)을 세울 것을 청하다.
- 1407년(태종7, 선생 45세) 3남 수신(守身)을 낳다. 7월 1일 명나라 사신 정승(鄭昇), 김각(金角) 등을 전송하다. 9월 25일 밀지(密旨)를 받

들어 민무구(閔無咎), 민무질(閔無疾) 등을 제거할 것을 도모하다.

- 1408년(태종8, 선생 46세) 왕명에 의해 태평관에 나아가 명나라 사신 황엄(黃儼)을 위문하다. 8월 18일 지신사(知申事)를 사임하고자 했으나 임금이 허락하지 않다. 12월 5일 조용(趙庸)의 결백함을 주장하여 구원해 주다. 12월 11일 사헌부대사헌(司憲府大司憲) 맹사성(孟思誠)과 사간원우정언(司諫院右正言) 박안신(朴安臣)을 구원해 주다.

- 1409년(태종9, 선생 47세) 세자의 강학을 청하다. 4월 7일 향악(鄕樂)의 사용을 개정하지 말 것을 청하다. 8월 10일 참지의정부사(參知議政府事)에 승진하다. 12월 6일 형조판서에 승진하다.

- 1410년(태종10, 선생 48세) 지의정(知議政)에 승진하다. 4월 18일 북방 오랑캐 올량합(兀良哈)을 방어할 대책을 올리다. 7월 6일 사헌부대사헌에 임명되다. 10월 11일 상소를 올려 관민들이 가족을 이끌고 구도 개성으로 돌아가는 것을 금지하기를 청하니, 임금께서 이를 따랐다.

- 11월 26일 글을 올려 종상법(種桑法)을 장려하기를 청하니 임금이 좋았다. 상소를 올려 승도(僧徒)를 고찰할 것과 집현전을 열 것을 아울러 청하다. 12월 29일 판사재감사(判司宰監事) 권문의(權文毅)에게 죄 줄 것을 청하다.

- 1411년(태종11, 선생 49세) 1월 6일 상소를 올려 권문의에게 죄 줄 것을 다시 청하다. 1월 11일 청성군(淸城君) 정탁(鄭擢), 연성군(蓮城君) 김정경(金定卿), 총제(摠制) 하구(河久)에게 죄 줄 것을 청하다. 1월 24일 예조정랑 권보에게 죄 줄 것을 청하다. 2월 20일 상소를 올려 군사들이 때지어다니며 술 마시는 폐단을 금지할 것을 청하니 임금이 이를 따랐다. 6월 5일 장계를 올려 이속(李續) 등에게 죄 줄 것을 청하다. 6월 29일 전라감사에게 공문을 보내 장흥부사 김기(金頎)의 벼슬을 파면케 하다. 7월 20일 병조판서에 임명되다. 8월 29일 왕명에 의해 명나라에 사은사(謝恩使)로 가다.

- 1412년(태종12, 선생 50세) 경제6전(經濟六典)을 다시 제정하기를 건의하다. 9월 24일 장자 호안공(胡安公)이 공부에 부지런함을 듣고 동(董)의 이름을 하사하다.

- 1413년(태종13, 선생 51세) 3월 20일 각도의 병마(兵馬)를 점검할 대책을 의정(議定)하여 아뢰다. 3월 22일 고려실록(高麗實錄)의 개수(改修)를 청하다. 4월 7일 예조판서로 전직(轉職)되다. 4월 13일 제사의 제도에 대해 개정을 청하니 임금이 이에 따르다. 6월 8일 장계(狀啓)를 올려 산천의 여러 사전(祀典)을 개정할 것을 청하니 임금이 이를 따르다. 산천제사의 단유(壇遺)와 재소(齋所)를 건축할 것을 청하니 임금이 이를 따르다. 사대부의 상접(相接)하는 예절을 아뢰니 임금이 이를 따르다. 9월 3일 학궁(學宮)의 개수(改修)를 청하니 임금이 이를 따르다. 11월 4일 단군(檀君)과 기자(箕子)와 고려 태조의 제사 받드는 전례(典禮)를 아뢰니, 임금이 이를 따르다. 마신(馬神)의 제전(祭典)을 개정할 것을 청하다. 조회에 국궁(鞠躬)하는 예절을 아뢰니 임금이 이를 따르다. 12월 27일 임금이 선생의 의논에 따라 친히 문소전 (文昭殿)의 별제(別祭)를 거행하다.

- 1414년(태종14, 선생 52세) 병으로 예조판서를 사직하다. 5월 18일 의정부찬성사(議政府贊成事)에 임명되다. 6월 12일 예조판서에 임명되다. 6월 13일 장계를 올려 여러 사전(祀典)에 관한 단유(壇遺)의 제도를 아뢰다. 6월 27일 장계를 올려 천첩(賤妾)의 소생(所生)에 대해 천역(賤役)에서 면제하는 법을 아뢰다. 7월 11일 왕세자 및 유사(有司)가 주현(州縣)에서 석전(釋奠)을 드리는 의식을 또 올리다. 8월 7일 왜적을 방어할 대책을 의논하여 아뢰니 임금이 이에 따르다. 8월 21일 장계를 올려 산천 사전(祀典)의 제도를 아뢰니 임금이 이를 따르다. 9월 1일 종친과 대신의 상사(喪事)에 친임(親臨)하는 의주(儀註)를 제정하여 올리다. 9월 8일 여러 사전(祀典)의 의례(儀禮)를 올리다. 9월

12일 장계를 올려 월령도(月令圖)의 개수(改修)를 청하니 임금이 옳게 여기다. 9월 16일 대마도주 종정무(宗貞茂)에게 글을 보내어 효유(曉諭)하다. 9월 22일 사냥한 날짐승으로 교사(郊社)에 제사지낼것을 청하다. 윤 9월 3일 장계를 올려 사냥한 날짐승으로 종묘(宗廟)에 천신할 것을 청하니 임금이 이를 따르다. 10월 25일 적전(籍田)을 새로 일구는 의례(儀禮)를 올리다. 11월 2일 장계를 올려 전문(箋文)을 모시고 예악(禮樂)을 마련하는 법을 청하니 임금이 이를 따르다.

- 1415년(태종15, 선생 53세) 1월 15일 복제(服制)의 양식을 올리니 임금이 이를 따르다. 친영(親迎)의 전례(典禮)를 상정(詳定)하여 아뢰다. 1월 16일 종묘(宗廟)에 작헌례(酌獻禮)를 드리는 의주(儀註)를 올리다. 3월 3일 여러 사전(祀典)에 관한 의례(儀禮)를 올리다. 4월 1일 장계를 올려 산천의 제사는 다만 춘추(春秋)의 중월(仲月)에 거행할 것을 청하니 임금이 이에 따르다. 4월 13일 향리(鄕吏)들이 쓰는 절입(折笠)의 제도를 상정하여 아뢰니 임금이 이에 따르다. 5월 17일 이조판서에 전직되다. 6월 19일 이조판서에서 파면되다. 11월 7일 의정부참찬에 임명되다. 12월 28일 호조판서에 임명되다.

- 1416년(태종16, 선생 54세) 3월 16일 다시 이조판서에 임명되다. 6월 22일 용관(冗官)을 제거할 것을 청하니 임금이 이에 따르다. 7월 28일 여러 도감(都監)과 별좌(別坐)의 서용(敍用)하는 법을 청하니 임금이 이에 따르다. 8월 10일 장계를 올려 고을의 칭호를 개정할 것을 청하니 임금이 이에 따르다. 10월 10일 장계를 올려 평양의 사관(土官)을 혁파할 것을 청하니 윤허하지 않다. 11월 2일 세자를 두둔한 혐의로 공조판서로 좌천되다.

- 1417년(태종17, 선생 55세) 2월 22일 외직으로 나가 평안도 도순무사(都巡問使) 겸 평양윤(平壤尹)에 임명되다. 6월 29일 명나라 사신 황엄(黃儼)과 해수(海壽)의 폐단을 끼치는 상황을 정부에 보고하다. 평

양의 빈관에서 명 나라 사신 황엄에게 연회를 베풀어주다. 12월 3일 다시 형조판서가 되다.

- 1418년(태종18, 선생 56세) 1월 11일 판한성부사(判漢城府事)에 임명 되다. 5월 10일 세자의 일로 체포의 명령을 받고 송도(松都)의 행재소 (行在所)에 나아가다. 5월 11일 임금의 명에 의해 물러나 파주 교하 (交河)로 돌아오다. 12일 대간(臺諫)과 형조에서 그 범죄한 바를 국문 (鞫問)할 것을 청하니 윤허하지 않다. 5월 21일 형조와 대간에서 선생 의 죄를 국문할 것을 청하니 윤허하지 않다. 27일 남원부(南原府)로 유배되다. 1419년(세종원년, 선생 57세) 모친 정경부인(貞敬夫人)을 모시고 남원부 장수현(南原府 長水縣)에 머물다.

- 1422년(세종4, 선생 60세) 2월 12일 남원부장수(南原府長水)에서 소 명(召命)을 받다. 2월 19일 서울로 돌아와 직첩(職牒)을 도로 받다. 2 월 22일 사간원지사간(司諫院知司諫) 허성(許誠) 등이 소를 올려 선 생에게 죄줄 것을 청하니 임금이 윤허하지 않다. 3월 18일 과전(科田) 을 도로 받다. 10월 13일 경시서제조(京市署提調)에 임명되다. 10월 28일 의정부참찬에 임명되다.

- 1423년(세종5, 선생 61세) 3월 8일 원접사(遠接使)가 되어 명나라 사 신 유경복(劉景福)과 양선(楊善)을 영접하다. 5월 27일 예조판서에 임 명되다. 28일 용관(冗官)을 제거할 것과 상중(喪中)에 기복(起復)하지 말 것을 청하니 임금이 이에 따르다. 장계를 올려 광효전(廣孝殿)에 제 사지내는 제도를 아뢰다. 6월 10일 굶주려 죽은 사람의 상황을 아뢰 다. 6월 23일 주자(鑄字)로써 노걸대(老乞大) 등의 서적을 인쇄하기를 청하니 임금이 이에 따르다. 26일 공물(貢物)의 수송하는 방책을 아 뢰니 임금이 이에 따르다. 7월 3일 장계를 올려 제사에 착용하는 공복 (公服)의 제도를 아뢰니 임금이 이에 따르다. 16일 강원도관찰사에 임 명되다. 12월 11일 숭정대부(崇政大夫) 판우군(判右軍) 도총제부사

(都摠制府事)에 승진되어 도관찰사(都觀察使)를 겸임하다.

- 1424년(세종6, 선생 62세) 1월 21일 호조(戶曹)를 통하여 강원도의 기민(飢民)을 구제할 방책을 아뢰니 임금이 이에 따르다. 2월 5일 장계를 올려 강원도의 환곡(還穀)을 수납하지 못한 고을의 수령에게 죄 주기를 청하니 윤허하지 않았다. 6일 장계를 올려 강원도의 기민을 구제할 대책을 아뢰니 임금이 이에 따르다. 3월 6일 병조를 통하여 장계를 올려 원주(原州)와 척주(陟州)의 선군(船軍)들을 여러 부대로 나누어 수자리에 서게하는 제도를 아뢰니 임금이 이에 따르다. 28일 장계를 올려 강원도 기민의 공물을 감할 대책을 아뢰니 임금이 이에 따르다. 6월 20일 내직으로 들어와 찬성(贊成)에 임명되다. 8월에 영정(影幀)을 모사(模寫)하다.

- 1425년(세종7, 선생 63세) 3월 20일 혐의를 피하여 사직하다.

- 1426년(세종8, 선생 64세) 2월 10일 이조판서에 전직되다. 11일 장계를 올려 관리의 임명하는 제도를 아뢰니 임금이 이에 따르다. 26일 장계를 올려 금화도감(禁火都監)의 제도를 창설할 것을 아뢰니 임금이 이에 따르다. 3월29일 소명을 받들고 이조판서에 다시 나가다. 4월 7일 풍속이 사치를 숭상하는 폐단을 아뢰다. 17일 장계를 올려 옥송(獄訟)을 연체(延滯)시키는 법관에 대하여는 파면하는 제도를 아뢰니 임금이 이에 따랐다. 21일 장계를 올려 역승(驛丞)으로 하여금 감목관(監牧官)을 겸임시킬 것을 청하니 임금이 이를 따르다. 이과(吏科)의 취재(取才)하는 법을 아뢰니 임금이 이에 따르다. 사복시(司僕寺) 관원의 증원을 청하니 임금이 이에 따르다. 26일 장계를 올려 음관(蔭官)의 벼슬에 종사하는 법을 아뢰니 임금이 이에 따르다. 28일 각사(各司)의 노복(奴僕)을 삭감할 것과 창고의 쌀은 정(精)하게 하여 분급(分給)할 것을 건의하다. 5월 13일 우의정에 승진하다. 17일 글을 올려 심온(沈溫)의 아내 안씨(安氏)의 면천(免賤)을 청하니 임금이 이를 따르다.

6월 6일 세자의 가례(嘉禮)를 거행하는 동안 미리 처녀를 간택하여 해를 기다림이 어떠냐는 물음에 답변하였다. 11월 6일 경상좌도병수사(慶尙左道兵水使)를 혁파하고 그 대신 첨절제사(僉節制使)와 도만호(都萬戶)를 설치할 대책을 건의하니 임금이 이에 따르다.

- 1427년(세종9, 선생 65세) 1월 25일 좌의정에 승진하다. 2월 24일 궐내에 들어와 임금의 물음에 답하다. 5월 11일 장계를 올려 양녕대군(讓寧大君)을 불러보지 말 것을 청하니 윤허하지 않다. 17일 명나라 사신 창성(昌盛)과 백언(白彦)이 금강산 유람의 길을 떠나는데 전송하다. 20일 소를 올려 양녕대군을 불러보지 말기를 청하니 윤허하지 않다. 6월 11일 가뭄으로 인한 구언(求言)에 응하여 연좌(連坐)된 억울한 죄인은 석방할 것을 아뢰다. 17일 소를 올려 사직하니 윤허하지 않다. 사위 서달(徐達)의 옥사(獄事)에 연루되어 의금부에 갇히다. 21일 좌의정에서 파면되다. 7월 4일 다시 좌의정에 임명되다. 15일 정경부인(貞敬夫人)의 상을 당하다. 10월 7일 세자의 명나라에 들어가는 행차를 보좌하기 위하여 특별히 기복출사(起復出仕)를 명하여 좌의정에 임명되다. 8일 전문(箋文)을 올려 기복출사를 사양하니 윤허하지 않다. 17일 천은(天恩)을 사례하고 벼슬에 나아가다. 28일 세자가 명나라에 들어가는 행차를 중지했으므로 다시 궐문에 나아가 글을 올려 기복출사를 사양하니 윤허하지 않다. 12일 전문(箋文)을 올려 기복출사를 사양하니 윤허하지 않다. 20일 능소(陵所)에 사사로이 제사지내는 것을 금지하기를 청하니 임금이 이를 따르다. 27일 특명을 내려 개소(開素)하게 하니 굳이 사양하지 못하고 눈물을 흘리며 고기를 먹다.

- 1428년(세종10, 선생 66세) 1월 4일 황해도 관노(官奴)의 번(番)에 오르는 제도를 건의하다. 15일 소를 올려 양녕대군에게 죄줄 것을 청하니 윤허하지 않다. 16일 과전(科田)의 조세 거두는 제도를 건의하다. 22일 소명을 받들고 궐문에 나아가 불노(佛老)의 죄를 논핵하다. 23

일 소를 올려 양녕대군의 임금 속인 죄를 다스리기를 청하니 윤허하지 않다. 26일 기자묘(箕子墓) 앞에 비를 세움이 옳지 않음을 건의하니, 임금이 이에 따르다. 4월 13일 장계를 올려 동궁비(東宮妃)가 사친(私親)의 상사(喪事)에 분상(奔喪)하는 전례(典禮)를 아뢰니 임금이 이에 따르다. 9월 13일 장계를 올려 종자(宗子) 및 서자(庶子)의 사당을 세우는 의례를 아뢰다. 10월 22일 소명을 받들고 입시(入侍)하여 조계생(趙啓生) 등의 죄를 처단할 것을 아뢰다. 23일 평안도 도체찰사(平安道都體察使)가 되어 성(城), 보(堡)를 순심(巡審)하다. 11월 19일 복명(復命)하여 각 지방 성(城), 보(堡)의 수축할 방책을 아뢰니 임금이 이를 따르다. 물소 기르는 의논을 면대(面對)하여 아뢰다. 29일 육전(六典) 및 등록(謄錄)을 지어 올리다. 12월 6일 가산성(架山城)의 수어(守禦)하는 대책을 아뢰다.

- 1429년(세종11, 선생 67세) 1월 3일 글을 올려 학문을 권장하고 인재를 취하는 법을 아뢰니 임금이 이에 따르다. 4일 명나라에 사행(使行)을 보내는 일과 학문을 권장하고 인재를 취하는 일과 큰 잔치를 하사하는데 대한 대책을 의논하여 아뢰다. 12일 도둑을 방어하는 대책을 의정(議定)하여 아뢰다. 23일 임금과 대면하여 명나라 사신에게 증여할 마필(馬匹)의 수효를 아뢰다. 3월 20일 장계를 올려 태묘(太廟)에 제향(祭享)을 올리는 의례(儀禮)를 아뢰다. 4월 9일 임금과 대면하여 인재를 취하는 법을 아뢰다. 22일 가묘(家廟)와 제례(祭禮)를 의정(議定)하여 아뢰니 임금이 이에 따르다. 24일 명나라 사신에게 응대(應對)할 대책을 의정(議定)하여 아뢰다. 5월 10일 장계를 올려 윗사람을 능멸하는 악습을 엄금하는 법을 아뢰니 임금이 이에 따르다. 6월 6일 황해도의 해방(海防)에 관한 대책을 의정하여 아뢰니 임금이 이에 따르다. 19일 장계를 올려 조안생(趙安生)의 요언(妖言)을 퍼뜨린 죄를 감해주기를 청하다. 7월 18일 명나라에 보낼 사신을 선택하는 것과

공물에 대신할 토산물을 의정(議定)하여 아뢰다. 25일 장계를 올려 새로 급제한 자에 대한 은영연(恩榮宴)의 제도를 아뢰니 임금이 이에 따르다. 30일 명나라에 보낼 사신의 선택에 대하여 다시 아뢰다. 8월 4일 명나라에 사신을 보낼 때에 예물공헌(禮物貢獻)의 가부를 의정하여 아뢰다. 9월 1일 명나라에 들어가는 사신에게 보호병(保護兵)을 첨부해 보낼 것을 의정하여 아뢰니 임금이 이에 따르다. 6일 장계를 올려 이변(李邊)을 기복출사(起復出仕)시켜 사역원훈도(司譯院訓導)로 삼을 것을 청하니 임금이 이에 따르다. 11일 왕명을 받들어 선원록(璿源錄)을 편수하다.

- 1430년(세종12, 선생 68세) 2월 19일 글을 올려 아악(雅樂)과 여러 사전(祀典)의 제도를 상세히 아뢰니 임금이 이에 따르다. 3월 18일 장계를 올려 제학(諸學)의 시재(試才)에 사용할 표준 서적을 아뢰니 임금이 이에 따르다. 4월 8일 장계를 올려 기자묘(箕子墓)의 신위제호(神位題號)를 아뢰니 임금이 이에 따르다. 10일 방언육전(方言六典)을 택용(擇用)함이 옳은 것을 아뢰다. 17일 이수(李隨)에 대한 예장(禮葬)의 가부를 아뢰다. 24일 종친(宗親)으로서 태학(太學)에 들어간 자에 대한 관복(冠服)의 제도를 아뢰니 임금이 이에 따르다. 25일 왕명을 받들어 태종실록(太宗實錄)을 감수하다. 27일 명나라에 사례(謝禮)할 대책을 의정하여 아뢰다. 6월 18일 혜령군(惠寧君) 지(祉)의 직첩(職牒)을 거두어 징계하기를 청하니 임금이 이에 따르다. 8월 10일 새로 정한 공법의 불편함을 아뢰니 임금이 이에 따르다. 27일 과전(科田)을 균일하게 지급하는 법을 아뢰니 임금이 이에 따르다. 10월 25일 비자(婢子)의 산전산후(産前産後)에 천역(賤役)을 면제하는 법을 청하니 임금이 이에 따르다. 29일 사당을 세우는 예절을 아뢰니 임금이 이에 따르다. 11월 2일 동전(銅錢)과 악공(樂工) 과 제례(祭禮)에 관한 3조목의 물음에 답하다. 3일 군자고(軍資庫) 의 신축과 환곡(還穀)을

수납할 대책을 답하다. 21일 태석균(太石鈞)의 일로 인하여 사헌부의 탄핵을 당하다. 24일 태석균의 사건으로 사헌부의 탄핵을 받아 좌상직에서 파면되고 파주 반구정(伴 鷗亭)으로 물러나와 쉬었다.

• 1431년(세종13, 선생 69세) 7월 28일 윤중부(尹重富)에게 벼슬을 제수하지 말 것을 청하니 임금이 이에 따르다. 9월 2일 윤봉(尹鳳)에게 마포(麻布)를 보내지 말 것을 청하니 임금이 이에 따르다. 3일 영의정에 승진하다. 8일 사간원의 탄핵을 입다. 10일 글을 올려 영의정을 사직하려 하니 윤허하지 않다. 11일 좌사간(左司諫) 김중곤(金中坤)의 탄핵을 입다. 궐문에 나아가 영의정을 사직하니 윤허하지 않다. 25일 성을 신축하는데 대한 감독의 대책을 의정하여 아뢰니 임금이 이에 따르다. 26일 이사증(李師曾)의 죄상을 국문(鞫問)할 것을 청하니 임금이 이에 따르다. 10월 1일 김척(金陟)의 죄를 의논하여 아뢰니 임금이 이에 따르다. 변상(邊相)의 죄를 다스리기를 청하니 임금이 이에 따르다. 11월 1일 6조의 정랑(正郎)과 좌랑(左郎)에 대한 구임(久任)의 법을 의정하여 아뢰니 임금이 이에 따르다. 5일 박연(朴堧)이 올린 바 아악(雅樂)의 적용할 제도를 의정하여 아뢰니 임금이 이에 따르다. 사직신패(社稷神牌)의 제도를 의정하여 아뢰니 임금이 이에 따르다. 7일 유구사신(琉球使臣)의 하례(賀禮)에 참여 하는 것과 서연관관제(書筵官官制)의 물음에 답하다. 10일 함길도 (咸吉道) 의창(義倉)에 피곡(皮穀)을 대비하는 요청에 대하여 허락 할 것을 의논하다. 12월 5일 소명을 받들고 궐문에 나아가 7조항의 물음에 답하다.

• 1432년(세종14, 선생 70세) 1월 14일 강원, 평안 양도의 향시법(鄕試法)을 아뢰니 임금이 이에 따르다. 18일 원묘(原廟)에 영정을 봉안하지 말 것을 청하니 임금이 이에 따르다. 2월 3일 사신과 외방수령(外方守令)이 서로 접견하는 예절을 아뢰다. 15일 박곤(朴坤)을 감사(監司)의 직책에서 체임(遞任)할 것을 청하니 임금이 이에 따르다. 4월 13일

의주사관 (義州土官)을 설치할 것을 아뢰니 임금이 이에 따르다. 18일 심상(心喪)을 지키는 자는 벼슬에 임명하지 않는 법을 아뢰니 임금이 이에 따르다. 20일 영의정을 사직하니 윤허하지 않다. 23일 악공(樂工)의 의복제도를 아뢰니 예조에 내려 의논하게 하다. 25일 녹 패(祿牌)의 제도를 개정할 것을 청하니 예조에 내려 의논하게 하다. 5월 2일 악공(樂工)의 복색(服色)제도를 아뢰다. 6월 18일 홍 인부(洪仁富)의 아내가 그 아들의 속량(贖良)을 청하는 의논에 대하여 아뢰니 임금이 이에 따르다. 25일 고약해(高若海), 연비(延庇), 최안선(崔安善) 등의 죄를 의정하여 아뢰니 임금이 이에 따르다. 7월 4일 범죄한 수령의 파출하는 법을 의정하여 아뢰니 임금이 이에 따르다. 7일 각도의 역찰방(驛察訪)을 경직(京職)으로서 임명하여 오래 잉임(仍任)하는데 대한 가부를 의정하여 아뢰니 임금이 이에 따르다. 21일 김춘(金春)이 간사함을 고발한데 대하여 상주기를 청하니 임금이 이에 따르다. 8월 14일 사대부의 양노연(養老宴)에 명부(命婦)도 함께 참여하는 가부를 의정하여 아뢰다. 16일 원묘(原廟)의 제도를 아뢰니 임금이 이에 따르다. 28일 장계를 올려 대성악(大晟樂)의 제도를 아뢰다. 사로잡힌 군인 박강금(朴江金)을 탈환할 대책을 의정하여 아뢰니 임금이 이에 따르다. 9월 1일 문무(文舞)와 무무(武舞)에 관한 풍악의 제도를 의정하여 아뢰다. 7일 영의정부사에 승진하다. 11일 각 도와 각 고을의 노비를 혁파할 것을 청하니 임금이 이를 따르다. 17일 원묘의 칭호를 개정하는데 대한 의논을 아뢰다. 10월 17일 원묘에 사용할 풍 악의 제도를 의정하여 아뢰니 임금이 이에 따르다. 11월 15일 송사(訟事) 판결하는 법을 의정하여 아뢰니 임금이 이에 따르다. 18일 접반사(接伴使) 이징옥(李澄玉)이 간계(奸計)를 써서 과오를 범한 일을 의논하다. 12월 9일 제도(諸道)의 열병(閱兵)하는 제도를 의정하여 아뢰다. 야인(野人)에게 약탈당하는 변방(邊方) 백성의 구제 대책을 의정하여 아뢰다. 21일

사로잡힌 변방 백성을 데려 올 대책을 의정하여 아뢰다. 22일 야인을 처치할 대책을 아뢰다.

- 1433년(세종15, 선생 71세) 1월 4일 새로 지은 경제속육전(經濟續六典)을 올리니 주자소(鑄字所)에 명하여 인쇄하게 하다. 9일 이만주(李滿住)에게 사람을 보내어 노략질한 일에 대하여 힐문(詰問)할 것을 의정하여 아뢰니 임금이 이에 따르다. 11일 서북야인(西北野人)을 방어할 대책을 의정하여 아뢰니 임금이 이에 따르다. 13일 소명을 받들어 궐내에 나아가 백성을 구휼하고 변방을 방어할 대책을 의정하여 아뢰다. 14일 장계를 올려 종친(宗親)과 교관(敎官)의 행례(行禮)하는 제도를 아뢰니 임금이 이에 따르다. 15일 장계를 올려 화포(火砲)의 시용(試用)하는 법을 아뢰다. 16일 신문고(申聞鼓)를 치는 규례를 의정하여 아뢰니 임금이 이를 따르다. 17일 장계를 올려 진무소(鎭撫所)의 제도를 아뢰니 임금이 이에 따르다. 20일 파저강(婆猪江) 야인의 정벌대책을 아뢰다. 21일 야인의 정벌대책을 재차 아뢰니 임금이 이를 따르다. 24일 출정(出征)할 때 사직(社稷)과 종묘(宗 廟)와 각산대천(各山大川)에 고하는 제도를 아뢰다. 25일 파저강(婆猪江)에 다리를 가설할 것과 함길도(咸吉道)의 무재(武才) 시취 (試取)할 대책을 의정하여 아뢰니 임금이 이에 따르다. 27일 야인을 정벌할 대책을 세 번째 아뢰다. 28일 야인의 정벌대책을 네 번 째 아뢰니 임금이 이를 따르다. 3월 14일 야인정벌의 대책을 다섯 번째 아뢰다. 21일 강계의 방어대책을 의정하여 아뢰니 임금이 이에 따르다. 27일 당하악(堂下樂)의 결점을 아뢰다. 28일 공로를 의논하여 상전(賞典)을 시행하는 것과 변방을 방어하고 군사를 훈련하는 대책을 아뢰다. 6월 6일 변방의 방어대책을 아뢰니 임금이 이에 따르다. 11일 사로잡아온 야인을 돌려보낼 대책을 의정하여 아뢰다. 18일 노획해온 야인의 재산과 인구를 돌려보낼 대책을 의정하여 아뢰다. 20일 사로잡아온 야인들을 돌려보낼 대책을

의정하여 아뢰다. 28일 역대 음악의 제도를 상고하여 아뢰다. 야인 범찰(凡察)에 대한 응징대책을 재차 아뢰다. 7월 9일 왕명을 받들고 목멱산(木覓山)에 올라가 산수의 맥을 살펴보고 화공(畵工)으로 하여금 삼각산(三角山)을 도형(圖形)하여 올리다. 12일 풍수학도제조(風水學都提調)를 겸임하다. 15일 삼각산 보현봉에 올라 산맥을 살펴보다. 17일 이양달(李陽達) 등을 이끌고 백악산(白嶽山)에 올라 정맥(正脉)을 살펴보다. 21일 궐내에 나아가 9조항의 물음에 답하다. 29일 도성(都城)의 지리를 논하고 명당(明堂)을 정하여 아뢰다. 8월 13일 강도에 대한 장물(贓物)의 추징법(追徵法)을 의정하여 아뢰니 임금이 이에 따르다. 16일 야인 가시파(家時波)의 응징대책을 의정하여 아뢰니 임금이 이에 따르다. 26일 당재(唐材)의 무역에 관한 일을 의정하여 아뢰다. 윤8월 18일 유구국 사람에게 아내를 맞이하도록 허락할 일을 의정하여 아뢰다. 24일 야인과 수응(酬應)할 대책을 의정하여 아뢰니 임금이 이에 따르다. 28일 젊은 자제를 요동에 보내어 입학할 일을 의정하여 아뢰다. 29일 장계를 올려 국서의 내용을 야인에게 변명하지 말 것을 청하니 임금이 이에 따르다. 9월 10일 야인 왕반거(王半車) 등과 수응할 대책을 의정하여 아뢰다. 13일 경원(慶源)에서 축성(築城)하는 군사들이 도망치는데 대한 대책을 의정하여 아뢰니 임금이 이에 따르다. 16일 장영실(蔣英實)에게 벼슬을 제수할 일을 의정하여 아뢰니 임금이 이에 따르다. 17일 장계를 올려 각 도에 기민(飢民)의 구제 대책을 아뢰다. 10월 12일 사노(私奴) 천외(天外)와 간달(干達)의 죄를 의정하여 아뢰다. 13일 해청(海靑)을 진헌(進獻)할 일을 의정하여 아뢰니 임금이 이에 따르다. 19일 의관(衣冠)의 제도 및 창성(昌盛)이 동(銅)을 요청한 일에 대하여 의정하여 답하다. 22일 명나라 사신 창성(昌盛)과 수응(酬應)할 대책을 아뢰니 임금이 이에 따르다. 23일 장계를 올려 사역원(司譯院) 학생의 학업을 배우는 제도를 아뢰니 임금이 이에 따르다. 24일 백성들의 원통한 사정을 호소하는 법을 아뢰니 임금이 이에 따르다. 29일 야인 범찰 (凡察)이 경원(慶源)으로 옮기려는 요망에 대하여 허락하지 말 것을 청하다. 11월 5일 장계를 올려 가무(家茂)가 올린 방물(方物)을 모두 받아들일 것을 청하니 임금이 이에 따르다. 11일 소명을 받들고 궐내에 나아가 3조항의 질문에 답하다. 12일 명나라 사신 창성(昌盛)에게 지급할 물품의 수효를 의정하여 아뢰다. 13일 동궁(東宮)의 시종인(侍從人) 가운데 패검(佩劍) 찬 자의 수효를 정하여 아뢰니 임금이 이에 따르다. 영북진(寧北鎭)을 간목하(幹木河)로 옮기고 경원부(慶源府)를 소다로(蘇多老)로 옮기는데 관한 대책을 아뢰니 임금이 이에 따르다. 21일 영북(寧北), 경원(慶源) 양진(兩鎭)을 옮기는 조건을 의정하여 아뢰다. 26일 소명을 받들고 야인에 대하여 변명하는 일을 의정하여 아뢰다. 12월 9일 교지를 받들고 음란한 자의 징계하는 법을 의정하여 아뢰다. 12일 왕명을 받들고 신상(申商), 안숭선(安崇善)과 함께 명나라 사신 맹단가래(孟担可來), 최진(崔眞) 등을 벽제관에서 전송하다. 14일 매를 중국에 보내는 것이 옳지 않은 연유를 의정하여 아뢰니 임금이 이에 따르다. 16일 이만주(李滿住)와 공문 거래를 금지할 일로서 아뢰다. 26일 인순부(仁順府)의 종 소노(小老)의 죄를 의정하여 아뢰다.

- 1434년(세종16, 선생 72세) 10일 신석견(辛石堅), 남수문(南秀文), 김예몽(金禮蒙)으로 하여금 오로지 화어(華語)를 배우게 하기를 청하니 그대로 따르다. 26일 금은(金銀)을 사사로이 팔고 사는 금지법을 의진(議陳)하다. 3월 7일 종정성(宗貞盛)의 청을 허락하지 말 것을 청하다. 16일 화포를 감장(監掌)하는 일을 진대(陳對)하다. 16일 양첩(良妾)의 아들이 승중(承重)하는 일을 의진(議陳)하다. 22일 왜인 도성자(道性者) 등에게 상을 내리기를 계청(啓請)하니 그대로 따르다. 26일 야인 장지하(張支河)를 돌려보내는 방책을 의대(議對)하다. 5월 8일 부

녀(婦女)가절에 가는 것과 신료(臣僚)가 부처에 기도하는 것을 엄금할 것과 헌부(憲府)의 작은 잘못을 용서하는 의논을 진대(陳對)하다. 한학(漢學)을 강습하는 사람을 본원에 옮겨 모이는 편부(便否)를 의논하여 아뢰니 그대로 따르다. 17일 부획(俘獲)한 야인 우마(牛馬) 재산을 되돌려 주는 계책을 의진(議陳)하다. 6월 1일 만포(滿浦)에 성을 쌓는 것과 삭주(朔州) 창성(昌城)의 관(官)을 바꾸는 의논을 진대(陳對)하다. 26일 하삼도(下三道)에서 공(貢)하는 노루 사슴의 포(脯)의 수량을 감(減)할 것과 서울 밖의 공물(貢物)을 감면할 것을 청하다. 27일 사직(社稷)에 기고(祈告)하는 의주(儀註)를 찬진(撰進)하다. 8월 11일 염초를 무역하는 계책을 계진하다. 25일 죄인을 추고(推考)할 때에 향언(鄕言) 리어(俚語)로 초사(招辭)를 받는 것을 금하기를 청하니 그대로 따르다.

- 1435년(세종17, 선생 73세) 7월 25일 야인을 방어하는 계책을 진대하다. 8월 2일 신백정(新 白丁)의 통치책을 아뢰다. 8월 25일 성을 쌓는 것을 감독하고 군기(軍器)를 점검하는 계책을 진대하니 그대로 따르다.

- 1436년(세종18년, 선생 74세) 6월 23일 제주 죄인을 놓아 보낼 것과 하한(河漢)의 죄를 추문(推問)하지 말 것을 진정하니 그대로 따르다. 공사천구(公私賤口)의 자식은 사역(役使)시킬 것이 아니라고 계청(啓請)하니 그대로 따르다. 7월 8일 한재(旱災)를 입은 각도에 역사(役事)를 감할 것을 계청하니 그대로 따르다. 16일 국용(國用)을 절감(節減)할 것을 계청하니 그대로 따르다. 9월 6일 구황(救荒)하는 방책을 계진하니 그대로 따르다. 13일 양인(良人), 천인(賤人)의 소송을 수리(受理)하는 방책을 의진(議陳)하다. 10월 5일 맹인(盲人)에게 벼슬을 주는 일을 의대(議對)하다. 7일 천문풍수학(天文風水學)의 거관(去官)하는 법을 계진하니 그대로 따르다. 13일 기민(飢民)에 대한 구휼을 태만히 한 수령의 죄를 다스릴 것을 계청하니 그대로 따르다.

• 1437년(세종19년, 선생 75세) 1월 1일 하삼도(下三道)의 새로 제수된 수령 등이 빨리 가서 구황(救荒)할 것을 계정하니 그대로 따르다. 2일 각도 민생을 진활(賑活)하는 계책을 진대(陳對)하다. 3일 떠돌아다니며 구걸하는 사람들을 진제(賑濟)하여 본고장으로 돌려보내는 계책을 계진하니 그대로 따르다. 기민(飢民)을 구휼하는 대책을 진계(陳啓)하니 그대로 따르다. 13일 진제(賑濟)를 태만히 한 수령을 엄하게 징계할 것을 계정하니 그대로 따르다. 17일 충청도 공물(貢物)을 경감(輕減)할 것을 계정하니 그대로 따르다. 2월 8일 기민(飢民)을 진제(賑濟)하는 계책을 계진하니 그대로 따르다. 9일 한성부의 진기 (賑飢)하는 계책을 계진하니 그대로 따르다. 11일 쌀 상인의 거짓된 행위를 엄하게 막을 것을 계진하니 그대로 따르다. 19일 육전(六典)의 봉화(烽火)의 법을 거듭 밝히기를 계정하니 그대로 따르다. 23일 강원도 각관(各官)의 진대(賑貸)하는 계책을 계진하니 그대로 따르다. 굶주린 왜인을 구휼하기를 계정하니 그대로 따르다. 5월 16일 이만주(李滿住)를 토벌하는 계책을 계진(啓陳)하다. 27일 육조(六曹) 약방의원(藥房醫員)의 성적을 상고하여 포폄(褒貶)할 것을 계청(啓請)하니 그대로 따르다. 6월 15일 전의 (典醫), 혜민(惠民), 제생(濟生) 등 각사(各司)의 의원(醫員)을 성적을 상고 포폄(褒貶)할 것을 계청하니 그대로 따르다. 28일 자격루(自擊漏)를 각처에 두어서 만가(萬家)를 일깨울 것을 청하니 그대로 따르다. 7월 17일 함길도에 신설한 각군(各郡)에 학교를 설립할 것을 계정하니 그대로 따르다. 8월 2일 금은 값을 일정하게 하는 법을 계진하니 그대로 따르다. 27일 임금이 선생의 의논에 의하여 각도 조세는 공법(貢法)을 제(除)하기로 하다. 9월 9일 각서(各署)의 쓸데없는 관원을 혁제(革除)할 것을 계청하니 그대로 따르다. 14일 흥학(興學)하는 계책을 진대하다. 각관으로 하여금 환상(還上)을 독촉하여 거두기를 계정하니 그대로 따르다. 21일 성균관의 녹관(祿官)을 가설(加設)하여

생도를 가르치기를 계청하니 그대로 따르다. 10월 13일 충청도 13관의 조세를 감면할 것을 계청하니 그대로 따르다. 12월 4일 공신(功臣)의 자손이 죄를 범하여도 용서를 받는 법을 계진하니 그대로 따르다.

- 1438년(세종20년, 선생 76세) 1월 10일 명나라에 가는 통사(通事)에게 윤봉(尹鳳)을 보지 말라고 신칙할 것을 계청하니 그대로 따르다. 2월 1일 각도의 유리(流離)하는 백성을 추쇄(推刷)하여 본향(本鄕)에 돌려 보내기를 청하니 그대로 따르다. 15일 상소하여 사직하니 윤허하지 않다. 20일 반록(頒祿)하는 법을 계진하니 그대로 따르다. 3월 2일 임금이 친히 태종실록(太宗實錄)을 보고자 하니 선생이 간(諫)하여 그치었다. 4월 4일 시관(試官)이 되어 선비를 뽑는데 하위지(河緯地)의 직언(直言)을 택하여 상제(上第)에 두었다가 인하여 대간(臺諫)의 무핵(誣劾)을 당하였다. 14일 전(箋)을 올려 사직하니 윤허하지 않다. 20일 승도(僧徒)에게 도첩(度牒)을 주는 것을 정파(停罷)하는 일을 의대(議對)하다. 8월 10일 면천(沔川)과 서천(舒川)에 성을 쌓는 계책을 의진하니 그대로 따르다. 10월 22일 지리학(地理學)을 풍수학(風水學)으로 칭하기를 청하니 그대로 따르다. 23일 벽동(碧潼)에서 전망(戰亡)한 자에게 치부(致賻)하고 추증(追贈)하기를 계청하니 그대로 따르다. 24일 각포(各浦) 만호(萬戶)로 하여금 바다 밖의 도적을 끝까지 쫓지 말도록 계청하니 그대로 따르다. 25일 각도의 병기(兵器)를 점검(點檢)하는 계책을 계진하니 그대로 따르다. 26일 역리(驛吏)가 백성의 밭을 빼앗아 경작하는 폐단을 금하기를 청하다. 11월 17일 문자학(文字學)을 권장하기를 계청하니 그대로 따르다. 19일 천변(天變)으로 상소하여 사직하려 하니 윤허하지 않다. 20일 재앙을 입은 빈민(貧民)의 전세(田稅)를 감하기를 계청하다. 28일 옥수(獄囚)를 불쌍히 여기지 않아 죽게 만든 법관의 죄를 엄하게 징계할 것을 청하니 그대로 따르다.

- 1439년(세종21년, 선생 77세) 1월 2일 90노인으로서 의지할 데 없는 사람에게 1년에 베 한필을 주기를 계청하니 그대로 따르다. 28일 육전(六典)에 의하여 공사연(公私宴)에 유밀과(油蜜果)를 쓰는 것을 금하기를 계청하니 그대로 따르다. 2월 1일 각도 연변(沿邊)으로 하여금 미리 왜적을 막는 계책을 준비하게 하기를 청하니 그대로 따르다. 2일 경서에 밝고 행실이 닦아진 선비를 택하여 학교를 흥기(興起)시키기를 청하니 그대로 따르다. 6일 소나무를 벌채하는 폐단을 엄금하기를 계청하니 그대로 따르다. 12일 각도로 하여금 군기(軍機)를 엄하게 하여 왜변(倭變)을 막기를 계청하니 그대로 따르다. 21일 감사, 수령을 능욕(凌辱)하는 자를 엄하게 징계하는 법을 계진하니 그대로 따르다. 23일 국학생도(國學生徒)를 더 두기를 계청하니 그대로 따르다. 3월 29일 제생원(濟生院)의 구료(救療)하는 실적을 점검하기를 계청하니 그대로 따르다. 5월 7일 권학취재 (勸學取才)하는 계책을 소진(疏陳)하니 윤허하지 않다. 6월 11일 선생이 노병으로 여러 번 상소하여 사직하였으나 모두 윤허받지 못하다. 인하여 시를 지어 김돈(金墩)에게 붙여 아뢰니 임금이 윤허하지 않다. 12일 임금이 명령하기를 집에서 이양(頤養)하면서 기무(機務)를 들어 결단하라 하다. 9월 8일 소나무를 함부로 베는 것을 엄금하기를 청하니 그대로 따르다. 17일 신장(訊杖)하는 제도를 고쳐 반포하기를 계청하니 그대로 따르다. 18일 해도찰방 (海道察訪)을 보내어 국방을 규찰(糾察)하기를 청하니 그대로 따르다. 11월 9일 평산(平山)의 은광(銀鑛)을 채취하기를 청하니 그대로 따르다. 12월 19일 승문원(承文院)의 이문생도(吏文生徒)를 요동에 보내어 한음(漢音)을 전습(傳習)하기를 계청하니 그대로 따르다.
- 1440년(세종22년, 선생 78세) 1월 10일 녹사(錄事)를 자주 교체하지 말도록 청하니 그대로 따르다. 4월 1일 전주판관(全州判官) 이호신(李好信)에게 해유(解由)주기를 청하니 그대로 따르다. 18일 가뭄으로 인

하여 금주하기를 청하니 그대로 따르다. 26일 가뭄으로 인하여 옥수(獄囚)를 사(赦)하도록 청하니 그대로 따르다. 5월 17일 감사로 하여금 정사에 태만한 수령을 엄중히 징계할 것을 계청하니 그대로 따르다. 6월 1일 명령을 받고 함길도도절제사(咸吉道都節制使) 김종서(金宗瑞)를 대신할 만한 김세형(金世衡)을 비밀리에 천거하다. 12월 21일 상서(上書)하여 영의정을 사임하려 하니 윤허하지 않다.

- 1441년(세종23년, 선생 79세) 5월 18일 하삼도(下三道)의 백성 1600호를 함길도에 옮기기를 청하니 그대로 따르다. 6월 1일 교도(教導)를 시취(試取)하는 법을 계진하다. 11일 보선군(補船軍)에게 소금 모집하기를 청하니 그대로 따르다. 15일 이민하여 함길도에 입거(入居)하는 계책을 계진하니 그대로 따르다. 20일 무사(武士)를 시취(試取)하는 법을 계진하니 그대로 따르다. 수령을 차사(差使)하지 말아서 민폐(民弊)를 구제하기를 계청하니 그대로 따르다. 7월 3일 시위군사의 갑옷 입는 제도를 계진하니 그대로 따르다. 7일 의창미(義倉米)를 거둬들이지 못한 수령을 엄하게 징계할 것을 청하니 그대로 따르다. 함길, 평안 두 도의 군사 중에 건장하고 진실한 자를 뽑아서 따로 한 패(牌)를 만들기를 청하니그대로 따르다. 충청도에 공법(貢法) 시행하기를 계청하니 그대로 따르다. 13일 몽(蒙), 왜학(倭學) 생도(生徒)의 시취법(試取法)을 계진하니 그대로 따르다. 14일 산직(山直)을 더 두어서 소나무를 남벌하는 폐단을 엄금하기를 계청하니 그대로 따르다. 8월 8일 세자빈(世子嬪)의 상제례(喪祭禮)를 의진(議陳)하니 그대로 따르다. 11일 계(啓)를 올려 시법(諡法)을 논하니 그대로 따르다. 15일 시호(諡號) 제정하는 절차를 계진하니 그대로 따르다. 16일 임금이 선생의 나이가 늙다하여 조참(朝參)하지 말 것을 특별히 명하다. 22일 금을 채굴하는 계책을 계진하니 그대로 따르다. 9월 3일 이징옥(李澄玉) 등의 둔수(屯守)를 태만한 죄를 계청하니 그대로 따르다. 10월 22일 효자 순

손(順孫)을 포상하는 제도를 계청하니 그대로 따르다. 11월 18일 부녀의 복식(服飾)제도를 제정하기를 청하니 윤허하지 않다. 22일 변경(邊境)에 성을 쌓는 것과 왜인(倭人)의 조어(釣魚)하는 것을 허락하는 계책을 의진(議陳)하니 그대로 따르다. 윤 11월 4일 관병(觀兵), 환곡(還穀), 임관(任官), 체관(遞官)의 계책을 의진(議陳)하니 그대로 따르다. 23일 상소하여 흥천사리각(興天舍利閣)의 경찬(慶讚)을 혁파(革罷)하기를 청하니 회보(回報)하지 않다. 12월 1일 상서(上書)하여 불씨(佛氏)를 배척하기를 청하니 윤허하지 않다. 28일 명나라 사신 오량(吳良) 등이 사사로 드리는 필단(疋段) 받기를 청하니 그대로 따르다. 30일 명나라 사신 오량(吳良) 등에게 창기(娼妓)를 허급(許給)하기를 청하니 그대로 따르다.

- 1442년(세종24년, 선생 80세) 2월 6일 각도의 백성 3000호를 뽑아 평안도에 보내어 변비(邊鄙)를 채우기를 계청하니 그대로 따르다. 15일 가옥 건축에 대한 제한법을 장려 시행케 하고, 아울러 금은을 함부로 쓰는 자를 금할 것을 계청하니 그대로 따르다. 승려에게 도첩(度牒)을 주는 폐단을 엄하게 방지할 것을 계청하니 그대로 따르다. 7월 8일 원(院)과 관(館)을 수리하여 행려(行旅)들의 휴게와 숙박을 편리하게 할 계책을 계진하니 그대로 따르다. 8월 1일 김효성(金孝誠)을 천거하여 함길도도절제사를 삼다. 9월 5일 함길도에 이민하는 계책을 계진하니 그대로 따르다. 21일 사선(司船) 관리로 하여금 쉽게 썩는 병선(兵船)의 판목(板木) 값을 대신 징수하기를 청하니 그대로 따르다. 30일 임금이 집현전에 명하여 사륜전집(絲綸全集)을 편찬하다. 11월 23일 중외(中外)의 관리가 옥수(獄囚)로 하여금 죽게 한 자를 죄에 부과시키는 법을 계진하니 그대로 따르다.

- 1443년(세종25년, 선생 81세) 11월 24일 도관(都官)의 판결을 신중히 다룰 것을 의진하다. 12월 4일 글을 올려 영의정을 사직하니 윤허하지

않다. 17일 사람을 명나라에 보내어 관복을 청하는 대책을 의진하다.

- 1444년(세종26년, 선생 82세) 1월 17일 제주 인민의 폐단을 구제하는 대책을 계진하니 그대로 따르다. 27일 과거로 선비를 뽑는 법을 계진하니 그대로 따르다. 4월 22일 왜인을 명나라에 압송하는데 대책을 건의하다. 5월 5일 경기도 백성들의 굶주린 상황을 진계하다. 25일 종실(宗室) 이인(李仁)과 궁인(宮人) 장미(薔薇)의 윤리를 문란 시킨 죄를 소청(疏請)하니 그대로 따르다. 26일 이인(李仁)과 그 처자를 관노(官奴)와 관비(官婢)로 적몰(籍沒)시키도록 계청하니 그대로 따르다. 7월 6일 도살을 금하며 일산(日傘)과 부채의 사용을 중단시키고, 기우제(祈雨祭) 지내기를 계청하니 그대로 따르다. 12일 안치(安置)된 사람에게 말미주는 법을 개정하기를 계청하니 그대로 따르다. 윤 7월 10일 굶주린 백성을 구휼할 대책을 진계하니 그대로 따르다. 각도에서 뽑아 올린 노비들이 들었을 때 관리를 매수하는 폐습을 엄중히 징계하자는 법을 진계하니 그대로 따르다. 8월 13일 변방의 장수 최완(崔浣)이 항복해 온 자를 죽인 죄를 사면하도록 계청하다. 14일 효자와 열부(烈婦)의 문을 정표(旌表)해 주도록 계청하니 그대로 따르다. 10월 5일 문무백관을 거느리고 전(箋)을 만들어 초수리(椒水里)에서 옥(玉)이 난 것을 하례(賀禮)하다. 11월 19일 개천을 깨끗하게 할 대책을 의진하다.

- 1445년(세종27년, 선생 83세) 1월 13일 해청(海靑)을 잡은 자에게 상주는 제도를 계청하니 그대로 따르다. 2월 5일 전라도에 곡식 종자를 도와주기를 계청하니 그대로 따르다. 평안도에 곡식 종자를 도와주기를 계청하다. 8일 강원도에 보리 종자를 도와주기를 계청하니 그대로 따르다. 22일 강원도 연변 백성으로 하여금 전과 같이 흩어져 살 게 하기를 청하니 그대로 따르다. 3월 4일 황해도의 흉년을 구제하는 대책을 계진하니 그대로 따르다. 5일 운명을 점칠 맹인을 택하여 업(業)을

익히도록 청하니 그대로 따르다. 7일 성 밑 의 인민들을 진대(陳對)해 줄 것을 계청하니 그대로 따르다. 12 일 대장경(大藏經)을 일본 호자 전(呼子殿)에 허급(許給)하기를 계청하니 그대로 따르다. 17일 충청도 의 기민(飢民)을 진휼(賑恤) 할 것을 계청하니 그대로 따르다. 19일 강 원도의 기민을 진휼할 것을 계청하니 그대로 따르다. 상평(常平)의 법 을 세워 기민(飢民)을 구제하도록 청하니 그대로 따르다. 24일 관리에 게 휴가를 주어 성묘하는 제도를 계진하니 그대로 따르다. 4월 13일 입궐하여 문안하고 화포시위군(火砲侍衛軍)을 설치하는 대책을 진대 하다. 5월 1일 황해도와 경성(京城)의 기민(飢民)을 구호할 것을 계청 하니 그대로 따르다. 6월 18일 임금이 선생의 나이 늙었다 하여 중대 한 일 외에 보통 시행되는 서무에는 번거롭게 하지 말라고 특별히 명 하다. 9월 1일 입궐하여 문안하고 본궁(本宮)의 장리(長利)를 다시 세 우는 데 가부에 진대하다.

- 1446년(세종28년, 선생 84세) 1월 23일 흉배(胸背)를 쓰지 말도록 진 청(陳請)하니 그대로 따르다. 29일 삼의사(三醫司)의 관제를 개혁하도 록 계청하니 그대로 따르다. 30일 수령에게 휴가 주는 법을 계진하니 그대로 따르다. 2월 26일 권농(勸農)하는 대책을 계진하니 그대로 따 르다. 29일 빈민(貧民)을 진휼(賑恤)하는 대책을 계진하니 그대로 따 르다. 5월 4일 백성을 부역시켜 성을 쌓는 것과 공법(貢法)을 개정하는 대책을 계진하니 그대로 따르다. 16일 국경을 엿보는 야인을 수색하여 잡는 대책을 의진하다. 8월 4일 조종(祖宗)의 시호(諡號)와 궁전(宮殿) 의 이름을 피하지 말도록 계청하니 그대로 따르다. 11일 졸곡(卒哭) 뒤 에 상복을 정제(停除)할 것을 계청하니 그대로 따르다. 25일 함길도 백 성의 환곡하는 의논을 들어 주지 말도록 계청하다. 10월 6일 봉수(烽 燧)를 장려 시행하 는 법을 계진하니 그대로 따르다. 11월 9일 수령이 국마(國馬) 를 바꾸는 폐단을 금하도록 청하니 그대로 따르다. 10일

노비에게 공(貢)을 거두는 일을 진대하다. 18일 하삼도(下三道)에 행대 (行臺)를 보내지 말기를 진청(陳請)하니 그대로 따르다.

- 1447년(세종29년, 선생 85세) 1월 24일 구황(救荒)하는 대책을 계진 하니 그대로 따르다. 29일 거자(擧子)가 이름을 등록할 때 돈을 받는 예를 금하도록 청하니 그대로 따르다. 2월 20일 속전(續典)을 고쳐서 이민(吏民)들로 하여금 원통한 사연을 호소하도록 허락하기를 청하 니 그대로 따르다. 21일 진제장(賑濟場)을 관진(關津) 양쪽 언덕에 설 치하도록 청하니 그대로 따르다. 22일 수령으로 하여금 장물을 임의로 쓰지 못하도록 청하니 그대로 따르다. 3월 20일 간사한 백성이 곡식 을 심지 않는 것을 징계하도록 청하다. 21일 도적을 막는 법을 계진하 니 그대로 따르다. 4월 1일 입궐하여 문안한 다음 의창(義倉)의 곡식 을 백성에게 종자와 식량으로 주도록 청하니 그대로 따르다. 9일 관현 (管絃)을 다루는 맹인을 혁파하도록 계청하니 그대로 따르다. 선군(船 軍)을 쇄신(刷新)하는 제도를 계청하니 그대로 따르다. 15일 경기 주군 (州郡)의 품관(品官)의 집에 곡식의 종자를 도와주기를 계청하니 그대 로 따르다. 5월 11일 평안도의 관로역승(館路驛丞)을 혁파(革罷)하고 다시 찰방(察訪)을 두도록 청하니 그대로 따르다. 26일 철와산성(鐵瓮 山城)을 맹산(孟山)에 이속시키지 말기를 청하니 그대로 따르다. 9월 4일 평안도에 군수(軍需)를 보충하는 대책을 계진하니 그대로 따르다. 6일 안주수사(安州水使)를 따로 두도록 계청하니 그대로 따르다. 곡식 을 조운(漕運)하여 구황(救荒)하는 대책을 계진하니 그대로 따르다. 7 일 안주(安州)의 성자(城子)를 수축(修築)하도록 계청하니 그대로 따 르다. 10월 29일 평안도의 변방(邊方) 방어에 대한 대책을 계진하니 그대로 따르다. 11월 27일 왜인과 무역하는 대책을 계진하니 그대로 따르다. 12월 11일 벼슬에 종사하는 사람이 돌아가 노친을 봉양하는 법을 계진하니 그대로 따르다.

- 1448년(세종30년, 선생 86세) 3월 11일 군기(軍機)의 중대한 일 외에 는 군마(軍馬)를 이용해서 이문(移文)하지 말도록 계청하니 그대로 따르다. 17일 평안도에 세미(稅米)를 운수하는 창고를 개정하도록 계청하다. 28일 정경부인(貞敬夫人) 양씨(楊氏)가 졸(卒)하니 부의(賻儀)로 하사하는 관곽(棺槨)과 쌀, 콩 30석, 종이 80권, 회 50석을 받았다. 5월 7일 산출(産出)하는 옥(玉)을 몰래 채취하는 자를 금하도록 청하니 그대로 따르다. 7월 22일 상소하여 불당(佛堂) 세우는 것을 혁파(革罷) 하도록 회보(回報)하지 않다. 두 번 상소하여 불당(佛堂)을 새우는 것을 혁파하도록 청하니 윤허하지 않다. 29일 어염세(漁塩稅)로 잡곡을 바꿔 의창(義倉)을 보충시키도록 계청하니 그대로 따르다. 8월 3일 야인에게 곡식을 팔지 말도록 청하니 그대로 따르다. 9월 27일 황해도 각사(各司)의 전세(田稅)를 직접 주창(州倉)에 납입하여 곡식 종자에 대비할 것을 계청하니 그대로 따르다. 16일 원평(原平), 교하(交河)에 의원(醫員)을 보내어 나쁜 병을 구호 치료하기를 계청하다.
- 1449년(세종31년, 선생 87세) 1월 23일 비첩(婢妾)의 소생은 군인에 편 입시키는 법을 상신하니 그대로 따르다. 29일 승인(僧人)의 도첩법(度牒法)을 거듭 밝히도록 계청하니 그대로 따르다. 4월 14일 양을 기르는 법을 상신하니 그대로 따르다. 5월 26일 당상관(堂上官) 이상은 시제 (時祭)에 얼음을 주는 제도를 상신하니 그대로 따르다. 27일 한재 (旱災)로 말미암아 글을 올려 사직을 청하니 윤허하지 않다. 6 월 5일 풍문(風聞)만을 가져 수령을 추핵(推劾)하고 인리(人吏)를 고신(考訊) 하지 말도록 계청하니 그대로 따르다. 12일 흥천사 (興天寺) 보공재(報供齋)를 정지시키도록 청하다. 7월 9일 민폐가 되는 일을 정지시켜 한 재(旱災)를 구제하도록 계청하니, 임금이 정부로 하여금 상의하여 아뢰라고 하다. 백성을 역사(役事)시키는 일을 폐지하도록 계청하니 그대로 따르다. 25일 경차관(敬差官)을 나눠 보내어 해의 풍흉(豊凶)을 답

사할 것을 계청하니 그대로 따르다. 29일 제언(堤堰)을 감독하는 대책을 계진하니 그대로 따르다. 10월 5일 영의정부사(領議政府事)를 내놓고 치사(致仕)하다. 특명으로 종신토록 2품의 녹을 주도록 하다. 조야(朝野)가 그의 물러가는 것을 아깝게 여기지 않는 이가 없었으나, 나라에 큰 일이 있으면 임금이 반드시 근시(近侍)를 보내어 물어서 결단하였다. 임금은 늘 선생더러 지식과 국량(局量)이 넓고 또 큰 일을 잘 결단한다 하여 시구(蓍龜)와 권형(權衡)에 비유하였다.

- 1450년(세종32년, 선생 88세) 2월 임진에 세종대왕이 영응대군제(永膺大君第) 동별궁(東別宮)에서 승하(昇遐)하다.

- 1451년(문종원년, 선생 89세) 2월 2일 글을 올려 중자(仲子) 소윤공(少尹)의 직첩(職牒)을 도로 주도록 청하니 임금이 곧 고신(告身)을 도로 주도록 하다.

- 1452년(문종2년, 선생 90세) 2월 7일 전지(傳旨)하여 기로소(耆老所) 녹사(錄事)로 하여금 의정부에 알려서 치사(致仕)한 대신이 출입할 때 조예(皂隸)를 주라고 전지(傳旨)하다. 8일 선생이 서거하다. 12일 세종 묘정(世宗 廟庭)에 배향(配享)을 명하고 시호(諡號)를 익성(翼成)이라 하다. 사려(思慮)가 심원(深遠)한 것을 익(翼)이라 하고, 상신(相臣)이 되어 할 일을 능히 마친 것을 성(成)이라 한다. 도승지(都承旨) 강맹경(姜孟卿)을 보내어 사당에 유제(諭祭)하다. 모월일(某月日)에 유사(有司)가 길일(吉日)을 택하여 의물(儀物)을 갖추고 파주 (坡州) 금승리(金蠅里) 곤좌(艮坐)에 장사(葬事)하다. 임금이 뒤를 이어 장작감(將作監)을 명하여 영신원(靈神院)을 금승리(金蠅里)에 세우고 승도(僧徒)로 하여금 전수(典守)케 하다.

- 1456년(세조 원년) 선생의 3자 수신(守身)이 좌익공신(左翼功臣)에 참여하였으므로 순충보조공신(純忠補祚功臣) 남원부원군(南原府院君)을 추증(追贈)하다.

- 1500년(연산군 6년) 선생의 제2손 첨지중추부사(僉知中樞府事) 사장(事長)이 신도비(神道碑)를 묘 아래에 세우다. 영의정(領議政) 고령부원군(高靈府院君) 신숙주(申叔舟)가 글을 짓고 동지중추부사(同知中樞府事) 안침(安琛)이 비문(碑文)과 전자(篆字)를 썼다.

- 1516년(중종 11년) 선생의 현손(玄孫) 소양공(昭襄公) 맹헌(孟憲)이 강원감사가 되었을 때, 소공대(召公臺)를 중수(重修)하고 비를 세워 표하였다. 곧 선생이 순찰사(巡察使)가 되어 백성을 구호할 때 쉬던 곳이다.

- 1580년(선조 13년) 선생의 5세손 현감(縣監) 돈(惇)이 백옥동(白玉洞) 영당(影堂)을 상주(尙州) 중모현(中牟縣) 수봉촌(壽峰村)에 세우다. 이 마을은 선생의 중자(仲子) 소윤공(少尹公)의 별업(別業)인데, 선생이 일찍이 이곳에 와서 소요(逍遙)하였다. 이 마을에 사는 후손이 그 유촉(遺躅)을 사모하여 영당을 지어 유상(遺像)을 받들고 춘추(春秋)로 향사(享祀)하였다.

- 1632년(인조 10년) 선생의 7세손 현감(縣監) 수(脩)가 백옥동(白玉洞) 유상(遺像)을 모사(模寫) 하여 파주 본가에 봉안(奉安)하다.

- 1680년(숙종 6년) 선생의 8세손 덕흥(德興) 등이 선생의 사손(祀孫)이 끊어졌다 하여 예조(禮 曹)에 단자(單子)를 받쳤다. 청풍부원군(淸風府院君) 김석주(金錫冑)가 단자(單子)에 의거하여 경연에서 아뢰자, 선생의 10세손 이중(爾中)을 명하여 종사(宗祀)를 주장하게 하였다.

- 1693년(숙종 19년) 장수현감(長水縣監) 민진숭(閔鎭崇)이 본현(本縣)의 사림과 더불어 창계서원(滄溪書院)을 북쪽 유령(杻嶺)아래 선창촌(仙倉村)에 세우다. 열성공(烈成公)과 유뇌계 호인(兪雷溪 好仁), 장공탄 응두(張松灘 應斗)로 배향하다.

- 1714년(숙종 40년) 상주사림이 백옥동영당(白玉洞影堂)을 승격시켜 서원(書院)으로 만들다.

- 1727년(영조 3년) 선생의 13세손 충렬공(忠烈公) 선(璿)이 백옥동(白

玉洞)의 유상(遺像)을 모사(模寫)하여 반구정(伴鷗亭)과 창계서원(滄溪書院)에 봉안하다.

- 1731년(영조 7년) 임금이 파주에 거동하여 신(臣) 예조정랑(禮曹正郎) 한두일(韓斗一)을 보내어 묘에 유제(諭祭)하다.

- 1746년(영조 22년) 임금이 반구정(伴鷗亭)에 있는 화상(畵像)을 들이라 하여 어람(御覽)하고, 신(臣) 좌승지(左承旨) 남태온(南泰溫)을 보내어 영당(影堂)에 유제(諭祭)하다.

- 1775년(영조 51년) 6월 모일에 임금이 또 화상(畵像)을 들이라 하여 어람(御覽)하고, 신(臣) 좌부승지(左副承旨) 홍경안(洪景顔)을 보내어 가묘(家廟)에 유제(諭祭)하다.

- 1788년(정조 12년) 남원사림(南原士林)이 풍계서원(楓溪書院)을 부(府) 서쪽 풍산(楓山) 아래 견소곡방(見所谷坊) 산수촌(山水村)에 세우고 유상(遺像)을 봉안(奉安)하다. 7세손 정언(正言) 위(暐), 오두암 상덕(吳杜庵 尙德)으로 배향(配享)하였다.

- 1789년(정조 13년) 임금이 파주에 거동하여 신(臣) 좌부승지(左副承旨) 김이정(金履正)을 보내어 묘에 유제(諭祭)하다. 4월 일에 옥동서원(玉洞書院)에 사액(賜額)하고, 신(臣) 우승지(右承旨) 박천형(朴天衡)을 보내어 원묘(院廟)에 유제(諭祭)하다.

- 1790년(정조 14년) 공주사림(公州士林)이 기호서원(岐湖書院)에 배향하다.

- 1808년(순조 8년) 8월 일에 파주에 거동하여 신(臣) 예조정랑(禮曹左郎) 정화석(鄭華錫)을 보내어 묘에 유제(諭祭)하다.

- 1825년(순조 25년) 4월 일에 사손(祀孫) 협의 등과(登科)로 말미암아 임금이 신(臣) 예조좌랑(禮曹左郎) 황종현(黃宗絃)을 보내어 가묘(家廟)에 유제(諭祭)하다.

- 1843년(헌종 9년) 4월 일에 임금이 파주에 거동하여 신(臣) 교하겸임

(交河兼任) 통진부사(通津府使) 조의석(趙義錫)을 보내어 묘에 유제(諭祭)하다.

- 1849년(헌종 15년) 선생의 후손 등이 반구정(伴鷗亭)을 중수(重修)하고 영정(影幀)을 봉안(奉安)하다.
- 1856년(철종 7년) 연기사림(燕岐士林)이 태악서원(台嶽書院)을 현 서쪽 태산촌(台山村)에 세우고 율촌(栗村) 박배(朴培) 등을 배향하였다.
- 1857년(철종 8년) 삼척사림(三陟士林)이 산양서원(山陽書院)을 부(府) 남쪽 소공대(召公臺) 아래에 세우다.
- 1867년(고종 4년) 선생의 16세손 기종(基鍾) 등이 숙청사(肅淸祠)를 상주(尙州) 산양(山陽) 대도촌(大道村)에 세우다.
- 1872년(고종 9년) 임금이 파주에 거동하여 신(臣) 교하군수(交河郡守) 이정하(李貞夏)를 보내어 묘에 유제(諭祭)하다.
- 2013년 10월 8일 사단법인 방촌황희선생사상연구회(방촌황희연구원으로 개명)를 창립하다. (초대 이사장 황승현)
- 2017년 12월 19일 사단법인 방촌황희선생사상연구회 부설 방촌황희연구소를 창립하다. (초대소장 최영찬 교수)

사단
법인 **방촌황희연구원 부설 방촌황희연구소**

우(03120) 서울특별시 종로구 종로54길 45. 501호(창신동. 장수황씨회관)
Tel : 02) 741-0735 | Fax : 02) 2266-0394 | 홈페이지 : http://bangchon.or.kr

나라를 위하여, 백성을 위하여
- 방촌 황희 -

발 행 일   1판 1쇄 2021년 4월 1일
지 은 이   황의동
편   저   (사)방촌황희연구원 부설 방촌황희연구소
펴 낸 곳   (주)보림에스앤피

출 판 등 록   301-2009-113
주   소   [04624] 서울시 중구 퇴계로 238
전   화   02-2263-4934
팩   스   02-2276-1641
이 메 일   wonil4934@hanmail.net

가   격   20,000원
I S B N   978-89-98252-42-7